PIERRE
TEILHARD DE CHARDIN
WERKE

WALTER-VERLAG
OLTEN UND FREIBURG IM BREISGAU

Die deutsche Ausgabe im Walter-Verlag
erscheint unter dem Patronat von
Boros, Ladislaus sj Dr., Professor, Zürich
Guggenberger, Alois cssr DDr., Professor
an der Ordenshochschule der Redemptoristen, Gars am Inn
Haas, Adolf sj Dr., Professor für Naturphilosophie und
Allgemeine Biologie an der Philosophischen Hochschule
Berchmanskolleg, Pullach bei München
Heer, Friedrich Dr., Professor für Geistesgeschichte
des Abendlandes an der Universität Wien
Hürzeler, Johannes Dr., Vorsteher der Osteologischen
Abteilung des Naturhistorischen Museums
Ehrendozent der Universität Basel
Portmann, Adolf Dr., Professor für Zoologie
an der Universität Basel

Die französische Ausgabe dieses Bandes in den Éditions du Seuil erschien unter dem Patronat eines Comité scientifique und eines Comité général mit zahlreichen Persönlichkeiten des öffentlichen Lebens und der Wissenschaft

I. COMITÉ SCIENTIFIQUE

Arambourg, Camille, Professeur honoraire de Paléontologie
au Muséum National d'Histoire Naturelle
Barbour, Dr George B., Professeur de Géologie
Doyen honoraire de la Faculté des Arts et Sciences de
l'Université de Cincinnati
Chouard, Pierre, Professeur à la Sorbonne [Physiologie végétale]
Corroy, Georges, Doyen de la Faculté des Sciences de Marseille
Crusafont Pairo, Dr M., Dr ès Sciences, Commandeur
de l'Ordre d'Alphonse X le Savant, Chef de Section de la C.S.I.C.
Professeur de Paléontologie à la Faculté des Sciences de Barcelone
Fage, Louis, Ancien Président de l'Académie des Sciences

† GARROD, Miss Dorothy A. E., Doctor of Science,
Oxford University, Fellow of the British Academy
GEORGE, André, Directeur de la Collection
« Sciences d'aujourd'hui »
GRASSÉ, Pierre P., Professeur à la Sorbonne
HEIM, Roger, Directeur du Muséum d'Histoire Naturelle
Membre de l'Institut
HÜRZELER, Dr Johannes, Conservateur de la Section ostéologique
au Musée d'Histoire Naturelle, Bâle
HUXLEY, Sir Julian, D. Sc., F. R. S.
Correspondant de l'Académie des Sciences
JACOB, Marguerite, du Commissariat de l'Énergie Atomique
von KOENIGSWALD, G. H. R., Member of the Royal Academy of
Sciences, Amsterdam. Professor Emeritus State University
of Utrecht, Holland. Head of the Palaeoanthropological Section,
Senckenberg-Museum, Frankfurt/Main
† LAMARE, Pierre, Professeur de Géologie à la Faculté
des Sciences de l'Université de Bordeaux
LEPRINGE-RINGUET, Louis, Membre de l'Académie des Sciences
Professeur au Collège de France
Président de l'Union des Scientifiques catholiques
LEROI-GOURHAN, André, Professeur à la Sorbonne
MALAN, Mr B. D., Director
Archaeological Survey of the Union
of South Africa
MONOD, Théodore, Membre de l'Institut
Professeur au Muséum National d'Histoire Naturelle
Directeur de l'Institut Français d'Afrique Noire
MOVIUS, Jr., Dr Hallam L., Peabody Museum,
Harvard University [U. S. A.]
† OPPENHEIMER, Robert, Director of the
Institute for Advanced Studies, Princeton [U. S. A.]
PIVETEAU, Jean, Membre de l'Académie des Sciences
Professeur à la Sorbonne
ROBINSON, J. T., Professional Officer in Charge,
Department of Vertebrate Palaeontology and Physical Anthropology,
Transvaal Museum, Pretoria
ROMER, Alfred Sherwood, Ph. D., Sc. D., Director of the Museum
of Comparative Zoology and Alexandre Agassiz
Professor of Zoology, Harvard University [U. S. A.]
TERMIER, Henri, Professeur à la Sorbonne
TERRA, Dr. Helmut de, Professor der Geologie, München

TOYNBEE, Sir, Arnold J., Director of Studies,
Royal Institute of International Affairs, Research Professor
of International History, London University
VALLOIS, Dr Henri Victor, Professeur au Muséum National
d'Histoire Naturelle, Directeur honoraire du Musée de l'Homme
Membre de l'Académie de Médecine
VANDEL, Albert, Membre non résident de l'Académie des Sciences
† VAUFREY, R., Professeur à l'Institut de Paléontologie Humaine
VIRET, Jean, Professeur à la Faculté des Sciences de Lyon
WESTOLL, Stanley, Professor of Geology at King's College
in the University of Durham

II. COMITÉ GÉNÉRAL

TEILHARD DE CHARDIN, M. François-Régis
† TEILHARD DE CHARDIN [Mme Gabriel]
† TEILHARD DE CHARDIN, Mme Victor
TEILLARD-CHAMBON, Mlle A.
† TEILLARD-CHAMBON [Mlle M.], Agrégée
de l'Université
BEGOUËN, Comte Max-Henri
MORTIER, Mlle J.
ARMAND, Louis, Membre de l'Académie Française
ARON, Robert, Agrégé de l'Université, Homme de Lettres
BARTHÉLEMY-MADAULE, Madeleine, Docteur ès Lettres,
Maître-Assistant en Sorbonne
BOISDEFFRE, Pierre de, Conseiller d'ambassade,
Directeur de la Radiodiffusion française
BORNE, Étienne, Agrégé de l'Université
Professeur de Rhétorique Supérieure au Lycée Louis-le-Grand
CUÉNOT, Claude, Ancien élève de l'École Normale Supérieure
Agrégé de l'Université, Dr ès Lettres
† DUHAMEL, Georges, Membre de l'Académie Française
GOUHIER, Henri, Membre de l'Institut
GUSDORF, Georges, Professeur de Philosophie à la Faculté des Lettres
de Strasbourg
HOPPENOT, Henri, Ambassadeur de France
† HYPPOLITE, Jean, Directeur de l'École Normale Supérieure

KHIEM, Pham Duy, Ancien Ambassadeur de Viet-Nam en France
Délégué permanent du Viet-Nam à l'U.N.E.S.C.O.
LACROIX, Jean, Agrégé de Philosophie, Professeur de Rhétorique
Supérieure au Lycée du Parc, à Lyon
MADAULE, Jacques, Agrégé d'Histoire et de Géographie,
Hommes de Lettres
MALRAUX, André, Homme de Lettres, Ministre
MARGERIE, Roland de, Ministre Plénipotentiaire
Ambassadeur de France à Madrid
MARROU, Henri-Irénée, Professeur à la Sorbonne
MEYER, François, Professeur à la Faculté des Lettres et
Sciences humaines, Aix-en-Provence
PERROUX, François, Professeur au Collège de France
ROINET, Louis, Agrégé des Lettres, Professeur au Lycée Condorcet
RUEFF, J., Membre de l'Institut
SENGHOR, Léopold Sédar, Président de la République du Sénégal
WAHL, Jean, Professeur à la Sorbonne

PIERRE TEILHARD DE CHARDIN
MEIN GLAUBE

COMMENT JE CROIS

ZEHNTER BAND DER WERKE VON TEILHARD DE CHARDIN

«MEIN GLAUBE»
IST UNTER DEM ORIGINALTITEL «COMMENT JE CROIS»
ALS BAND X DER ŒUVRES DE PIERRE TEILHARD DE CHARDIN
IN DEN ÉDITIONS DU SEUIL ERSCHIENEN
© ÉDITIONS DU SEUIL, PARIS 1969
DIE VOM FRANZÖSISCHEN HERAUSGEBERKOMITEE
VERANLASSTE UND GUTGEHEISSENE ÜBERSETZUNG BESORGTE
KARL SCHMITZ-MOORMANN

2. AUFLAGE 1974
ALLE RECHTE DER DEUTSCHEN AUSGABE VORBEHALTEN
© WALTER-VERLAG AG OLTEN, 1972
GESAMTHERSTELLUNG IN DEN WERKSTÄTTEN
DES WALTER-VERLAGS OLTEN
PRINTED IN SWITZERLAND

ISBN 3-530-87368-3

INHALT

Vorwort 13
Über die physische Vereinigung zwischen der
Menschheit Christi und den Gläubigen im Laufe
der Heiligung 21
1919
Über den Begriff der schöpferischen Transformation
(transformatio creatrix) 28
Über die Weisen des göttlichen Wirkens
im Universum 33
Januar 1920
Sündenfall, Erlösung und Geozentrik 47
20. Juli 1920
Über einige mögliche historische Darstellungen
der Erbsünde 58
1922
Pantheismus und Christentum 71
1923
Christologie und Evolution 93
Weihnachten 1933
Mein Glaube 116
Oktober 1934
Einige allgemeine Ansichten über das Wesen
des Christentums 159
Mai 1939
Christus Evolutor oder eine logische Weiterführung
des Begriffs der Erlösung 165
8. Oktober 1942
Einführung zum christlichen Leben 181
29. Juni 1944
Christentum und Evolution 207
11. November 1945

Gedanken über die Erbsünde 224
November 1947
Das christliche Phänomen 238
10. Mai 1950
Monogenismus und Monophyletismus 250
Ende 1950
Was erwartet die Welt in diesem Augenblick von
der Kirche Gottes: Eine Verallgemeinerung und
eine Vertiefung des Sinnes des Kreuzes 253
14. September 1952
Die Kontingenz des Universums und die
menschliche Lust zu überleben 263
1. Mai 1953
Eine Weiterführung des Problems der menschlichen
Ursprünge: Die Vielheit der bewohnten Welten . . 272
5. Juni 1953
Der Gott der Evolution 281
25. Oktober 1953
Meine Litanei 289
Ende 1953

VORWORT

Dieser 10. Band der Werke P. Teilhard de Chardins sollte ursprünglich all die Aufsätze und Artikel enthalten, die Problemen der Theologie gewidmet sind. Angesichts der Zahl und der Länge dieser Schriften sahen sich die Herausgeber jedoch gezwungen, die Texte auf zwei Bände aufzuteilen, um deren Umfang in vernünftigen Grenzen zu halten; der erste enthält die Schriften, die sich im wesentlichen der spekulativen Theologie zuwenden, während der zweite die Texte zusammentragen wird, in denen das Problem des christlichen Lebens das Hauptthema bildet. Eine solche Aufteilung ist allerdings zu einem guten Teil willkürlich, vor allem wenn man berücksichtigt, daß der Autor sehr häufig in ein und demselben Aufsatz oder Artikel beide Aspekte des theologischen Problems behandelt. Trotz der Vorbehalte in dieser Hinsicht scheint es uns doch, daß die hier vorgelegte Auswahl den Vorteil hat, sowohl den theoretischen wie auch den praktischen Aspekt des theologischen Denkens des Autors aufzuzeigen.

In den letzten Jahren waren die theologischen Schriften Teilhard de Chardins Gegenstand zahlreicher Arbeiten über seine Theologie insgesamt oder über den einen oder anderen Punkt seiner Lehre. Man denke nur an die Darstellungen von P. Henri de Lubac[1], von Georges Crespy[2], Piet Smulders[3], Christopher Mooney[4], Sigurd Daecke[5],

---

[1] *Teilhard de Chardins religiöse Welt*. Freiburg 1969; *La Prière du Père Teilhard de Chardin*, Paris 1964.

[2] *Das theologische Denken Teilhard de Chardins*. Stuttgart 1963; *De la science à la théologie. Essai sur Teilhard de Chardin*, Neuchâtel 1965.

[3] *Theologie und Evolution*, Essen 1963.

[4] *Teilhard de Chardin and the Mystery of Christ*, London – New York 1966.

[5] *Teilhard de Chardin und die Evangelische Theologie*, Göttingen 1967.

VORWORT

Eulalio Baltazar[6], Robert North[7], Denis Mermod[8], Robert Francœur[9], George Maloney[10], E. Martinazzo[11], Robert Faricy[12] und Francisco Bravo[13]. Dieser bewußt unvollständigen Liste wären noch viele Artikel und Broschüren anzufügen, nicht zu vergessen die Tagungsberichte von Kongressen, auf denen das theologische Denken Teilhards Anlaß zu wichtigen Berichten und Diskussionen gab. Unter den letzteren wollen wir ganz besonders den Internationalen Scotistischen Kongreß vom 11.–17. September 1966 in Oxford und Edinburgh nennen, auf dem die christologische Lehre Teilhards Gegenstand mehrerer Referate war[14]. Selten ist in der Geschichte der Theologie das Denken eines Autors innerhalb so weniger Jahre Thema so zahlreicher und häufig leidenschaftlicher Untersuchungen und Diskussionen gewesen – was um so bemerkenswerter ist, als der Autor selbst sich keineswegs als ein Theologe ausgab und seine Schriften auf diesem Gebiet eher als bloße Vorschläge ansah. Die Zahl und die Qualität dieser Untersuchungen von manchmal recht divergierender geistiger Grundhaltung zeigen mit Evidenz, wie sehr

---

[6] *Teilhard and the Supernatural*, Baltimore 1966.
[7] *Teilhard and the Creation of the Soul*, Milwaukee 1967.
[8] *La Morale de Teilhard*, Paris 1967.
[9] *Perspectives in Evolution*, Baltimore 1965.
[10] *The Cosmic Christ, From Paul to Teilhard*, New York 1968.
[11] *Teilhard de Chardin. Conamen lecturae criticae*, Rom 1965.
[12] *Teilhard de Chardin's Theology of the Christian in the World*, New York 1967.
[13] *Christ in the Thought of Teilhard de Chardin*, Notre Dame Univ. Press, 1967.
[14] *De doctrina Joannis Duns Scoti. Acta Congressus Scotistici Internationalis Oxonii et Edinburgi 11–17 sept. 1966 celebrati.* Vol. III: *Problemata Theologica* [Studia Scholastico-Scotistica, vol. III] Rom, 1968 [siehe vor allem die Beziehung zu Robert North, Gabriele Allegra et Gerardo Cardaropoli].

VORWORT

dieses Denken die Aufmerksamkeit der Theologen gefesselt hat und in welch außergewöhnlichem Maße es die theologische Reflexion unserer Zeit anregt.

In diesem kurzen Vorwort kann weder die Rede davon sein, die erwähnten Bücher zu analysieren, noch uns über die in Frage stehenden Probleme zu äußern. Man möge uns lieber erlauben, uns an diejenigen zu wenden, die nicht von Beruf Theologen sind, um ihnen zu helfen, die eigentliche Absicht des Autors und die wirkliche Tragweite seiner Schriften auf diesem Gebiet besser zu begreifen.

Um einen Autor recht zu verstehen, genügt es nicht, die verschiedenen Punkte der Lehre zu prüfen, die er uns vorlegt. Vor allem muß man sich über das Problem möglichst klar werden, zu dem diese Lehre eine Lösung liefern soll. Welches ist also die zentrale Fragestellung, auf die Teilhard eine Antwort geben wollte, das Problem, das in der Mitte all seines theologischen Denkens steht? Ohne jeden Zweifel – und in diesem Punkte scheint Übereinstimmung zu herrschen – war das zentrale Problem Teilhards das, was man in unseren Tagen allgemein mit dem Terminus Säkularisation bezeichnet. Der von Teilhard benutzte Terminus «Religion der Erde» [«Der Gott des Voran»] und die den heutigen Theologen liebe Säkularisation bezeichnen nämlich dieselbe ideologische und soziologische Wirklichkeit. Um der größeren Klarheit willen wollen wir deutlich zwischen Säkularität, Säkularisation und Säkularismus unterscheiden. Unter *Säkularität* versteht man im allgemeinen die Anerkennung des Eigenwertes der Erde und des irdischen Tuns des Menschen – ein menschliches Tun, dessen wichtigsten Teil in unseren Tagen die Wissenschaft, die Technik und die Organisation der Gesellschaft bilden. Mit *Säkularisation* bezeichnen wir den historischen und soziologischen Prozeß, der zu dieser Einsicht führt und der durch eine fortschreitende Befreiung des Menschen in

VORWORT

seinem wissenschaftlichen und politischen Tun von jeglichem Eingriff der Theologie und der Metaphysik charakterisiert ist. Unter *Säkularismus* schließlich muß jegliche Haltung oder jegliche Lehre verstanden werden, die in ausschließlicher Weise die Werte des irdischen Lebens preist auf Kosten jeglichen religiösen oder metaphysischen Anliegens.

Für den Christen, das versteht sich von selbst, ist jeder Säkularismus unannehmbar; doch welche Haltung soll er gegenüber der unleugbaren Tatsache der Säkularisation einnehmen? Wie sind die Beziehungen zwischen der Botschaft des Evangeliums und der «Religion der Erde» zu definieren? Wie sollen wir in uns selbst die Harmonie zwischen unserer irdischen Aufgabe und unserer himmlischen Berufung verwirklichen? Dieses Problem ist gewiß nicht neu in der Theologie, doch niemals machte es sich so brennend bemerkbar wie in unseren Tagen. Teilhard machte es zu einem Zeitpunkt zum Ausgangspunkt seiner theologischen Reflexion, wo wenige von uns sich über seine Dringlichkeit klar waren. Aufgrund seiner Erfahrung als Gelehrter und seiner außergewöhnlichen Sensibilität für die geistigen Strömungen unserer Zeit ahnte er, wie sehr der moderne Mensch zu dem klaren Bewußtsein seiner irdischen Berufung und Verantwortlichkeiten erwacht ist. Mit überraschender Hellsichtigkeit sah er voraus, daß diese Strömung unvermeidlich nicht nur zu einer Verbreiterung des Grabens zwischen der Kirche und der modernen Kultur, sondern gleichfalls auch zu einer Krise im Herzen der gläubigen Welt selbst führen müsse. Es geht, so sagt er uns, um «den unwiderstehlichen Aufstieg eines evolutiven Gottes des Voran am menschlichen Himmel über alle Wege des Denkens und des Tuns – auf den ersten Blick der Antagonist des transzendenten Gottes des Empor, den das Christentum unserer Anbetung darbietet». «Solange», fügt er hinzu, «die Kirche nicht durch eine erneuerte Christologie [zu der wir alle Elemente in Händen halten] den offensichtlichen, nunmehr ausgebrochenen Konflikt zwischen dem traditionellen Gott der Offenbarung und dem ‹neuen› Gott der Evolution löst – so lange wird die Beklemmung zunehmen, nicht nur am Rande, sondern im Herzen der gläubigen Welt; und pari passu [15] wird das christliche Vermögen der Verzauberung und Bekehrung abnehmen.» [16]

Was Teilhard in diesem Text und in zahlreichen anderen Passagen seiner Schriften voraussah, ist in unseren Tagen durchaus Wirklichkeit, und man könnte sich fragen, ob wir heute nicht der Lösung näher wären, wenn seine Warnungen zu gegebener Zeit gehört worden wären. Wie dem auch sei, es besteht kein Zweifel, seine Diagnose war grundsätzlich richtig, und die Krise, unter der wir heute leiden, besteht durchaus in dem Konflikt zwischen einer Religion der Transzendenz und einer säkularisierten Welt, zwischen dem «Gott des Empor» und «dem Gott des Voran», zwischen «einer Religion des Himmels» und «einer Religion der Erde».

Das Problem der Säkularität, so wie es sich in unseren Tagen stellt, ist im Zentrum des Teilhardschen Denkens bereits gegenwärtig, aber es nimmt bei ihm doch eine äußerst eigenständige Gestalt und Dimension an. Bei ihm wird die irdische Arbeit des Menschen mit der Idee einer in Evolution befindlichen Welt verbunden. In einer statischen Welt stellt sich das Problem der Würde der menschlichen Arbeit nicht in denselben Termini wie in einer evolutiven Welt. Gerade weil wir in einer im Aufbau befindli-

---

[15] Mit gleichem Schritt [Anmerkung der Herausgeber].
[16] Was erwartet die Welt in diesem Augenblick von der Kirche Gottes [1952].

chen Welt leben, empfängt unsere Arbeit einen neuen Wert und eine entscheidende Bedeutung. Die menschliche Aufgabe wird mit nichts Größerem und nichts Geringerem als der Verpflichtung identifiziert, das große Werk der Evolution weiterzuführen und sie zu ihrer Vollendung zu führen. So hat Teilhard das Recht, die Größe und die Würde der menschlichen Aufgabe zu preisen und von einer «heiligen Liebe zur Erde» zu sprechen, lange bevor Dietrich Bonhoeffer uns von einer «heiligen Weltlichkeit» sprach.

Und ebenso wie das Problem der Säkularität bei Teilhard eine neue und äußerst gehaltvolle Gestalt annimmt, so unterscheidet sich auch die Lösung, die er uns vorschlägt, radikal von jener, die die meisten Theologen der Säkularität wie Harvey Cox, William Hamilton, Thomas Altizer, Paul Van Buren und andere vorschlagen. Weit davon entfernt, in Richtung einer Theologie ohne Gott zu tendieren oder einem radikalen Säkularismus zu verfallen, wie es in gewissen Kreisen Mode ist, sieht er ganz im Gegenteil in einer im eigentlichen Zentrum des christlichen Glaubens erneuerten Christologie die Lösung des Problems, das uns beschäftigt. Dieses Universum, dessen Größe und Reichtum wir feiern, existiert nicht außerhalb von Christus; es ist organisch mit Christus in dem Sinne verbunden, daß alles für Ihn erschaffen wurde und daß in Ihm alles seine Vollendung findet.

Diese Christologie, die sich eindeutig an Paulus inspiriert, steht der gewöhnlich skotistisch genannten recht nahe, wenn sie sich auch von ihr in mehreren wichtigen Punkten unterscheidet. Der Theologe des Mittelalters nimmt seinen Ausgangspunkt in Gott und fragt sich, welche göttliche Absicht der Inkarnation des Wortes zugrunde lag; Teilhard meditiert über den Wert der Erde und fragt sich, wie er mit dem inkarnierten Wort verbunden werden kann. In

VORWORT

der mittelalterlichen Spekulation liegt der Akzent eher auf der Präexistenz Christi im Hinblick auf all das, was geschaffen werden wird; Teilhard betont die Eschatologie, den Zielpunkt der irdischen Geschichte, deren endgültige Konsekration Christus darstellen wird. Für den Theologen des Mittelalters ist Christus vor allem der zuerst im göttlichen Denken der Schöpfung Gedachte; für Teilhard ist er vor allem der Zielpunkt und die Krönung der Geschichte.

Eine solche Christologie enthält seiner Meinung nach die wahre Lösung zu dem Problem der Säkularität. Wenn die menschliche Berufung darin besteht, die Erde aufzubauen, und wenn dieser Aufbau der Erde die zwar unzulängliche, aber notwendige Vorbereitung für die Ankunft Christi darstellt, folgt dann nicht daraus, daß die menschliche Arbeit in dem, was sie an Wertvollstem und Erhabenstem enthält, eine innere Ausrichtung auf Christus besitzt, das Ziel und die Krönung dieser in Bildung befindlichen Welt?

Dieser Zusammenhang zwischen der menschlichen Arbeit und dem Christus der Parusie bildete das zentrale Thema des bereits früher veröffentlichten *Göttlichen Milieus*. Auf den folgenden Seiten werden gewisse Punkte der Lehre genauer erhellt, die dazu die Grundlage bildeten. So hat also Teilhard das theologische Problem der Säkularität in einer äußerst eigenständigen und erhellenden Form gestellt, während er ihm zugleich eine wirklich christliche Lösung in voller Übereinstimmung mit den traditionellen Gegebenheiten des Glaubens gab.

Weit davon entfernt, die Strömung des Säkularismus gutzuheißen, die uns bedrängt, lädt Teilhard uns ein, eben gerade jegliche Form des Säkularismus zu überwinden, indem wir die Werte der Erde in eine christozentrische Schau der Welt integrieren.

Außer den christologischen Fragen sind eine große Zahl von Aufsätzen in diesem Band vor allem dem Problem der

VORWORT

Erbsünde gewidmet. Jeder kundige Leser wird sich darüber klar sein, daß es sich hier um Versuche handelt, die in der Absicht und nach dem Wunsch des Autors von Berufstheologen näher untersucht werden sollten. Wenn gewisse von Teilhard vorgeschlagene Formulierungen noch etwas zurückhaltend erscheinen können, so bewegt sich heute doch in diesem Punkte die theologische Forschung in der von ihm angegebenen Richtung.

N. M. WILDIERS
Docteur en Théologie

ÜBER DIE PHYSISCHE VEREINIGUNG
ZWISCHEN DER MENSCHHEIT CHRISTI
UND DEN GLÄUBIGEN
IM LAUFE DER HEILIGUNG

In der Art und Weise der Erklärung, wie Christus als «Vitis et Vita vera»[1], als «caput creationis et Ecclesiae»[2] auf die Gläubigen im Laufe ihrer Heiligung einwirkt, lassen sich a priori drei Haupttendenzen unterscheiden [die a posteriori auch durch verschiedene Strömungen in der Theologie und der Mystik repräsentiert sind]. Unter den Christen begreifen die einen den heilswirkenden Einfluß Christi vor allem in Analogie zu unseren moralischen, juridischen, exemplarischen Kausalitäten, d.h. mit einer Nuance des Nominalen und des Extrinseken. Die anderen dagegen, die mehr dazu neigen, in den Dingen die «natürliche» und intrinseke Seite zu betrachten, versuchen, das Wirken, das wir von seiten Jesu erfahren, dadurch zu erklären, daß sie es hauptsächlich den physischen und organischen Kausalitäten des Universums annähern. Und bei ihnen selbst lassen sich zwei Kategorien unterscheiden: Die einen bringen das belebende Wirken an den Seelen vor allem mit dem Wort, in Jesus Christus, in Verbindung – die anderen neigen dazu, in dieser physischen Operation der Menschheit unseres Herrn einen möglichst großen Anteil zu geben. Man braucht keine besonders große Erfahrung der christlichen Seele zu haben, um zu erkennen, daß die letzte dieser drei Tendenzen – nämlich jene, die die zwischen der

---

[1] «Weinstock und wahres Leben» nach Joh 15, 1 u. 14, 6 [Anmerkung der Herausgeber].
[2] «Haupt der Schöpfung und der Kirche» nach Kol 1, 18: «Und er ist auch das Haupt des Leibes, d.h. der Kirche» [Anmerkung der Herausgeber].

Menschheit Christi und uns bestehenden physischen Bande verstärken [«emphasize»] will, heute ganz besonders lebendig ist.

Das Ziel dieses kurzen Aufsatzes ist es, eine Möglichkeit anzugeben, diese These – die praktisch von vielen Christen in ihrem inneren Erleben anerkannt wird – zu begreifen und zu beweisen, daß die Heiligkeit des Gläubigen sich in einer Art von [physischem und permanentem] Kontakt mit der *menschlichen* Wirklichkeit *selbst* des Erlösers Christus entwickelt und vollendet.

Es ist vorteilhaft, in der Betrachtung des vollendeten mystischen Leibes [d. h. des Pleroma des heiligen Paulus] eine solide Basis für den Beweis oder, genauer, für die Vorschläge zu suchen, die uns hier vor Augen stehen. Da nämlich das Pleroma das Gottesreich in seiner Vollendung ist, müssen einerseits die Eigenschaften, die ihm die Schrift zuschreibt, als besonders charakteristisch für den übernatürlichen Gesamtorganismus angesehen werden, selbst wenn sie in dieser oder jener Vorbereitungsphase der Beseligung nur verworren in Erscheinung treten. – Andererseits wird in keiner Wirklichkeit stärker denn in der triumphierenden Kirche das physische und personale Wirken des theandrischen Christus durch die Offenbarung kundgetan. – Wenn man sich bemüht, die Lehren der Kirche und das Denken der Heiligen über die innere Natur der Seligkeit zusammenzufassen, zeigt sich, daß im Himmel Christus und die Auserwählten so gesehen werden müssen, daß sie ein streng hierarchisiertes, lebendiges Ganzes bilden. Gewiß, jeder Erwählte besitzt unmittelbar Gott und findet in diesem einzigartigen Besitz die Vollendung seiner eigenen Individualität. Doch dieser Besitz, diese Berührung des Göttlichen werden, so *individuell* sie auch sein mögen, nicht *individuell* erzielt. Die beseligende Schau, die jeden Erwählten für sich allein erhellt, ist zur gleichen Zeit *ein kollektiver*

Akt, der von dem ganzen mystischen Organismus zugleich «per modum unius potentiae»[3] gesetzt wird. Das zur Gottesschau geschaffene Organ ist nicht [wenn man bis in die Tiefe des Dogmas vordringt] die vereinzelte menschliche Seele; es ist vielmehr die mit allen anderen unter der Menschheit Christi vereinte Seele. Wir erreichen Gott im Himmel «sicuti est»[4], aber in dem Maße, wie wir von Christus in den mystischen Weiterführungen seiner Substanz angenommen sind. Der Zustand der Seligkeit muß letzten Endes als ein Zustand der *permanenten eucharistischen Vereinigung* begriffen werden, in dem wir *im Leibe* [d. h. alle «per modum unius»[5]] und «*in corpore Christi*»[6] erhoben und erhalten werden. So werden die grundlegenden Beziehungen zwischen der Eucharistie und der Caritas, der Gottesliebe und der Nächstenliebe deutlich sichtbar.

Wenn wirklich die Heiligkeit «in termino»[7] sich dergestalt bedingt zeigt [nämlich als eine Vereinigung mit Gott im Menschen Jesus Christus], dann scheint es für uns nur mehr eine einzige Weise zu geben, die Natur der Heiligkeit «in via»[8], d. h. unsere derzeitige und mühevolle Heiligung, zu begreifen. Da die Beseligung gleichbedeutend ist mit einem gewissen Grad an physischer Eingliederung unseres Herrn in das geschaffene Sein, muß man notwendig einräumen, daß der Gläubige im Laufe seiner verdienstlichen Existenz in einem gewissen Zustand der physischen Verbindung mit der Menschheit des Erlösers Jesus seinen Ort findet und wächst. Wenn man nicht eine ungerechtfertigte Kluft zwischen dem Zustand der Gnade und dem Zustand der Herr-

---

[3] In der Weise einer einzigen Potenz [Anmerkung der Herausgeber].
[4] So wie er ist [Anmerkung der Herausgeber].
[5] In der Weise eines einzigen Seins [Anmerkung der Herausgeber].
[6] Im Leibe Christi [Anmerkung der Herausgeber].
[7] An ihrem Zielpunkt [Anmerkung der Herausgeber].
[8] Unterwegs [Anmerkung der Herausgeber].

lichkeit einführen will, muß man sagen, daß die Gnade uns nicht nur durch den geistigen Saft an die Gottheit des Wortes bindet, sondern daß sie auch mit einer gewissen fortschreitenden Angliederung an einen geschaffenen, physisch auf die Menschheit Christi zentrierten Organismus einhergeht.

Weit davon entfernt, nicht mit der Eucharistie zusammenzustimmen oder eine Verdoppelung der Eucharistie zu sein, verleiht diese durch die heiligmachende Gnade zwischen Christus und den Gläubigen verwirklichte «habituelle» Kommunion, wie man bemerken wird, dem sakramentalen Empfang der heiligen Gestalten seine volle Bedeutung.

Zunächst einmal ist es ganz sicher, daß die Eucharistie, an der viele Erwählte während ihres irdischen Lebens nicht teilhaben konnten, nicht das einzige Mittel der Gnade darstellt, durch das die Gläubigen den [in der Eigenschaft des Mittels notwendigen] Kontakt mit der Menschheit Christi gewinnen können, der ihnen die Integration in das Pleroma gewährleisten soll. Man wird zum Glied Christi, bevor man äußerlich seinen sakramentalen Leib berührt hat.

Beim Empfang der Eucharistie ist es übrigens gleichfalls klar, daß die Adhäsion am Fleische Jesu, wie sie das Essen der Gestalten gewährleistet, sich *auf einer physisch deutlich anderen* Ebene vollzieht als der, auf der der offensichtliche quantitative Kontakt unseres Leibes mit der Hostie stattfindet. Und werden nicht genau in dem Augenblick, da dieser quantitative Kontakt sich [durch die Assimilation] voll verwirklichen will, die Gestalten aufgelöst, und verschwindet nicht die göttliche Gegenwart?

Die Eucharistie läßt sich letzten Endes nur in Funktion einer Berührungsweise mit Jesus richtig erklären, die sehr viel unabhängiger von der Zeit und der niederen Materie ist als die der rohen Verbindung zwischen den heiligen Gestalten und uns.

Wie also muß man sich annäherungsweise die eucharistische [sakramentale] Vereinigung vorstellen? – Ganz einfach als die privilegierte und wunderbar wirksame Verdichtung einer diffuseren [aber wirklichen] Verbindung, die durch die Gnade hergestellt und «perenniter»[9] aufrechterhalten wird. Schon vor jeder Kommunion wird durch das Wirken der Taufe eine erste und *perenne* Verbindung zwischen dem Christen und dem Leibe Christi geknüpft. – Und nach jeder Kommunion besteht diese Verbindung – trotz des Verschwindens der heiligen Gestalten, die sie vorübergehend auf eine privilegierte Stufe der Innerlichkeit und des Wachsens erhoben hatten – weiter fort, wächst sie an, wenn auch in abgeschwächter Form.

Wenn man die Dinge so versteht, wird die sakramentale Kommunion, anstatt im christlichen Leben ein diskontinuierliches Element zu bilden, zum eigentlichen Faden dieses Lebens. Sie wird zur Akzentuierung und Erneuerung eines dauernden Zustandes, der uns ohne Unterbrechung an Jesus bindet. Kurz, das ganze Leben des Christen auf Erden wie im Himmel läßt sich aussagen als eine Art dauernder eucharistischer Vereinigung. Das Göttliche gelangt niemals zu uns denn «informiert» durch Jesus Christus: das ist das Grundgesetz unseres übernatürlichen Lebens.

Die unmittelbare praktische Schlußfolgerung dieses Gesetzes ist, daß *für den Gerechten* die allgemeine Gegenwart Gottes in jedem Augenblick mit einer besonderen Gegenwart Christi «secundum suam naturam humanam»[10] ein-

---

[9] Beständig [Anmerkung der Herausgeber].

[10] Entsprechend seiner menschlichen Natur [Anmerkung der Herausgeber].

hergeht – eine Gegenwart, die [in ordine naturae [11]] der Einwohnung der göttlichen Personen in der geheiligten Seele vorausgeht. Und das ist nicht alles: weil diese Gegenwart proportional zu dem Zustand der Gnade in uns wächst, ist sie fähig, nicht nur zu währen, sondern sich auch durch jede Einzelheit dessen, was wir tun, und dessen, was wir leiden, *zu intensivieren*. Buchstäblich «quidquid agit Christianus, Christus agitur» [12]. Überlegungen dieser Art haben offensichtlich eine große Bedeutung in der Mystik: Sie erlauben uns zu glauben, daß wir im strengen Sinne immer und überall leben können, ohne aus Jesus Christus herauszutreten.

Je mehr man sich mit dieser Idee eines physischen Einstroms vertraut macht, der beständig [mit der Gnade vermischt] von der Menschheit Christi für die Seelen ausströmt, um so mehr entdeckt man darin Übereinstimmungen mit den so zahlreichen Texten in der Schrift, in denen der Besitz des himmlischen Vaters durch uns streng unserer *perennen* Vereinigung mit dem *inkarnierten* Wort untergeordnet ist; – und um so mehr erstaunt man über das Relief, das die evangelischen Gebote gewinnen, vor allem jene der Kommunion und der Caritas. Seine Brüder lieben, den Leib Christi empfangen, heißt nicht nur gehorchen und eine Belohnung verdienen, es heißt organisch, Element um Element, die lebendige Einheit des Pleroma in Jesus aufbauen.

Gegen so viele Vorteile, die eine möglichst realistische Konzeption der unser Sein mit dem Sein Jesu verknüpfenden Bande dem inneren Leben verschafft, lassen sich keine ernsthaften Nachteile anführen.

---

[11] In der Ordnung der Natur [Anmerkung der Herausgeber].
[12] In allem, was der Christ tut, wirkt Christus sich [Anmerkung der Herausgeber].

MENSCHHEIT CHRISTI UND GLÄUBIGE

Zunächst brauchen wir nicht zu befürchten, daß wir, da wir den Bereich der Menschheit Christi nach überall um uns herum ausdehnen, uns das Angesicht der Gottheit verschleiern. Jesus ist [weil wir ihm «in ordine vitali»[13] anhängen] *kein Zwischenvermittler,* der von Gott trennt, sondern *ein Milieu,* das vereint. «Philippe, qui videt me, videt Patrem.»[14]

Und wir brauchen ebensowenig zu befürchten, die Grenzen der niederen Natur zu sprengen, in die das Wort sich inkarniert hat. So maßlos auch die Macht sein mag, die wir dieser Natur zuschreiben müssen, damit ihr Einfluß kontinuierlich auf jeden von uns ausstrahle, darf uns doch soviel Größe nicht verwirren. Aufgrund der weiten Horizonte, die es uns über die im geschaffenen Sein und insbesondere im Herzen Jesu Christi verborgene Macht eröffnet, erscheint dieses Übermaß im Gegenteil als einer der anziehendsten Aspekte des... [Unvollendet. Das fehlende Wort scheint «Christentum» zu sein.]

[13] In der vitalen Ordnung [Anmerkung der Herausgeber].
[14] «Philippus, wer mich sieht, sieht den Vater» Joh 14,9 [Anmerkung der Herausgeber].

Nicht datiertes Ineditum. Es scheint im Januar 1920 geschrieben worden zu sein.

ÜBER DEN BEGRIFF DER
SCHÖPFERISCHEN TRANSFORMATION
[TRANSFORMATIO CREATRIX]

Die Scholastik unterscheidet meines Wissens nur zwei Arten von Veränderungen im Sein [Bewegung].
1. Die Schöpfung, d. h. die «productio entis *ex nihilo* sui et subjecti»[1].
2. Die Transformation, die Umwandlung, d. h. die «productio entis ex nihilo sui et *potentia subjecti*»[2].

Schöpfung und Transformation sind so für die Scholastik zwei absolut heterogene und einander in der konkreten Wirklichkeit ein und desselben Aktes *ausschließende* Bewegungsweisen. – Diese absolute Trennung der beiden Begriffe führt dahin, daß die Bildung der Welt als in vollständig unterschiedenen «Zeiten» geschehen betrachtet wird:
1. Am Anfang die Setzung «extra nihilum»[3] einer gewissen Zahl von Potenzen [schöpferische Anfangsphase].
2. Danach eine autonome Entwicklung dieser Potenzen,

---

[1] «Hervorbringung von Sein *ohne vorherige Existenz* seiner selbst noch *einer zugrundeliegenden Seinsweise.*» Die klassische Formulierung in der scholastischen Philosophie: «Productio rei ex nihilo sui et subjecti» sagt aus, daß die ganze geschaffene Substanz [Form und Materie] aus dem Nichts hervorgebracht wurde. Nichts ist vorher: weder die Sache selbst entsprechend ihrer formalen Vollkommenheit noch eine Materie, aus der und in der die Form hätte hervorgebracht werden können [eine Materie, die das Subjekt einer Transformation wäre]. Gott bringt das Universum durch seinen allmächtigen Willen hervor, ohne sich irgend etwas anderen zu bedienen. [Anmerkung der Herausgeber.]

[2] «Die Hervorbringung von Sein ohne vorherige Existenz seiner selbst, aber *indem eine zugrundeliegende Materie in den Akt übergeführt wird.*» [Anmerkung der Herausgeber.]

[3] «Außerhalb des Nichts» [Anmerkung der Herausgeber].

SCHÖPFERISCHE TRANSFORMATION

die durch «Erhaltung» in Gang gehalten werden [Phase der Transformation durch die Zweitursachen].

3. Dann neue «Setzungen extra nihilum»[4], wenn jeweils die historische Entwicklung der Welt uns einen «wahren Zuwachs» enthüllt: Auftreten des Lebens, einer «metaphysischen Art», jeder menschlichen Seele...

Diese Konzeption stößt sich sichtbar an allen möglichen historischen Unwahrscheinlichkeiten und geistigen Antipathien.

a] Sie verpflichtet, zwischen aufeinanderfolgenden Stufen des physischen, organischen und geistigen Seins, die [in ihrem *Auftreten*] so offensichtlich miteinander verbunden sind, lediglich einen Zusammenhang *logischer Ordnung*, einen rein intellektuellen Plan zu sehen, der künstlich Existenzen mit dem Anschein der Kontinuierlichkeit gesät hat.

b] Sie macht weiter die physische Abhängigkeit [im Funktionieren] unerklärlich, die wir zwischen den verschiedenen Organen des Universums feststellen. Mit aller Evidenz hat jedoch das Denken einen bestimmten organischen Träger nötig, der seinerseits selbst Wirkung gewisser physikalisch-chemischer Bedingungen ist!

c] Schließlich nimmt sie der Anstrengung der Zweitursachen die Krone jeglichen absoluten Wertes, die dann keinerlei organische Wirksamkeit besitzen, um die Welt die verschiedenen Seinsstufen überschreiten zu lassen.

Mir scheint, die meisten Schwierigkeiten der Scholastik mit den historischen Indizien der Evolution beruhen darauf, daß sie es versäumt, [neben der Schöpfung und der Herausführung] eine dritte Art von durchaus definierter Bewegung in Betracht zu ziehen: *die schöpferische Transformation, die transformatio creatrix.*

---

[4] «Setzungen außerhalb des Nichts» [Anmerkung der Herausgeber].

SCHÖPFERISCHE TRANSFORMATION

Neben der «creatio ex nihilo subjecti»[5], neben der «transformatio ex potentia subjecti»[6] ist Raum für einen Akt «sui generis»[7], der, indem er *sich* eines bereits existierenden Geschaffenen *bedient*, es in ein *ganz* neues Sein vergrößert. Dieser Akt ist *wirklich schöpferisch, creatrix,* denn er verlangt das erneute Eingreifen der ersten Ursache.

Und doch *stützt er sich auf ein Subjekt* – auf etwas in einem Subjekt.

Es ist erstaunlich, daß die Scholastik keinen Terminus hat, um diese Weise göttlichen Wirkens zu bezeichnen, die:

a] «in abstracto»[8] vorstellbar ist und folglich zumindest einen Platz in der Spekulation verlangt;

b] wahrscheinlich die einzige ist, die unserer Erfahrung von der Welt genügt.

Man muß, so scheint es, wirklich blind sein, um nicht zu sehen:

«In natura rerum»[9] treten die beiden Kategorien von Bewegungen, welche die Scholastik unterscheidet [Creatio et Eductio[10]], als fortwährend ineinander verschmolzen, miteinander verbunden auf.

Es gibt nicht einen Moment, in dem Gott erschafft, und einen Moment, in dem die Zweitursachen entwickeln. – Es gibt immer nur *ein* schöpferisches Tun [identisch mit der Erhaltung], das fortwährend die Geschöpfe *mit Hilfe* ihrer sekundären Aktivität und ihrer früheren Vervollkommnungen zum Mehrsein erhebt.

---

[5] «Schöpfung ohne vorherige Existenz einer zugrundeliegenden Seinsweise» [Anmerkung der Herausgeber].
[6] «Transformation, indem eine zugrundeliegende Materie in den Akt übergeführt wird» [Anmerkung der Herausgeber].
[7] «Eigener Art» [Anmerkung der Herausgeber].
[8] «Abstrakt» [Anmerkung der Herausgeber].
[9] «In der Natur der Dinge» [Anmerkung der Herausgeber].
[10] «Schöpfung und Herausführung» [Anmerkung der Herausgeber].

SCHÖPFERISCHE TRANSFORMATION

Die so begriffene Schöpfung ist kein periodischer Einbruch der ersten Ursache: Sie ist ein der ganzen Dauer des Universums *koextensiver* Akt. Gott *schafft* seit dem Ursprung der Zeiten, und *von innen her gesehen* hat seine Schöpfung [*selbst die anfängliche?*] die Gestalt einer Transformation. Das teilhabende Sein wird nicht *in Blöcken* gesetzt, die sich später dank einer nichtschöpferischen Umwandlung differenzieren: Gott bläst uns fortwährend neues Sein ein.

Es gibt wohlgemerkt entlang der vom Sein in seinem Wachstum verfolgten Kurve Schwellen, besondere Punkte, an denen das schöpferische Tun dominant wird [Auftreten des Lebens und des Denkens].

Strenggenommen ist aber *jede* gute Bewegung in einem Teil ihrer selbst schöpferisch.

Die Schöpfung geht in jedem Augenblick in Funktion all dessen weiter, was bereits existiert, es gibt *niemals* im eigentlichen Sinne ein «nihilum subjecti»[11] – *sofern man das Universum in seiner totalen Bildung durch alle Jahrhunderte hindurch betrachtet.*

– Dieser Begriff der «transformatio creatrix» [oder der Schöpfung durch Transformation], den ich analysiert habe, scheint mir nicht nur an sich unangreifbar und allein auf die Erfahrungswelt anwendbar. Er ist wahrhaft «befreiend»: durch ihn hört das Paradox und das Ärgernis der Materie auf [d.h. unsere Verwunderung angesichts z.B. der Rolle des Gehirns im Denken und der Leidenschaft – ἔρως [12] – in der Mystik]; und er verwandelt das eine wie das andere in einen edlen und hellsichtigen Kult eben dieser Materie.

Wenn, wie mir schien, die «transformatio creatrix» wahr-

---

[11] «Das Nichts einer zugrundeliegenden Materie» [Anmerkung der Herausgeber].
[12] Eros [Liebe des Verlangens] im Gegensatz zur Agape [Liebe der Hingabe]. [Anmerkung der Herausgeber.]

SCHÖPFERISCHE TRANSFORMATION

haft ein Konzept ist, das noch nicht seinen Platz in der Scholastik gefunden hat, so glaube ich, ist es an der Zeit, es unverzüglich in sie einzuführen, um nicht länger den orthodoxen *theologischen* Begriff der Schöpfung durch das «nihilum subjecti» einer bestimmten Philosophie ersticken und entstellen zu lassen.

Undatiertes Ineditum. Wahrscheinlich Anfang 1920 geschrieben.

ÜBER DIE WEISEN
DES GÖTTLICHEN WIRKENS
IM UNIVERSUM

Um die folgenden Überlegungen konkreter zu machen, sei ein Vergleich erlaubt. Stellen wir uns eine Kugel vor und innerhalb dieser Kugel eine sehr große Zahl gegeneinander gepreßter Federn. Erkennen wir überdies diesen Federn die Fähigkeit zu, sich nach ihrem Willen spontan zu spannen oder zu entspannen. – Ein solches System kann das Universum vorstellen und die Vielzahl der miteinander solidarischen Aktivitäten, aus denen es besteht.
Nehmen wir nunmehr an, man versuche in dem so aufgebauten mechanischen Modell der Welt durch irgendeinen Kunstgriff den Einfluß der ersten Ursache darzustellen. – Welches Element müßte hinzugefügt werden, oder wie müßten die in der Kugel enthaltenen Teile verändert werden, um den Eingriff Gottes in die Zweitursachen zu symbolisieren?
– Eine erste Weise, den Faktor «Gott» in unserem die Welt darstellenden System sichtbar werden zu lassen, würde darin bestehen, in die Ansammlung der in der Kugel enthaltenen lebendigen Federn *eine weitere Feder* einzuführen, eine viel zentralere und mächtigere als alle anderen, die diese nach Belieben sich gefügig machen würde. Es würde die Feder Gott geben, wie es die Feder Peter oder Paul gibt etc. – Eine dominante Kausalität *unter* den anderen Kausalitäten [d. h. letzten Endes eine in die Reihe der erfahrbaren Kräfte eingefügte Kraft]: solcher Art wäre der göttliche Einfluß.
Selbstverständlich muß man gegen eine solche rudimentäre [und doch häufig mehr oder weniger unbewußt anerkannte] Weise reagieren, das Wirken Gottes im Universum

zu begreifen. Es ist die Absicht des vorliegenden *Aufsatzes*, die Tatsache zu betonen, daß die einzig rationalen Weisen, das Einwirken des Schöpfers auf sein Werk zu erfassen, jene sind, die uns verpflichten, die Einfügung der göttlichen Energie in die Dinge [vom streng erfahrungsmäßigen Standpunkt aus gesehen] *als nicht wahrnehmbar anzusehen* – eine Eigenschaft, die nicht ohne wichtige Konsequenzen im Hinblick auf die beiden folgenden Fragen bleibt:

– Wie ist Gott für uns erkennbar? [§ 1]
– Welches ist das wahre Ausmaß seiner Allmacht? [§ 2]

I.

a] Eine erste, eigentlich göttliche Weise für die erste Ursache, die niederen Naturen zu erreichen, besteht darin, *auf die Gesamtheit ihres Gefüges gleichzeitig* einwirken zu können. Kommen wir zu unserer Kugel mit Federn zurück und stellen wir uns außerhalb von ihr ein Sein vor, das fähig wäre, auf die ganze Oberfläche des Systems gleichzeitig einen derartig gekonnten Druck auszuüben, daß es, an gleich welchem Punkt des Inneren, unfehlbar die Änderung herbeizuführen vermag, die es wünscht. – Nehmen wir an, eine Änderung dieser Art sei im Gange. Für die Federn an dem beeinflußten Punkt wird die äußere [= schöpferische] Erschütterung, die von allen Seiten zugleich ankommt, entweder als das Ergebnis eines reinen Zusammentreffens oder aber als die Wirkung einer geheimnisvollen, über das gesamte Gefüge der Kugel ausgebreiteten Kraft erscheinen. Die neue, in dem System eingesetzte Energie ist unmöglich zu lokalisieren: sie hat genau die

WEISEN DES GÖTTLICHEN WIRKENS

Gestalt eines Zufalls oder einer Immanenz[1]. So zeigt sich uns [unter einem streng erfahrungsmäßigen Gesichtspunkt] die Vorsehung in der Welt. Die Hand Gottes ist weder hier noch dort. Sie wirkt auf die Gesamtheit der Ursachen, ohne sich irgendwo offen zu zeigen: So daß äußerlich das Wirken des ersten Bewegers am ehesten dem einer Weltseele, die göttliche Weisheit am ehesten dem Schicksal oder dem Geschick gleicht. – Es wäre müßig sich zu fragen, ob eine solche Disposition uns paßt oder nicht: *Sie ist,* darum geht es.

b] Wenn auch alles individuelle Tun mit dem allgemeinen Zustand und den globalen Abwandlungen des Ganzen solidarisch ist, stellt das Individuum doch wesentlich ein autonomes Wirkzentrum dar. Das göttliche Tun kann sich also nicht damit zufriedengeben, sich von außen her auf die Einzelnaturen einzustellen und sie zu modellieren. Es muß, um sie ganz meistern zu können, einen Zugriff auf ihr verborgenstes Leben haben. – Deshalb ergibt sich für die Erstursache außer der Fähigkeit, *auf das Ganze zugleich* einzuwirken, das Vermögen, sich individuell im Herzen eines jeden Elementes der Welt bemerkbar zu machen. – Wir betrachteten eben ein Sein, das den Dingen so äußerlich ist, daß es sie insgesamt mit seinem Einfluß umhüllte. Stellen wir uns nunmehr dasselbe Sein vor, das den von ihm beherrschten Triebfedern so innerlich geworden ist, daß es deren Spannung nach Wunsch bis an die äußerste Grenze ihrer [tatsächlichen oder möglichen] Elastizität vermehrt oder lockert. Mit dieser Annahme haben wir in recht genauer Weise ein Bild von dem *besonderen* Wirken Gottes

---

[1] Damit der Vergleich weniger unvollkommen wäre, müßte man annehmen, wie leicht ersichtlich, daß die Kugel einen unendlichen Radius hat und daß die Übertragung des «äußeren» Einwirkens sich darin *augenblickshaft* vollziehe [jedes Element würde *im selben Augenblick in Funktion aller anderen* beeinflußt]. [Anmerkung des Autors.]

entworfen, d. h. vom Wirken, das die Welt nicht nur als ein Ganzes, sondern als eine Vereinigung *individuell belebter Seiender* regiert. – Dieses Mal ist das Wirken der transzendenten Ursache genau lokalisiert. Es setzt an einem ganz bestimmten Punkt des Universums an. Vielleicht werden wir es fassen können?... Keineswegs, auch in diesem Falle nicht, das göttliche Wirken erscheint nicht als ein unmittelbar erkennbares Element «auf der Ebene alles anderen». Kraft der Innigkeit wird es ungreifbar. Die «ab intra»[2], von dem die Sphäre beseelenden Sein bewegte Triebfeder kann sich durchaus einbilden, daß sie allein wirkt [während *sie* doch *gewirkt wird*], und die anderen, ihre Nachbarn, können ihre Illusion teilen. So verhält es sich im Bereich unserer Erfahrung. – Dort, wo Gott wirkt, ist es uns immer möglich [indem wir auf einer bestimmten Ebene bleiben], nichts anderes zu sehen als das *Werk der Natur*.
– So ist also einmal aufgrund eines *Übermaßes an Ausdehnung* und dann wieder durch das *Übermaß an Tiefe* der Ansatzpunkt der göttlichen Kraft seinem Wesen nach extraphänomenal. Die erste Ursache mischt sich nicht unter die Wirkungen: Sie wirkt auf die individuellen *Naturen* und auf die Bewegung des *Ganzen*. Im eigentlichen Sinne gesprochen *macht* Gott *nicht:* er *läßt* die Dinge *sich machen*. Deshalb ist dort, wo er wirkt, kein Einbruch, keine Spalte. Das Netz der Determinismen bleibt unversehrt – die Harmonie der organischen Entwicklungen setzt sich ohne Dissonanz fort. Und dennoch ist der Herr in sein Eigentum gekommen.
– Wenn es aber, so wird man einwenden, geradezu die Bedingung des göttlichen Wirkens ist, immer von Zufall, Determinismus und Immanenz verschleiert zu sein, so sind wir gezwungen einzuräumen, daß die göttliche Ursächlichkeit direkt nicht erreichbar ist – weder als schöpfe-

---

[2] «Von innen» [Anmerkung der Herausgeber].

rische Ursache in der Bewegung der Weltordnung – noch als offenbarende Ursache im Wunder? – Ohne jeden Zweifel.

Ob es sich nun um gewöhnliche Vorsehung oder um wunderbare Vorsehung [außerordentliches Zusammentreffen von Zufällen] oder sogar um wunderbare Fakten [ϑαῦμα] handelt, *wir werden wissenschaftlich niemals dazu geführt*, Gott zu sehen, weil das göttliche Wirken niemals als Bruch der physikalischen oder physiologischen Gesetze in Erscheinung tritt, mit denen die Wissenschaft sich allein befaßt. Da die Ketten der Antezedenzien niemals durch das göttliche Wirken unterbrochen [sondern lediglich gebogen oder verlängert] werden, ist eine analytische Beobachtung der Phänomene unfähig, uns Gott erreichen zu lassen, *nicht einmal als ersten Beweger*. – Wir werden *wissenschaftlich* niemals aus dem Kreis der natürlichen Erklärungen herauskommen. Damit müssen wir uns abfinden.

Diese Eigenschaft des Göttlichen, für jeden materiellen Zugriff ungreifbar zu sein, ist seit eh und je schon im Hinblick auf das Wunder bemerkt worden. Wenn man von den [sehr seltenen und, abgesehen von den im Evangelium berichteten, mehr oder weniger bestreitbaren] Fällen von Auferstehungen von den Toten absieht, gibt es in der Geschichte der Kirche keine Wunder, die absolut außerhalb der Reichweite der *in ihrer Richtung* merklich gesteigerten vitalen Kräfte lägen. Im Gegenteil, es ist kein einziges Beispiel [nicht einmal in der Legende] von einem «morphologischen»[3] Wunder bekannt; – und man hat absolut niemals etwas davon gehört, daß ein Märtyrer, der das Feuer überstand, einem Schwertschlag widerstanden hätte.

---

[3] Zum Beispiel Neuschaffung eines Gliedes... [Anmerkung des Autors].

Man kann also gewiß sein, je mehr man die Wunder medizinisch untersucht, um so mehr wird man [nach einer ersten Phase des Erstaunens] sehen, *daß sie sich als eine Weiterführung* der Biologie *erweisen* – ebenso wie man, je mehr man die Vergangenheit des Universums und der Menschheit wissenschaftlich untersucht, darin die Erscheinungsformen einer Evolution findet.

– Und doch, Gott ist erkennbar durch die menschliche Vernunft! – Und doch ist das Wunder absolut notwendig, nicht nur für die apologetischen Bedürfnisse, sondern auch um der Freude unseres Herzens willen, das nicht ganz in einem Gott ruhen könnte, der ihm nicht stärker als alles Bestehende erschiene!

Wie gelingt es uns, die Gegenwart des göttlichen Stromes unter der lückenlosen Membran der Phänomene – die schöpferische Transzendenz durch die evolutive Immanenz hindurch zu erfassen?

An dieser Stelle müssen die heilsamen Theorien eingreifen, die, indem sie im Bereich der intellektuellen Erkenntnis das System von Akt und Potenz radikal zu Ende denken, den Fähigkeiten der Seele das Vermögen zuerkennen, die *Wahrheit* der Objekte *zu vollenden,* die sie wahrnehmen.

Ohne jeden Zweifel verbirgt sich unter der aufsteigenden Bewegung des Lebens das fortdauernde Wirken eines Seins, das von innen her das Universum emporträgt. – Unter der ununterbrochenen Wirksamkeit der Zweitursachen vollzieht sich [in zahlreichen Wundern] eine außergewöhnliche Ausweitung der Naturen, die dem weit überlegen ist, was das normale Zusammenspiel der geschaffenen Faktoren und Auslöser hervorzubringen vermöchte. Objektiv genommen *enthalten* die materiellen Fakten *Göttliches.* Dieses Göttliche aber ist in ihnen in bezug auf unser Erkennen lediglich eine Potenz. Es wird also solange *potentiell* bleiben, als wir zur Erkennung der supra-wahrnehmbaren Welt in unserem Geiste nicht über Fähigkeiten verfügen, die ausreichend vorbereitet sind, und zwar nicht nur durch Analyse und Kritik, sondern weit mehr noch durch sittliche Verfeinerung und eine rückhaltlose Treue, dem immer aufsteigenden Stern der Wahrheit zu folgen. – Nur die *Reinheit des Herzens* [je nach Fall unter dem Beistand der Gnade oder nicht] und *nicht die reine Wissenschaft* ist fähig, angesichts der in Bewegung befindlichen Welt oder angesichts eines wunderbaren Faktums die wesentliche Indeterminiertheit der Erscheinungsformen zu überwinden und mit Gewißheit hinter den Kräften der Natur einen Schöpfer – und in der Tiefe des Anomalen das Göttliche zu entdecken.

Somit sind wir also bereits dank dem Studium der von der Natur der Welt dem göttlichen Wirken auferlegten Bedingungen dahin gelangt, eine besondere Theorie der Erkenntnis des Göttlichen [Erkenntnis aus Vernunft und Erkenntnis aus Glauben][4] anzunehmen. Wir müssen noch sehen, wie die Existenz derartiger Bedingungen, die anscheinend die Erstursächlichkeit begrenzen, mit der recht begriffenen göttlichen Allmacht vereinbar sind.

---

[4] Es ist anzumerken, daß die oben entwickelten Überlegungen über die [selbst im Wunder] wissenschaftliche Unsichtbarkeit der göttlichen Ursächlichkeit das notwendige Gegenstück zu jeder Theorie sind, die für die Wahrnehmung des Göttlichen eine besondere Sensibilisierung der Fähigkeiten der Seele verlangt. Ohne eine ihrer Natur nach der *objektiven* Seite der Wunderfakten inhärente Zweideutigkeit ließe sich nicht erklären, daß wir *subjektiv* zum Erkennen der göttlichen Hand «Augen des Glaubens» notwendig hätten. [Anmerkung des Autors.]

WEISEN DES GÖTTLICHEN WIRKENS

II.

Bei der Entscheidung, ob die Seienden zur Existenz fähig seien oder nicht, hat man sich daran gewöhnt, nur eine einzige Art von Möglichkeit in Betracht zu ziehen – *die logische Möglichkeit* – d. h. die innere Widerspruchslosigkeit der abstrakten Begriffe, durch die wir ihre Naturen definieren. – Der Mensch z. B. wird als möglich erachtet, weil «Lebewesen» dem «Vernunftwesen» nicht widerstreitet. Damit wird er als durch die göttliche Allmacht «simpliciter»[5] verwirklichbar erklärt; und von diesem Augenblick an ist es nicht mehr statthaft zu fragen, so sagt man, ob zu dieser Verwirklichung eines «Möglichen» nicht ihrerseits ihre *Möglichkeitsbedingungen* gehören. In den Augen zahlreicher Philosophen hat das Universum allein durch die Einsichtigkeit seiner isoliert und als vollends herausgebildet angesehenen Elemente Bestand. Für diese Leute gibt es die Fragen des Werdens und des Ganzen nicht, derart daß es nach ihrer Ansicht keinerlei Grund gibt, daran zu zweifeln, Gott könne, wenn er es wollte, ganz und gar «ex nihilo sui et subjecti – et mundi recipientis»[6] Peter oder Paul völlig allein und ganz geheiligt vor sich auftreten lassen. – Das wird dauernd in den Schulen der Theologie gesagt oder vorausgesetzt.

Nun, um die Wahrheit frei zu machen, muß man es wagen zu sagen, eine derartige Weise, die schöpferische Macht zu messen [die darin besteht, nur zwei oder drei Glieder aus der unendlichen Reihe der ontologischen Bedingungen zu nehmen, denen unser Sein untergeordnet ist, und sie wie

---

[5] «Ohne weiteres» [Anmerkung der Herausgeber].

[6] «Ohne Präexistenz seiner selbst und einer zugrundeliegenden Materie und ohne daß es ein Universum gäbe, um sie aufzunehmen» [Anmerkung der Herausgeber].

untereinander auswechselbare Teile miteinander zu verbinden], ist nicht nur kindlich, vielmehr setzt sie Gott und uns herab – ohne in Rechnung zu stellen, daß sie die Ursache der schlimmsten Schwierigkeiten gegen die Vorsehung ist.

Soweit wir den Gang der Welt beurteilen können, hat die göttliche Allmacht kein so freies Feld vor sich, wie wir annehmen: Vielmehr bleibt sie ganz im Gegenteil gerade durch die Konstituierung des teilhabenden Seins, an dessen Auftreten sie arbeitet [d. h. letzten Endes aufgrund der ihr eigenen Vollkommenheit], im Laufe ihres Schöpferwirkens genötigt, über eine ganze Reihe von Vermittlungen zu gehen und eine ganze Folge unvermeidbarer Risiken zu überwinden – was auch immer die Theologen dazu sagen, die immer bereit sind, die «potentia absoluta divina»[7] ins Spiel zu bringen.

Wir haben bereits ein erstes sehr allgemeines Gesetz erkannt, dem das göttliche Wirken «ad extra»[8] unterworfen ist: daß es nämlich [kraft eben seiner Vollkommenheit] nicht im Bruch zu den individuellen Naturen oder in Disharmonie zu dem Gang des Ganzen wirken kann – d. h. auf ein und derselben Ebene wie die Zweitursachen. Diese erste Beschränkung für eine «willkürliche» Bekundung des göttlichen Wirkens führt uns dahin, zwei weitere in Betracht zu ziehen.

– 1] Zunächst scheint es [zur Natur des teilhabenden Seins] widersprüchlich zu sein, sich vorzustellen, Gott schaffe etwas *Isoliertes*. Ein einziges Sein kann für sich allein existieren: das ens a se[9]. Alles, was nicht Gott ist, ist wesentlich

---

[7] Die «göttliche absolute Macht» [Anmerkung der Herausgeber].
[8] «Insofern es außerhalb seiner selbst wirkt» [Anmerkung der Herausgeber].
[9] Das Sein, das nur durch sich selbst existiert [Anmerkung der Herausgeber].

Vielheit – in sich organisierte Vielheit oder sich um sich herum organisierende Vielheit. Um *eine Seele machen zu können*, steht der Macht Gottes also nur ein einziger Weg offen: *eine Welt zu erschaffen*[10]. Damit umfaßt «Mensch» unter seinen voll explizitierten Möglichkeitsbedingungen nicht nur «Lebewesen und Vernunftwesen», der Begriff schließt auch noch «Menschheit, Erde, Universum...» ein. Das ist etwas anderes als die leichte «Möglichkeit», wie die Logizisten sie sich für die Dinge vorstellen. Doch damit werden auch wir größer – und damit wird vor allem, in der Anwendung auf unseren Herrn, die Idee einer erstaunlichen Einheit in der Schöpfung nahegelegt. Denn jetzt endlich sehen wir, daß es für Gott gerade eben ausreiche, daß er, wollte er Christus haben, ein ganzes Universum in Gang setzte und das Leben im Überfluß ausgoß. – Gibt es also, strenggenommen, heute in allem, was sich außerhalb Gottes bewegt, *in actu* etwas anderes als die Verwirklichung Jesu, zu der jede Partikel der Welt, des näheren oder des weiteren, notwendig ist [ex necessitate medii[11]]? – Man darf darauf vertrauen, daß es nichts anderes gibt.

– 2] Wenn die allgemeinen Gesetze des Werdens [die das fortschreitende Auftreten des (geschaffenen) Seins im Ausgang von einem unorganisierten Vielen regeln] als Modali-

---

[10] Eine Welt, d.h. nicht nur ein *Ganzes*, sondern ein *fortschreitendes* Ganzes. Wir neigen dazu, uns vorzustellen, die Macht Gottes tue sich in höchster Weise leicht angesichts des «Nichts». Das ist ein Irrtum. Das «*Nichts» bietet dem göttlichen Wirken einen winzigen Ansatz* [Potentia obedientialis]; – Gott kann es also nur gradatim * überwinden, indem er teilhabendes Sein hervorbringt, das immer fähiger ist, das Schöpferbemühen zu tragen. – Das findet für uns seinen Ausdruck in den Erscheinungsformen einer Evolution. [Anmerkung des Autors.]

* Gradatim = schrittweise [Anmerkung der Herausgeber].

[11] Aus einer Notwendigkeit des Mittels [Anmerkung der Herausgeber].

täten angesehen werden müssen, die streng für das göttliche Tun gelten, dann wird sichtbar, daß *die Existenz des Übels* ihrerseits durchaus auch eine *rigoros unvermeidliche* Begleiterscheinung der Schöpfung sein könnte. «Necesse est ut adveniant scandala.» [12]

Wir stellen uns häufig Gott vor, als könne er eine schmerzlose, fehlerlose, gefahrlose, «scherben»lose Welt aus dem Nichts ziehen. Das ist eine Begriffsphantasie, die obendrein das Problem des Übels unlösbar macht.

Nein, muß man sagen, Gott *kann* trotz seiner Allmacht *kein* mit ihm vereintes Geschöpf erhalten, ohne notwendig den Kampf mit dem Übel aufzunehmen. Denn das Übel tritt *unvermeidlich* mit dem ersten Atom des Seins auf, das die Schöpfung in die Existenz «entfesselt». Geschöpf und [absolute und allgemeine] Sündenlosigkeit sind Termini, deren Verbindung ebensosehr [physisch oder metaphysisch, das ist hier unwichtig] der Macht und der göttlichen Weisheit widerstreitet wie die Verknüpfung von «Geschöpf» und «Einzigkeit». – Wenn folglich das Übel um uns herum auf Erden wütet, sollten wir daran kein Ärgernis nehmen, sondern vielmehr das Haupt erheben. Diese Tränen, dieses Blut und diese Laster, die uns erschrecken, ermessen in Wirklichkeit den Wert dessen, was wir sind. Unser Sein muß sehr wertvoll sein, daß Gott es durch solche Widerstände hindurch erstrebt. – Und es ist eine sehr große Ehre, die Er uns erweist, daß wir mit Ihm kämpfen können, «damit sein Wort sich erfülle», d. h. damit «das Geschöpf sei».

Es ist also, so sieht man, nicht alles absolut falsch an der alten Idee des Schicksals, das bis zu den Göttern hin

---

[12] «Es ist notwendig, daß Ärgernisse kommen.» Der genaue Text der Vulgata Mt 18, 7 lautet: «Necesse est enim ut veniant scandala.» [Anmerkung der Herausgeber.]

herrschte. Man hat sich niemals darüber gewundert, daß
Gott keinen viereckigen Kreis machen oder keinen bösen
Akt setzen könnte. Weshalb sollte man den Bereich des
unmöglichen Widerspruchs auf diese Fälle allein beschränken? Es gibt gewiß *physikalische* Äquivalente zu den unbeugbaren Gesetzen der Moral und der Geometrie.

In welcher Gestalt aber können wir uns schließlich die
notwendige und sehr wünschenswerte Allmacht Gottes
vorstellen? Wenn Gott wahrhaft gezwungen ist [aufgrund
einer ihm selbst immanenten Notwendigkeit], falls er erschaffen will, gewissen Entwicklungsgesetzen zu folgen, wie
soll dann das letzte Wort seinem Schöpfertum zukommen?
Durch welches Wunder wird der Schöpfer die Dinge lenken, ohne durch sie geführt zu werden?

Auf diese letzte Frage ist zu antworten: «durch das höchste
Wunder des göttlichen Tuns, nämlich dank einem Einfluß
aus der Tiefe und auf das Ganze unaufhörlich auf einer
höheren Ebene alles Gute und alles Übel in die Wirklichkeit *integrieren* zu können, die es mittels der Zweitursachen
aufbaut». – Kehren wir ein letztes Mal zu dem Vergleich
der Kugel voller lebender Federn zurück. In jedem Augenblick strebt das Spontanwirken der Federn dahin, das
Gleichgewicht zu verändern und zu stören, welches das
beherrschende Sein anstrebt, das nach unserer Annahme
ihrem Gefüge vorsteht. Nehmen wir an, dieses Sein sei
fähig, in jedem Augenblick den neuen Zustand des Systems
auszunutzen und umzuformen, d.h. die beständig erneuerte Disposition der Elemente der Kugel so gut in den
Dienst seiner Zielsetzungen zu stellen, daß durch alle Fluktuationen und Widerstände, denen es begegnet [oder genauer *mittels* dieser], sein eigener Plan ununterbrochen
verfolgt wird. Damit haben wir ein recht gutes Bild gefunden, um uns das zugleich *unmerkliche* und *unwiderstehliche*
Wirken Gottes auf den Gang der Ereignisse vorzustellen.

WEISEN DES GÖTTLICHEN WIRKENS

Wir alle sind in dieser Welt in ein Geflecht von Übeln oder Determinismen hineingenommen, auf die Gott selbst [kraft seines frei gesetzten Schöpferaktes] nur mehr unter gewissen ganz klaren Bedingungen einwirken kann [weil es «Unverträglichkeiten» gibt, die *wesentlich* zu den Dingen gehören]. Doch wenn die Fäden unzerbrechlich oder nur mäßig elastisch sind, so ist das Netz seinerseits in den Händen des Schöpfers doch unendlich geschmeidig – vorausgesetzt, daß wir uns unsererseits als getreue Geschöpfe erweisen. – Wenn der Mensch fern von Gott lebt, bleibt das Universum für ihn neutral oder feindlich. Wenn aber der Mensch an Gott glaubt, organisieren sich sogleich um ihn die Elemente des Unvermeidlichen, selbst die ärgerlichen, zu einem freundlichen, auf den endgültigen Erfolg des Lebens hingeordneten Ganzen. Für den Gläubigen bleibt jedes Ding, äußerlich und individuell, was es für alle Welt ist: und doch paßt die göttliche Allmacht zu seinem Gebrauch das Ganze mit Sorgfalt an. Sie schafft in gewisser Weise in jedem Augenblick das Universum neu, genau für denjenigen, der sie bittet. «Credenti omnia convertuntur in bonum.» [13]

– *Eine unfehlbare Synthese des Ganzen,* die durch kombinierten inneren und äußeren Einfluß gelenkt wird, das scheint also letzten Endes [außerhalb der außergewöhnlichen Ausweitungen des Wunders] die allgemeinste und vollkommenste Gestalt des göttlichen Einwirkens auf die Welt zu sein: es achtet alles, es ist zu vielen Umwegen und zu großer Duld-

---

[13] Dies heißt mit anderen Worten, er handelt im Universum in einem Gesamttun [Vorsehung], das nicht auf die Summe der Einzelakte reduzierbar ist, wenn es auch der Summe elementarer Akte koextensiv ist, in die unsere Erfahrung es analysiert [es zerlegt]. [Anmerkung des Autors.]
Credenti omnia convertuntur in bonum = Für den Gläubigen wandelt sich alles zum Guten [Anmerkung der Herausgeber].

samkeit «genötigt», die auf den ersten Blick für uns ein Ärgernis sind – doch letzten Endes integriert und verwandelt es alles.

Ineditum, Januar 1920.

SÜNDENFALL, ERLÖSUNG
UND GEOZENTRIK

Das wichtigste Hindernis, auf das gläubige Forscher stoßen, wenn sie sich bemühen, die *offenbarte* historische Darstellung der menschlichen Ursprünge mit den derzeitigen wissenschaftlichen Gegebenheiten in Einklang zu bringen, ist der traditionelle Begriff der Erbsünde. – Die paulinische Theorie des Sündenfalls und der beiden Adam verhindert [übrigens in recht unlogischer Weise], daß alle in der Genesis enthaltenen Details in gleicher Weise als didaktisch und bildhaft angesehen werden. Sie führt zum eifersüchtigen Festhalten am strengen Monogenismus als einem Dogma [zuerst ein Mann, dann ein Mann und eine Frau], dessen Assimilation durch die Wissenschaft praktisch unmöglich geleistet werden kann.

Es ist wichtig, darauf hinzuweisen, daß die gläubigen Frühgeschichtler Grund dazu haben, auf ein Umschlagen zu ihren Gunsten in der exegetischen und dogmatischen Starrheit in diesen Dingen zu rechnen. Es sind nämlich nicht nur einige paläontologische Entdeckungen, die die Kirche zwingen, unverzüglich ihre Vorstellungen über die *historischen Erscheinungsformen* der menschlichen Ursprünge zu wandeln. Vielmehr führt das ganze neue Gesicht des Universums, wie es sich uns seit einigen Jahrhunderten zeigt, mitten ins Herz des Dogmas ein inneres Ungleichgewicht ein, aus dem wir nur durch eine ernsthafte Metamorphose der Vorstellung der Erbsünde herauskommen können.

Infolge des Zusammenbruchs der Geozentrik, dem sie zustimmt, ist die Kirche heute in die Enge gedrängt zwischen ihren historisch-dogmatischen Vorstellungen von den Ursprüngen der Welt einerseits – und den Forderungen eines

SÜNDENFALL, ERLÖSUNG UND GEOZENTRIK

ihrer grundlegendsten Dogmen andererseits – so daß sie das eine nur retten kann, indem sie teilweise die anderen opfert.

Das möchte ich hier sichtbar machen.

Die historisch-dogmatische Darstellung der Dinge, von der ich eben sprach, meint die Überzeugung, daß das Übel [das moralische und dann das physische] in die Welt infolge *einer Sünde* eingebrochen ist, die von *einem menschlichen Individuum* begangen wurde.

Das grundlegende Dogma meint die *Universalität* der durch den menschlichen Anfangsfehler entfesselten Verderbtheit. Das *ganze* Universum, so glauben die Gläubigen, ist durch den Ungehorsam Adams zum Schlechten gewandelt worden; und *weil* das ganze Universum verdorben wurde, hat sich die Erlösung ihrerseits auf das ganze Universum erstreckt und ist Christus zum Zentrum der Neuschöpfung geworden.

Früher, bis zu Galilei [1], standen die historische Darstellung des Sündenfalls und das Dogma von der universellen Erlösung vollkommen miteinander in Einklang – um so eher als sie sich je im Hinblick auf das andere herausgebildet hatten [2].

---

[1] Wir wundern uns oder wir lächeln angesichts der Verwirrung der Kirche, die zum ersten Mal dem galileischen System gegenüberstand. In Wirklichkeit hatten die Theologen damals durchaus das richtige *Gespür*. Mit dem Ende der Geozentrik beginnt der evolutionistische Gesichtspunkt. Die Richter Galileis haben nur das Wunder des Josua deutlich bedroht gesehen. Tatsächlich war damit in die ganze Genesistheorie des Sündenfalles ein Keim der Zerstörung eingedrungen; – und wir beginnen erst heute, die Tiefe der Änderungen zu ermessen, die damals virtuell vollzogen waren. [Anmerkung des Autors.]

[2] Es ist interessant festzustellen, wenn wir [im Fall der Erbsünde] an einer inneren Disharmonie zwischen unserer Dogmengeschichte und unseren Glaubensvorstellungen leiden, hat dies seinen Grund darin, *daß jene ein Dogma eingeführt hat, dem sie nicht mehr genügt.* – Unser Dogma

SÜNDENFALL, ERLÖSUNG UND GEOZENTRIK

Solange man an acht Schöpfungstage [was selbst der heilige Paulus glaubte] und an eine Vergangenheit von 4000 Jahren zu glauben vermochte – solange man die Sterne als Satelliten der Erde und die Tiere als Diener des Menschen ansah – war es nicht schwierig, daran zu glauben, daß ein einziger Mensch alles hatte verderben können und daß ein anderer Mensch alles gerettet hatte.

Heute wissen wir – mit absoluter physikalischer Gewißheit – daß das Universum der Gestirne nicht auf die Erde, noch das irdische Leben auf die Menschheit zentriert ist. Die Gestalt der Bewegung, die uns mitreißt, ist keine Divergenz im Ausgang von einem niederen kosmischen Zentrum, sondern weit eher in allen Bereichen eine langsame Konzentration im Ausgang von äußerst diffusen Schichten; – und selbst wenn ein Urzentrum der Welt existierte, könnte man es gewiß nicht bei den Menschen einordnen. – Tausende von Jahrhunderten, bevor ein denkendes Wesen auf unserer Erde auftrat, wimmelte es dort vom Leben mit seinen Instinkten und Leidenschaften, seinen Schmerzen und seinem Sterben. Und unter den Millionen von Milchstraßen, die im Raume treiben, ist es beinahe unmöglich sich vorzustellen, daß keine von ihnen bewußtes Leben gekannt hätte oder kennen müsse – und daß das Übel, dasselbe Übel, das die Erde verdirbt, nicht sie alle ansteckt wie der subtilste Äther.

Der Gläubige, der vor diesen Horizonten die Augen nicht verschließt, bemerkt, daß er sich in einem Dilemma befindet:

– entweder muß er die historische Darstellung von der

hat eine Tendenz «sua mole»*, *unabhängig von dem Wert der historischen Vorstellungen* Bestand zu haben, die zu seiner Entstehung geführt haben! [= es «sprengt» sie]. [Anmerkung des Autors.]

* Sua mole – durch seine eigene Masse [Anmerkung der Herausgeber].

SÜNDENFALL, ERLÖSUNG UND GEOZENTRIK

Erbsünde durch und durch erneuern [= Ungehorsam eines ersten Menschen];
– oder aber er muß den theologischen Sündenfall und die theologische Erlösung auf einen kleinen Teil des maßlos gewordenen Universums beschränken. Die Bibel, der heilige Paulus, Christus, die Jungfrau etc. würden nur für die Erde gelten. Immer, wenn die Schrift von «Welt» spricht, müßte man «Erde» lesen – und insbesondere «Menschheit» – und insbesondere noch, wer weiß?, diesen besonderen Zweig der Menschheit, der aus einem Individuum hervorgegangen ist, das Adam hieß.

Ich verkenne nicht, daß gewisse Thomisten vor der zweiten Alternative nicht zurückwichen. Sie ziehen eine eingeschränkte Konzeption vom Sündenfall und von der Erlösung der Mühe und der Gefahr vor, ein historisches Gebäude zu ändern, das bis ins Innerste mit auf ihm aufgepfropften Dogmen vermischt ist.

Ich weiß aber auch, daß diese Leute die Substanz des Dogmas und der Tradition um einer leeren Hülle willen aufgeben. Sie mögen verbal ihre Positionen halten: die Wahrheit ist nicht mehr in ihnen. Der *Geist* der Bibel und der Kirche ist offenkundig: die *ganze* Welt ist durch den Sündenfall verdorben worden, und *alles* ist losgekauft worden. Die Herrlichkeit, die Schönheit, die unwiderstehliche Anziehungskraft Christi strahlen letzten Endes von seinem *universellen* Königtum aus. Christus verlöscht erbärmlich, er verschwindet vor dem Universum, wenn seine Herrschaft auf die Regionen unter dem Mond beschränkt ist. «Qui descendit, nisi qui ascendit, ut repleret omnia?»[3]

Die Kirche kann der Wahrheit nur ins Auge sehen, indem sie den ersten und den zweiten Adam universalisiert.

---

[3] Eph 4, 10: «Wer ist herabgestiegen, wenn nicht jener, der aufgestiegen ist, um alles zu erfüllen?» [Anmerkung der Herausgeber.]

SÜNDENFALL, ERLÖSUNG UND GEOZENTRIK

1. Der erste Adam

Ich will ganz offen sagen, was ich denke: es ist unmöglich, den ersten Adam zu universalisieren, ohne seine Individualität platzen zu lassen. Selbst mit Hilfe der Konzeptionen [von denen wir weiter unten sprechen werden [4]] von einer «singularis» aut «unica» [5] Menschheit können wir nicht mehr alles Übel von einem einzigen Hominiden ableiten. Sagen wir es noch einmal: lange vor dem Menschen gab es auf der Erde den Tod. Und in den Tiefen des Himmels, fern allem sittlichen Einfluß der Erde, gibt es auch den Tod. – Der heilige Paulus aber ist formell: «per peccatum mors» [6]. Die [Erb-]Sünde erklärt nicht nur den menschlichen Schmerz und die menschliche Sterblichkeit. Für Paulus erklärt sie alles Leiden. *Sie ist die allgemeine Lösung des Problems des Bösen* [7].

[4] Indem er die Geschichtlichkeit «Adams» leugnet, leugnet P. Teilhard noch nicht das Wesentliche des Dogmas der Erbsünde, nämlich die Universalität der Sünde in jedem Menschen und folglich die universelle Erlösungsnotwendigkeit. Zum derzeitigen Stand der Theologie zu diesen sehr komplexen Problemen siehe P. Charles Baumgartner SJ, Le Dogme du péché originel, Paris 1969. [Anmerkung der Herausgeber.] Eine systematische Darstellung der Teilhardschen Erbsündenlehre findet sich bei Karl Schmitz-Moormann, Die Erbsünde, Walter-Verlag, Olten/Freiburg 1969. [Anmerkung des Übersetzers.]

[5] «Einzigartig» [im philosophischen Sinne des Wortes] oder «einzig» [Anmerkung der Herausgeber].

[6] «Durch die Sünde der Tod», Röm 5, 12 [Anmerkung der Herausgeber].

[7] Wenn man zugesteht, daß es, wo auch immer, Schmerz ohne Sünde gebe, stellt man sich gegen das Denken des heiligen Paulus. Für den heiligen Paulus erklärt die Erbsünde derart den Tod, daß er eben aus der Existenz des Todes folgern kann, hier liege Sünde vor. – Ich weiß sehr wohl, daß die Thomisten das nicht mehr einräumen, obwohl sie durchaus behaupten, den heiligen Paulus auf ihrer Seite zu haben. [Anmerkung des Autors.]

SÜNDENFALL, ERLÖSUNG UND GEOZENTRIK

Da in dem Universum, das wir heute kennen, weder ein Mensch noch die ganze Menschheit eine derartige allverderbliche Rolle zu spielen vermöchten, müssen wir, wenn wir den wesentlichen Gedanken des heiligen Paulus retten wollen, das opfern, was in seiner Sprache Ausdruck der Ideen eines Juden des ersten Jahrhunderts ist -- anstatt um den Preis des grundlegenden Glaubens des Apostels gerade diese hinfälligen Vorstellungen bewahren zu wollen.

– Ich werde mich hier nicht damit lächerlich machen, mir anzumaßen, der Kirche die Wege anzugeben, über die sie voranschreiten müsse. Doch wenn ich zu meinem persönlichen Gebrauch die möglichen Wege erkunde, glaube ich einen Weg zu sehen, der sich in folgender Richtung öffnet: die in ihrer Allgemeinheit genommene Erbsünde ist keine spezifisch irdische Krankheit, noch ist sie an das Menschengeschlecht gebunden. Sie symbolisiert einfach die unvermeidliche Wahrscheinlichkeit des Übels [Necesse est ut eveniant scandala [8]], die an die Existenz allen teilhabenden Seins gebunden ist. Überall, wo Sein in fieri [9] entsteht, treten unmittelbar als sein Schatten Schmerz und Sünde auf; nicht nur infolge der Tendenz der Geschöpfe zur Ruhe und zum Egoismus, sondern auch [und das ist verwirrender] als unausweichliche Begleiterscheinung ihres Fortschrittsbemühens. Die Erbsünde ist die wesentliche Reaktion des Endlichen auf den Schöpferakt. Unvermeidlich schleicht sie sich im Schatten jeder Schöpfung in die Existenz ein. Sie ist die *Kehrseite* jeder Schöpfung. Eben indem Gott schafft, verpflichtet er sich, wider das Übel zu kämpfen und folglich auf die eine oder andere Weise loszukaufen.

---

[8] Es ist notwendig, daß Ärgernisse kommen [Anmerkung der Herausgeber].
[9] Im Werden [Anmerkung der Herausgeber].

SÜNDENFALL, ERLÖSUNG UND GEOZENTRIK

– Der eigentlich menschliche Sündenfall ist lediglich die [mehr oder weniger kollektive und fortdauernde] Aktuierung dieses «fomes peccati»[10] in unserem Geschlecht, der lange vor uns in das ganze Universum, von den niedrigsten Bereichen der Materie bis hin zu den Sphären der Engel eingegossen war. – Strenggenommen gibt es keinen ersten Adam. Hinter diesem Namen verbirgt sich ein universelles, unverbrüchliches Gesetz des Rückfalls [Reversion] oder der Perversion – das Lösegeld für den Fortschritt[11].

II. Der zweite Adam

Mit dem neuen Adam verhält es sich ganz anders. Das Universum zeigt uns keinerlei niederen Divergenzpunkt, an dem der erste Adam seinen Ort haben könnte. Dagegen kann und muß es als in Richtung eines kosmischen Punktes höchster Konfluenz konvergierend aufgefaßt werden. – Im übrigen erfreut es sich kraft seiner universellen und wachsenden Einswerdung der Eigenschaft, daß jedes seiner Elemente in organischem Zusammenhang mit allen anderen steht. – Unter diesen Bedingungen hindert nichts daran, daß eine menschliche Individualität gewählt und ihr All-Einfluß derart gesteigert worden sei, daß sie aus «una inter

---

[10] «Zunder der Sünde» [Anmerkung der Herausgeber].
[11] Innerhalb dieser Hypothese ist das sittliche Übel durchaus an das physische Übel gebunden [wie es der heilige Paulus will], jedoch kraft einer immanenten Sanktion, da dieses notwendig jenes begleitet. Fortschritt-Schöpfung, Sünde-Fall, Schmerz-Erlösung sind drei physisch untrennbare Glieder, die sich gegenseitig kompensieren und legitimieren – und die *drei müssen verbunden werden*, um den *Sinn des Kreuzes* adäquat zu begreifen. [Anmerkung des Autors.]

SÜNDENFALL, ERLÖSUNG UND GEOZENTRIK

pares»[12] zur «prima super omnes»[13] geworden sei. Ebenso wie es bei den lebenden Körpern vorkommt, daß eine zunächst allen anderen gleichende Zelle nach und nach im Organismus vorherrschend wird, konnte auch die besondere Menschheit Jesu [zumindest im Augenblick der Auferstehung] eine universelle morphologische Funktion anziehen, gewinnen. – Im Unterschied zu dem, was für den ersten Adam gilt, ist die Universalität des Tuns eines personalen Christus begreiflich und in höchster Weise *in se*[14] befriedigend. Doch gibt es eine Schwierigkeit: nämlich dieses universelle Tun, angesichts des grenzenlosen Kosmos, den die Erfahrung uns heute offenbart, für unseren Geist *wahrscheinlich* zu machen. – Wie nun die erstaunliche Koinzidenz erklären, die uns trotz der Unermeßlichkeit des Äthers und der Dauer nur wenige Jahre auseinander auf ein und demselben Korn Sternenstaub zusammen mit dem Erlöser existieren läßt? Wie soll man sich die Bekundung dieser in einer nicht wahrnehmbaren Gegend der Zeit und des Raums vollzogenen Erlösung für die anderen kosmischen Bereiche vorstellen?

Ich bekenne, angesichts dieser Probleme ist die Intelligenz stark versucht, sich in eine gemäßigte Geozentrik zurückfallen zu lassen. Weshalb nicht annehmen, daß die Erde in dem grenzenlosen Universum der einzige Punkt der geistigen Befreiung ist? – Die Tiefen des Firmaments dürfen uns nicht entmutigen. Der Geist wird im Grenzbereich zwischen den beiden kosmischen Sphären geboren, die wir grob gesprochen als die der Moleküle und der Gestirne bezeichnen. Ebenso wie unterhalb unserer selbst, in unserem *inneren Körper*, die Korpuskeln sich in der Analyse nach

---

[12] «Eine unter ihresgleichen» [Anmerkung der Herausgeber].
[13] «Die erste über allen» [Anmerkung der Herausgeber]
[14] An sich [Anmerkung der Herausgeber].

SÜNDENFALL, ERLÖSUNG UND GEOZENTRIK

Myriaden vermehren – drängen sich auch über uns, in unserem *äußeren Körper*, die Sternennebel nach Millionen: ihre Schwärme bilden immer nur einen Leib, den unseren.
– Man muß, zweifellos, auf die Vorstellung eines anfänglich an einem einzigen Menschen aufgehängten Universums verzichten; – vielleicht aber kann man noch an ein Universum glauben, dessen gesamte bewußte Kräfte keinen anderen Niederschlagsort, keinen anderen Ausweg hätten denn das menschliche Gehirn. Und dann wäre das Haupt der Menschen, Christus, direkt an den psychischen Pol der Schöpfung gestellt. Er würde unmittelbar universalisiert.

Wenn man es wirklich für allzu anthropozentrisch hält, sich eine *einzige* Menschheit im Universum vorzustellen, bleibt noch der Ausweg, sie lediglich als *einzigartig* [singularis] zu begreifen. Unter allen in der Welt verwirklichten oder verwirklichbaren Bewußtseinszentren stellen wir vielleicht das zentralste oder das niedrigste oder das schuldigste dar... Wissen wir nicht, daß es über uns [in Verbindung mit unserer materiellen Welt, was auch immer die Scholastiker sagen, wenn sie Kalküle über die Natur der reinen Geister anstellen], die Engelscharen gibt, deren untersttes Glied wir in gewisser Weise sind, nämlich das Glied, das in unmittelbarem Zusammenhang mit dem Vielen und dem Unbewußten steht? – Da die Menschen diesen bescheidenen, aber *besonderen* Platz einnehmen, würde verständlich, daß der universelle Erlöser, um alle Dinge zu erreichen, sich unter uns, in die niedrigste der geistigen Sphären, eingefügt habe, gerade eben «ut repleret omnia »[15].

– Wenn die Erde als «unica »[16] oder zumindest als «singu-

---

[15] «Um alles zu erfüllen», Eph 4, 10 [Anmerkung der Herausgeber].
[16] «Einzig» [Anmerkung der Herausgeber].

SÜNDENFALL, ERLÖSUNG UND GEOZENTRIK

laris» in natura rerum [17] vorstellbar ist, dann ist unsere raum-zeitliche Koexistenz mit Christus nicht erstaunlicher als unsere persönliche Koexistenz mit der Erde und der Gegenwart. Der neue Adam ist, um eines der Menschheit innerlichen Grundes willen, gerade Mensch und nicht etwas anderes geworden.

– Einverstanden. Doch die eigentliche Frage besteht darin, ob wir nicht, um diese für unsere Schwäche so wohnliche, höchste Geozentrik zu retten, uns wider die Wahrheit stellen müssen. – Die Menschheit, die sich als einzige oder als besondere im Universum ausgibt, erinnert an einen Philosophen, der das ganze Wirkliche auf sein eigenes Bewußtsein zurückführen wollte, derart daß er allen anderen Menschen eine wahrhafte Existenz abspricht. – Es stimmt, *um eine einzige Seele ins Gleichgewicht zu bringen,* braucht es ebenso viele Sternennebel in der Tiefe der Himmel wie Moleküle im Herzen der Materie. Doch ebenso wie auf der Erdoberfläche die menschliche Seele nicht allein ist, sondern wesentlich als Legion auftritt, ist es auch unendlich wahrscheinlich, daß sich die bewußte kosmische Schicht nicht auf einen einzigen Punkt [unsere Menschheit] beschränkt, sondern sich außerhalb der Erde zu anderen Sternen und anderen Zeiten hin fortsetzt. – *Viel wahrscheinlicher* ist die Menschheit weder «unica» noch «singularis»: Sie ist «eine unter tausend». – Wie aber kommt es dann, daß sie wider alle Wahrscheinlichkeit als Zentrum der Erlösung gewählt wurde? Und wie kann sich von ihr aus die Erlösung von Gestirn zu Gestirn *ausbreiten?*

Diese Frage bleibt für mich noch ohne Antwort. – Die Vorstellung von einer *willkürlich* zum Zentrum der Erlösung «unter tausend ausgewählten» Erde stößt mich ab. Und andererseits ist die Hypothese einer besonderen Of-

---

[17] «Einzigartig» in der Natur [Anmerkung der Herausgeber].

SÜNDENFALL, ERLÖSUNG UND GEOZENTRIK

fenbarung, die in einigen Jahrhundertmillionen die Bewohner des Andromeda-Systems lehren würde, daß das Wort sich auf der Erde inkarniert habe, lächerlich. – Alles, was ich zu ahnen vermag, ist die Möglichkeit einer Erlösung «mit vielen Gesichtern», die sich als dieselbe auf allen Gestirnen vollzöge – in etwa wie das Meßopfer sich als dasselbe an allen Orten und zu allen Zeiten vervielfältigt. – Doch nicht alle Welten sind gleichzeitig in der Zeit! Es hat Welten vor unserer gegeben. Es wird welche danach geben... Außer man führte eine Relativität der Zeit ein, müßte man einräumen, daß Christus sich noch nicht auf jenem zukünftigen Stern inkarniert hat?... Was wird aus dem «Christus iam non moritur»[18]? Und was wird auch aus der einzigartigen Rolle der Jungfrau Maria?

Es gibt Augenblicke, da verzweifelt man fast daran, die katholischen Dogmen von der Geozentrik zu befreien, in der sie entstanden sind. Und doch ist eines im katholischen Credo sicherer als alles andere: daß es einen Christus gibt, *in quo omnia constant*[19]. Alle sekundären Glaubensinhalte müssen, wenn nötig, diesem grundlegenden Artikel weichen. Christus ist alles oder nichts.

---

[18] «Ist Christus einmal von den Toten auferstanden, stirbt er nicht mehr» [Röm 6, 9]. [Anmerkung der Herausgeber.]
[19] In dem alles Bestand hat, Kol 1, 17 [Anmerkung der Herausgeber].

Ineditum, 20. Juli 1920.

ÜBER EINIGE MÖGLICHE
HISTORISCHE DARSTELLUNGEN
DER ERBSÜNDE

Wenn man von Erbsünde spricht, muß man sorgfältig zwei Dinge unterscheiden:

1. die dogmatischen Attribute der ersten Sünde [universelle Erlösungsnotwendigkeit, fomes peccati [1] etc....]

2. die äußeren Umstände, unter denen diese Sünde begangen wurde, das heißt die Erscheinungsformen, die sie annahm, ihre Darstellung.

Bisher ist [mit Ausnahme der Schule von Alexandrien] die Darstellung der Erbsünde fast buchstäblich den ersten Kapiteln der Genesis entnommen worden. Es scheint, wir würden heute unwiderstehlich dahin gedrängt, uns die Ereignisse, infolge deren das Übel in unsere Welt einbrach, in neuer Weise vorzustellen. – Das Ziel dieses Aufsatzes ist:

1. zu zeigen, unter dem Einfluß welcher Feststellungen das christliche Denken Schritt um Schritt dahin geführt wird, die alten Weisen, sich die Erbsünde vorzustellen, aufzugeben,

2. einige Richtungen anzugeben, auf die hin die Gläubigen sich von jetzt an zu orientieren scheinen, um dem Dogma vom Sündenfall eine Erscheinungsform zu geben, die mit den am wenigsten hypothetischen Gegebenheiten der Erfahrung und der Geschichte vereinbar ist.

---

[1] «Zunder der Sünde» [Anmerkung der Herausgeber].

MÖGLICHE DARSTELLUNGEN DER ERBSÜNDE

1. Schwierigkeiten der traditionellen Darstellung

Es gibt für uns eine zweifache und ernste Schwierigkeit, die alte Darstellung der Erbsünde beizubehalten, und diese Schwierigkeit läßt sich wie folgt aussagen: «Je mehr wir die Vergangenheit wissenschaftlich wieder lebendig werden lassen, um so weniger finden wir weder für Adam noch für das Paradies einen Platz.»

1. *Kein wahrscheinlicher Platz für Adam.* – Die Zoologen sind sich annähernd darüber einig, eine wirkliche Einheit des menschlichen Geschlechts anzuerkennen. Doch, und das muß man sich merken, sie geben dieser Einheit einen vom Monogenismus der Theologen sich stark unterscheidenden Sinn. In den Augen der Naturforscher ist die Menschheit wahrscheinlich aus ein und derselben Tiergruppe hervorgegangen. Doch dieses Auftreten hat sich schrittweise vollziehen müssen, über mehrere Sprossen, und vielleicht über mehrere Triebphasen. Der Stiel, über den die menschliche Art mit dem gemeinsamen Stamm der Lebewesen verbunden ist, muß in der Tat recht komplex sein, um «potentiell» die bekannten großen Varianten des menschlichen Typs zu enthalten. Dies aber setzt für ihn einen recht breiten Querschnitt [eine recht breite numerische Basis] mit recht verschwommenen Umrissen voraus. Wenn man versucht, in einem einzigen Individuum [oder einem einzigen Paar] alle primitiven Merkmale zusammenzufassen, die bei den Menschen von Mauer, Piltdown, Neandertal, bei den Tasmaniern, Australiern etc. erkennbar sind, gelangt man zu einem äußerst entmenschlichten, vielleicht monströsen Wesen. Auf jeden Fall [und ohne von der äußersten Unwahrscheinlichkeit der Verwirklichung eines zoologischen Typs in einem einzigen Individuum zu sprechen] erhält

MÖGLICHE DARSTELLUNGEN DER ERBSÜNDE

man durch dieses Vorgehen einen Adam, der recht schlecht gebaut ist, um in sich die totale Verantwortung für unser Geschlecht zu tragen.

2. *Noch weniger Platz in unseren historischen Perspektiven für das irdische Paradies.* – Das irdische Paradies könnte heute nicht mehr als ein privilegiertes Reservat von einigen Hektar begriffen werden. Alles hängt, das sieht man jetzt, im Universum allzusehr physisch, chemisch, zoologisch... zusammen, als daß die *beständige* Abwesenheit des Todes, des Schmerzes, des Übels [wenn auch nur für einen kleinen Bruchteil der Dinge] außerhalb eines *allgemeinen Zustands* der Welt, der von dem unsrigen verschieden wäre, begriffen werden könnte; das irdische Paradies ist nur zu begreifen als eine *andere Seinsweise* des Universums [was mit dem traditionellen Sinn des Dogmas übereinstimmt, das im Garten Eden eine «andere Welt» sieht]. Doch so weit wir auch in die Vergangenheit blicken, wir sehen nichts, das diesem wunderbaren Zustand gleicht. Am Horizont zeigt sich nicht die geringste Spur, nicht die geringste Narbe, die auf die Ruinen eines Goldenen Zeitalters oder auf unsere Amputation von einer besseren Welt hinwiese. So weit das Auge nach rückwärts reicht, erweist sich die vom physischen Übel beherrschte, vom moralischen Übel durchtränkte Welt [die Sünde ist offensichtlich vom Auftreten der schwächsten Spontaneität an «potentiell» nahe...] für uns als *im Zustande der Erbsünde*.

Wirklich, Adam und das [buchstäblich vorgestellte] irdische Paradies in unsere wissenschaftlichen Perspektiven einzufügen, ist so unmöglich, daß ich mich frage, ob heute auch nur ein Mensch fähig ist, seinen Blick *gleichzeitig* auf die von der Wissenschaft beschworene geologische Welt und auf die gewöhnlich von der Biblischen Geschichte erzählte Welt einzustellen. Man kann die beiden Darstellungen nur beibehalten, indem man abwechselnd von der einen zur anderen übergeht. Ihre Verbindung kreischt, sie klingt falsch. Verbinden wir sie auf ein und derselben Ebene, so fallen wir ganz sicher einem perspektivischen Irrtum zum Opfer.

II. Mögliche neue Weisen, sich die Erbsünde vorzustellen

Weil es in der wissenschaftlichen Geschichte der Welt keinen Platz für den Wendepunkt der Erbsünde gibt, weil sich in unseren *Erfahrungsreihen* alles so vollzieht, als gebe es weder Adam noch ein Eden, ist mithin der Sündenfall als Ereignis etwas Unverifizierbares, «Unerfahrbares». Die Spuren des Urdramas sind aus irgendeinem Grunde für unsere Analyse der Welt ungreifbar geworden. Dieser Charakter des «Unerfahrbaren» kann auf zwei einander vollständig entgegengesetzten Gründen beruhen:
1. entweder ist die Erbsünde ein Ereignis, das uns entgeht, weil es zu klein und zu fern ist;
2. oder aber wir erkennen sie im Gegenteil nicht, weil sie allzu groß und allzu gegenwärtig ist.
A. – Die konservativen Theologen scheinen mir vor allem in der ersten Richtung eine Versöhnung zwischen der Bibel und der Wissenschaft zu suchen: sie minimalisieren auf der ganzen Linie. Man verdünnt heute soweit wie möglich die außernatürlichen Gnadengaben, die unseren Stammeltern gegeben wurden. Man beschränkt die Ausdehnung der Eigentümlichkeiten des irdischen Paradieses. Man begrenzt die Folgen der Sünde, indem man sagt, unter dem «in die Welt eingeführten Schmerz und Tod» müsse man nur den «Schmerz und Tod des Menschen» verstehen [was offensichtlich im Gegensatz zum Geist – wenn nicht zum

MÖGLICHE DARSTELLUNGEN DER ERBSÜNDE

Buchstaben – des heiligen Paulus steht, für den der Sündenfall vor allem eine Lösung für das Problem des Bösen ist]. Diese erste Weise, das Problem der «Ungreifbarkeit» der Erbsünde zu lösen, ist hinfällig und demütigend: sie weicht der Kritik aus, indem sie «alles aufgibt»; noch schlimmer, sie kompromittiert den eigentlichen Inhalt des Dogmas. Wenn die paradiesische Zeit auf den historischen Gang der Welt eine so geringe physische Auswirkung gehabt hat, wie kann man sie dann mit gutem Gewissen zum Träger der ganzen neuen Erde und des neuen Himmels machen!...

In der entgegengesetzten Richtung muß die Anwort zu dem gestellten Problem gesucht werden. Die Erbsünde muß sich unserem Blick entziehen, nicht weil ihre Winzigkeit diesen als unzulänglich erweist, sondern weil eben ihre Fülle ihn «transzendiert».

B. – Wie hat man sich diese Transzendenz der Erbsünde in bezug auf unsere Erfahrung vorzustellen? Von mehreren Möglichkeiten hier einige Beispiele.

a] Eine erste mögliche Erklärung [die konservativste und die «realistischste»] für das Merkmal der «Unerfahrbarkeit» der allerersten Geschichte der Menschheit wäre, das Symbol einer neuen *Weichenstellung* der menschlichen Welt infolge der Erbsünde zu Hilfe zu nehmen. Adam und Eva, so sagen wir innerhalb dieser Hypothese, haben ihre Existenz in einer von der unsrigen verschiedenen Sphäre der Welt begonnen. Durch ihren Sündenfall sind sie in eine niedrigere Sphäre [die gegenwärtig unsrige] gefallen, das heißt, sie sind in die im eigentlichen Sinne animale Reihe, in der wir heute geboren werden, immaterialisiert, inkarniert, eingefügt worden: sie sind unterhalb ihres ersten Zustandes *wieder-geboren* worden. Da sie infolgedessen über einen *Querweg* auf die Straße des irdischen Universums gelangten, haben sie [und wir mit ihnen] den Ort aus den

MÖGLICHE DARSTELLUNGEN DER ERBSÜNDE

Augen verloren, von dem sie herkamen, wie auch den Weg, der sie «unter die Tiere» führte. Wie Reisende, die an einer Kreuzung im Walde rechtwinklig eingebogen sind, nehmen wir den von unserem Geschlecht wirklich zurückgelegten Weg nicht mehr wahr; vielmehr sehen wir, wie

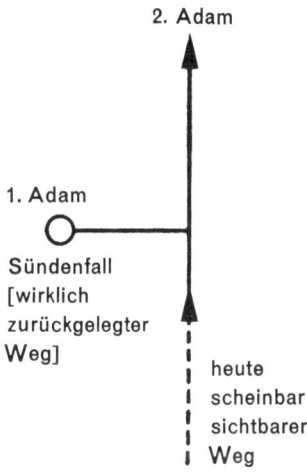

hinter uns endlos die zoologischen Reihen sich verlieren, zwischen die wir erst spät aufgepfropft wurden. Das erklärt durchaus unsere Unfähigkeit, in der Vergangenheit das bescheidenste irdische Paradies zu erfassen. Um den Schwierigkeiten des strengen Monogenismus zu entgehen, müßte man noch ergänzen, entweder symbolisieren Adam und Eva den Ursprung der Menschheit, oder aber ihr Sturz hat sie sozusagen in dem Maße pluralisiert [dissoziiert, pulverisiert], wie es ihre natürliche Einfügung in eine evolutive Tierreihe erforderte [solche Reihen werden von Gruppen von Lebewesen gebildet und nicht von einem einzigen Individuenpaar].

MÖGLICHE DARSTELLUNGEN DER ERBSÜNDE

b] Die für sich evolvierende Tierwelt, in die nach dieser ersten Erklärung unsere Ureltern gefallen sein sollen, ist nur schwer vorstellbar. Logisch drängt die Idee einer «Wegscheide» oder einer «Weichenstellung» in der ursprünglichen menschlichen Welt dahin, sich in der viel

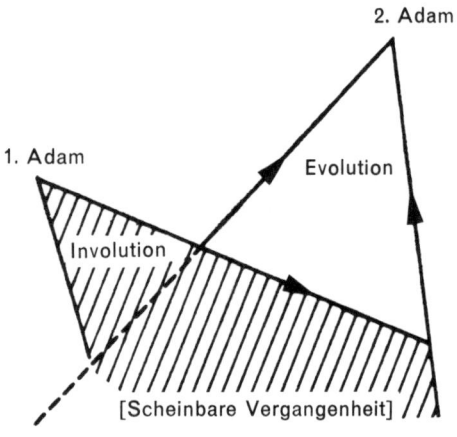

geradlinigeren Vorstellung von einem *Umguß* des erfahrbaren Universums durch die Erbsünde abzurunden. Innerhalb dieser zweiten Hypothese könnte man sich Adam und Eva vor dem Sündenfall so vorstellen, als bildeten sie eine geistigere Menschheit als die unsrige. Infolge einer Untreue, die der der Engel analog wäre, wären sie weniger geistig, materieller geworden; und genau diese Materialisation hätte das schmerzliche «Viele» hervorgebracht, aus dem das Bewußtsein heute von überallher so mühselig aufsteigt. Es wären also im Gesamtzyklus unseres Universums zwei Phasen zu beachten:

– eine Phase der *Involution* in die Materie [«absteigendes»,

MÖGLICHE DARSTELLUNGEN DER ERBSÜNDE

zentrifugales Zersplittern im Ausgang vom ersten Adam], die zur Bildung der gegenwärtigen Erde führt;

– eine Phase der *Evolution* auf den Geist zu [zentripetale Konzentration im zweiten Adam], die auf die Verwirklichung der neuen Erde ausgerichtet ist.

Wissenschaftlich entdecken wir nur die Perspektiven der zweiten Phase [da die wissenschaftliche Analyse lediglich die *evolutive* Vergangenheit rekonstruiert]; und wir führen sogar diese Perspektiven durch unsere Analyse in Richtung eines immer aufgelösteren Vielen unendlich weiter; doch keine dieser Reihen wird jemals auf Adam oder den Garten Eden stoßen [denn Adam und der Garten Eden gehören zu einer anderen Perspektive].

Diese Erklärung des «Umgusses» der Welt durch den Sündenfall stimmt besonders gut mit einer Metaphysik des «idealistischen» Typs zusammen [ich verstehe darunter eine Metaphysik, nach der die nicht-geistigen Wesen von den geistigen Wesen die Fülle ihrer ontologischen Aktuierung erhalten]. Doch ist sie nicht grundsätzlich an eine solche Philosophie gebunden.

c] Ob Erklärung durch «Weichenstellung» oder durch «Umguß», beide Vorstellungsweisen von der Erbsünde haben den Vorteil, daß sie den Begriff von einem individuellen sündigen Akt und sogar von einem personalen ersten Adam beibehalten [obwohl diese Persönlichkeit der unsrigen lediglich analog ist, wenn man, um die Schwierigkeiten des Monogenismus zu vermeiden, einräumt, daß der Sündenfall den ersten Menschen pluralisiert hat]. Beide Bilder haben den Mangel, daß sie uns ins Phantastische verweisen [zumindest auf den ersten Blick: bei weiterem Durchdenken bemerkt man, daß diese maßlosen Ansichten über die Vergangenheit einfach das Gegenstück zu den nicht weniger maßlosen Perspektiven der Wiederherstellung des Universums in Christus bilden].

MÖGLICHE DARSTELLUNGEN DER ERBSÜNDE

Um diesem Phantastischen und auch dem zu entgehen, was ein «esse sine necessitate»[2] zu sein scheint, fasse ich mit Vorliebe eine dritte Erklärung ins Auge, nämlich: Die Erbsünde ist die Aussage, die Übertragung, die Personifizierung in einem augenblickshaften und lokalisierten Akt

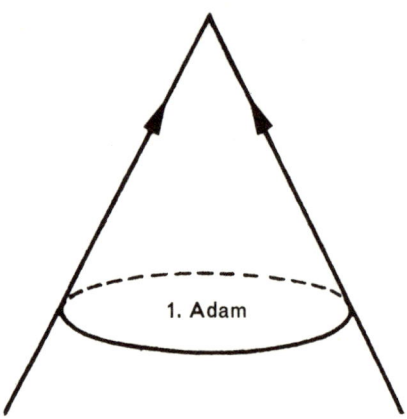

jenes perennen und universellen Gesetzes der Sünde, die *kraft* ihrer Situation des «esse in fieri»[3] in der Menschheit ist. Man darf vielleicht sagen, daß alle Schöpfung, da der Schöpferakt [per definitionem] das Sein von den Grenzen des Nichts [das heißt aus den Tiefen des Vielen, das heißt aus einer Materie] zu Gott aufsteigen läßt, als ihr Risiko und ihren Schatten Sünde mit sich bringt, das heißt unausweichlich mit einer Erlösung verbunden ist. Das Drama Edens wäre in dieser Konzeption das Drama der ganzen menschlichen Geschichte, die in einem wirklichkeitsnahen Symbol zusammengefaßt wäre: Adam und Eva, die Bilder

---

[2] Nicht notwendiges Sein [Anmerkung der Herausgeber].
[3] Sein im Werden [Anmerkung der Herausgeber].

MÖGLICHE DARSTELLUNGEN DER ERBSUNDE

der Menschheit auf dem Wege zu Gott. Die Seligkeit des irdischen Paradieses wäre das uns allen beständig angebotene, aber von vielen abgewiesene Heil, das derart organisiert ist, daß niemand in seinen Besitz gelangen könnte, es sei denn durch Einswerdung seines Wesens in Unserem Herrn [dabei macht es den *übernatürlichen* Charakter dieser Einswerdung aus, daß sie sich unverdient um das Wort, und nicht um ein infragöttliches Zentrum herum verwirklicht...].

Diese Weise, die Erbsünde zu begreifen, beseitigt offensichtlich jegliche Schwierigkeit wissenschaftlicher Art [die Sünde läßt sich nicht mehr von der Evolution der Welt trennen]. Dagegen hat sie den Nachteil:

– auf einen individuellen Adam und einen ersten Sündenfall zu verzichten, es sei denn, man wolle die moralische Krise, die wahrscheinlich mit dem ersten Auftreten der Menschheit einherging, als «Ursünde» ansehen;

– infolgedessen die beiden Phasen des Falles und des Wiederaufstehens in der Dauer miteinander zu vermischen: sie sind nicht mehr zwei verschiedene Epochen, sondern zwei in jedem Menschen und in der Menschheit beständig verbundene Komponenten.

Doch ist das, was wir als einen Nachteil ansehen, nicht lediglich Ausdruck der Mühe, die es uns macht, alte und einfachere Vorstellungsbilder aufzugeben? Eines ist gewiß, daß nämlich die traditionelle Haltung der christlichen Seelen angesichts Gottes in diesen anscheinend so neuen Perspektiven unversehrt bewahrt bleibt. Sie findet in ihnen sogar, wie es scheint, ihre volle intellektuelle und mystische Entfaltung. Schöpfung, Sündenfall, Inkarnation, Erlösung: diese großen universellen Ereignisse erscheinen uns nicht länger als augenblickshafte, über den Lauf der Zeit verstreute Zufälle [eine kindische Sehweise, die ein dauerndes Ärgernis für unsere Erfahrung und unsere Vernunft

MÖGLICHE DARSTELLUNGEN DER ERBSÜNDE

ist]; sie werden alle vier der Dauer und der Totalität der Welt koextensiv; sie sind in gewisser Weise die [tatsächlich verschiedenen, jedoch physisch miteinander verbundenen] Seiten ein und desselben göttlichen Wirkens. Die Inkarnation des Wortes [die sich auf dem Wege beständiger und universeller Erfüllung befindet] ist nur das letzte Ziel einer Schöpfung, die noch, und zwar überall, durch unsere Unvollkommenheiten hindurch weitergeht [omnis creatura adhuc ingemiscit et parturit [4] ...]. Die Sünde schlechthin ist nicht rückwärts, als von einer stammelnden Menschheit begangen, zu suchen: wäre sie nicht viel eher nach vorn hin an dem Tage vorauszusehen, da die endlich ihrer Kräfte voll bewußt gewordene Menschheit sich in zwei Lager teilen wird, für oder wider Gott? [5]

Doch dies wird zur Träumerei. Noch eine objektivere Erwägung zugunsten aller Lösungen, um welche auch immer es sich handelt, die versuchen, die «Unsichtbarkeit» des Sündenfalles nicht durch seine Winzigkeit, sondern durch seine maßlose Größe zu erklären:

Um die christliche Schau des Christus-Redemptor zu wahren, müssen wir offensichtlich die Erbsünde als so umfassend festhalten wie die Welt [sonst wäre Christus, da er nur einen Teil der Welt gerettet hätte, nicht wahrhaft das Zentrum von allem]. Durch die Forschungen der Wissenschaften ist nun die Welt im Raum und in der Dauer

---

[4] Die ganze Schöpfung liegt noch in Seufzen und Wehen, nach Röm 8, 22. [Anmerkung der Herausgeber.]

[5] Muß hier an die Konvergenz des Gesichtspunktes P. Teilhards mit dem erinnert werden, was der heilige Paulus uns über das eschatologische Wachsen des Übels in der Welt und über die Offenbarung des Menschen des Verderbens beim Kommen Christi sagt [2 Thess 2, 3–11]? Dieser Text erlaubt, wie Teilhard zu Recht bemerkt hat, die Aussage, daß die große Sünde der Welt zukünftig ist und eine Sünde des Abfalls ist. [Anmerkung der Herausgeber.]

MÖGLICHE DARSTELLUNGEN DER ERBSÜNDE

unermeßlich geworden, über alle Vorstellungen der Apostel und der ersten christlichen Generationen hinaus.

Wie vermögen wir zu erreichen, daß der gewaltige Hintergrund des Universums, das sich jeden Tag weiter ausdehnt, zunächst durch die Erbsünde, und dann durch das Antlitz Christi überdeckt wird? Wie sollen wir die Möglichkeit *einer Sünde* aufrechterhalten, *die ebenso kosmisch wäre* wie die Erlösung?

Nicht anders denn indem wir den Sündenfall über die universelle Geschichte hin ausbreiten oder, zumindest, indem wir ihn *vor einer Umgestaltung*, einem Umguß ansetzen, deren Konsequenz die gegenwärtige Ordnung der Dinge in ihrer erfahrungsmäßigen Totalität wäre.

Nicht nur damit die Gelehrten bei ihren Forschungen im Frieden leben können, sondern damit die Christen das Recht haben, rückhaltlos einen Christus zu lieben, der sich ihnen mit nichts Geringerem denn mit der ganzen Dringlichkeit und Fülle des Universums aufdrängt, müssen wir unsere Ansichten über die Erbsünde derart ausweiten, daß wir diese weder hier noch dort in unserer Umgebung ansetzen können, sondern lediglich wissen, daß sie überall ist, daß sie ebenso in das Sein der Welt hineingemischt ist wie Gott, der uns schafft, und das Inkarnierte Wort, das uns loskauft.

N.B. – Neben den vorausgeschickten Erklärungsversuchen kann man noch den [etwas korrigierten] von Pater Schmidt zitieren, der in folgender Aussage besteht: Das irdische Paradies hat niemals existiert, weil es vor allem eine Verheißung darstellt. Wenn der Mensch getreu gewesen wäre, wäre das Universum auf einen neuen Zustand hin ausgerichtet worden. Es ist die Lösung der Weichenstellung, bei der der Scheideweg von vornherein verfehlt wurde. Diese Lösung bietet neben anderen Nachteilen

MÖGLICHE DARSTELLUNGEN DER ERBSÜNDE

auch diesen, daß sie die Schwierigkeit des Monogenismus voll bestehen läßt.

Nicht datiertes Ineditum. Geschrieben zwischen dem 22. März und dem 14. April [Karfreitag] 1922[6].

[6] Ohne Zweifel hat P. Teilhard aufgrund dieses Aufsatzes, der als ein Beitrag zur Diskussion unter den Theologen gedacht war, aber nach Rom an den Generaloberen der Jesuiten weitergeleitet wurde, seine Vorlesungen am Institut Catholique aufgeben und nach China gehen müssen, um áls Geologe zu arbeiten. Diese Schrift, die zu Beginn des Jahrhunderts sich notwendig zaghaft ausspricht, wurde 1947 neu aufgegriffen. Vgl. S. 224. [Anmerkung der Herausgeber.]

Die Datierung ist möglich anhand des Tagebuches, in dem Teilhard vermerkt, daß er den Text am Karfreitag 1922 an Pierre Charles geschickt hat [Anmerkung des Übersetzers].

PANTHEISMUS UND CHRISTENTUM

In diesem *Aufsatz* möchte ich versuchen, zwei große religiöse Kräfte miteinander zu konfrontieren – genaugenommen die beiden einzigen religiösen Kräfte, die sich heute die Welt des menschlichen Denkens teilen: das Christentum und den Pantheismus.
Im allgemeinen kommt es zu dieser Gegenüberstellung [wenn sie von einem Christen durchgeführt wird] in dem Bemühen, den Gegensatz zwischen beiden Lehren hervorzuheben und den trennenden Graben noch weiter zu vertiefen.
Auf diesen Seiten will ich genau umgekehrt vorgehen. Ich möchte hier Pantheismus und Christentum einander näherbringen, indem ich herausarbeite, was man die christliche Seele des Pantheismus oder die pantheistische Seite des Christentums nennen könnte. Nach meiner persönlichen Überzeugung verhält es sich nämlich mit dem Pantheismus ähnlich wie mit vielen anderen «Ismen» [Evolutionismus, Sozialismus, Feminismus, Internationalismus, Modernismus...]. Diese Begriffe werden mißbräuchlich so eingeschränkt, daß sie bestimmte ungeschickte und unannehmbare spezielle Ausbildungsformen von Tendenzen bezeichnen, die insgesamt legitim sind und eines Tages absolut eine Formulierung finden müssen, die von aller Welt als wahr anerkannt werden wird. – Pantheismus ist zum Synonym von Spinozismus, Hegelianismus, Theosophie, Monismus... geworden. Mir scheint, diese Identifizierung ist falsch, ungerecht und gefährlich. Hinter den eben aufgezählten pantheistischen Ausprägungen heterodoxer Gestalt verbirgt sich eine psychologische Wirklichkeit, ein geistiges Bedürfnis, die menschlich viel dauerhafter und umfassender sind als irgendein System des hinduistischen, griechischen oder deutschen Denkens.

PANTHEISMUS UND CHRISTENTUM

Alles in allem geht es mir um folgendes: ich möchte sichtbar machen, daß der Pantheismus [im üblichen eingeschränkten Sinne des Wortes] nur die mangelhafte Ausformung einer vollauf berechtigten [und im übrigen durchaus unausrottbaren] Tendenz der menschlichen Seele ist, einer Tendenz, die im Christentum ihre volle Befriedigung finden muß.

Diese Tendenz, deren historische Entwicklung ich summarisch nachzeichnen will [1. Teil], bevor ich nach der Möglichkeit ihrer Verchristlichung frage [2. Teil], besteht *im religiösen Bemühen um das Ganze.*

1. Geschichte der pantheistischen Tendenz

a] Das Bemühen um das *Ganze* hat seine Wurzel in der geheimsten Tiefe unseres Seins. Aus intellektueller Notwendigkeit – aus affektivem Bedürfnis – vielleicht aufgrund eines unmittelbaren Eindrucks vom Universum werden wir wesentlich in jedem Augenblick zur Betrachtung der in ihrer Totalität begriffenen Welt geführt.

Zunächst einmal ist unserer Intelligenz das Viele, der Plural ein Dorn im Auge. In Wirklichkeit begreifen wir das Viele nicht: wir denken die Seienden nur in dem Maße, wie sie der Pluralität hinreichend entrinnen, um zur Aktion oder Reaktion, zur Harmonisation und Gruppierung fähig zu werden. In den Augen des Denkens ist das Viele [die Materie] etwas Illegitimes. Die einsichtige Welt, die wahre Welt kann nur eine eingewordene Welt sein. Damit sind die Elemente, die Teile, die Atome, die Monaden endgültig nicht interessant. Letzten Endes verdient allein das Ganze Wertschätzung, in dem allein sich die Einheit verwirklichen kann.

PANTHEISMUS UND CHRISTENTUM

Korrelativ und in einem Sinne identisch [zu unserem intellektuellen Bedürfnis nach Einheit] finden wir in der Tiefe unserer selbst das affektive und willentliche Bedürfnis nach Vereinigung. Der Mensch drängt nicht nur durch seine Vernunft zum Einen [d.h. zum Ganzen]: vielmehr wird er mit seinem ganzen Sein dorthin gezogen [ist unser Denken nicht ein Akt unseres ganzen Seins?]. Wir finden uns auf Erden wesentlich als Getrennte, als Verstümmelte vor [erinnern Sie sich an den Phaidros von Platon]. Wir suchen verzweifelt unsere Vollständigkeit. Diese Vollständigkeit aber kann uns nicht gebracht werden durch die Ehe mit irgendeinem isoliert für sich genommenen Element der Welt. In Richtung von etwas Diffusem, von etwas in allem Ausgegossenem schwingt unser Sehnen. Wir haben im Grunde nur eine einzige Leidenschaft: uns mit der Welt zu vereinen, die uns von überallher umhüllt, ohne daß es uns gelingt, ihr Gesicht oder ihr Herz zu finden. Würde der Mann die Frau anbeten, wenn er nicht glaubte, in ihren Augen den Widerschein des Universums zu sehen? Liebt der Mann die Frau noch immer, wenn er sie [durch seinen Fehler] so weit reduziert hat, daß sie nur mehr ein armseliges, in sich geschlossenes Individuum ist, das ihn nicht auf den Weg einer Weiterführung seines Geschlechts noch seines Ideals leitet?...

Wir können schließlich nichts als das Ganze denken, und wir träumen letzten Endes nur vom Ganzen. Muß man noch hinzufügen, daß das Ganze sich uns manchmal unmittelbar kundtut – sich uns fast intuitiv aufdrängt? Es ist möglich. Liest man die Zeugnisse gewisser christlicher oder heidnischer Mystiker oder ganz einfach die vertraulichen Bekenntnisse vieler dem Anscheine nach sehr gewöhnlicher Menschen, so kann man sich ernsthaft fragen, ob es in unserer Seele nicht eine Art kosmischen Bewußtseins gibt, das diffuser, zeitlich unterbrochener als das individuelle

PANTHEISMUS UND CHRISTENTUM

Bewußtsein, aber doch durchaus ausgeprägt ist – eine Art Empfinden für die Gegenwart aller Seienden zugleich, wobei diese Seienden nicht als Viele und Getrennte wahrgenommen werden, sondern als gehörten sie zu ein und derselben, zumindest zukünftigen Einheit... Ist dieses Bewußtsein vom Universellen eine Wirklichkeit? Oder nur die Materialisation einer Erwartung, eines Verlangens? – Sollen die Psychologen darauf antworten, wenn sie können. Zumindest kann man sagen, viele Menschen haben geglaubt, das «kosmische Bewußtsein» zu erfahren, so daß dieses, falls es nicht eine eigenständige Quelle ist, durch die das Bedenken des Ganzen bei uns Eingang findet, doch zumindest beweist, wie stark, wie mächtig in uns die Bemühung um das Ganze ist – denn wir tendieren dahin, unseren Traum zu objektivieren.

b] Wenn es stimmt, daß die Wurzeln der Bemühung, der Sorge um das Ganze so tief menschlich sind, wie ich eben sagte, darf man sich nicht wundern, wenn die pantheistische Strömung [im weiten Sinne des Wortes] bereits in den ersten historischen Bekundungen des menschlichen Denkens als eine Komponente sichtbar wird.

In seiner verschwommensten, aber ursprünglichsten und hartnäckigsten Gestalt hat das Gefühl für das Ganze das Genie der Dichter befruchtet. Ob sie die großen Welterschaffungsmythen oder die großen Kriege oder die großen Leidenschaften oder die große Natur besingen, die Dichter sind niemals wahrhaft Dichter gewesen [und sie werden niemals solche sein] denn in dem Maße, wie sie einem Auftreten des Absoluten, des Universellen entgegenzitterten, das sich ihnen in der einen oder anderen der humanen, der infra- oder suprahumanen Bekundungen der universellen Schöpferkraft der Demeter offenbarte. – Ich glaube, man darf sagen, es gibt keine tiefe Poesie, keine wahre Lyrik, keine Größe in Literatur, Kunst oder Musik außerhalb der Beschwörung, der Vorahnung des Ganzen oder der Sehnsucht nach ihm. – Es hat aber immer Dichter gegeben. Also hat es immer von Natur aus pantheistische Seelen gegeben.

Was die Dichter aller Zeiten erfahren und besungen haben, wenn das universelle Beben über ihre Seele kam, haben auch die Philosophen aller Zeiten in bestimmten Merkmalen zu erkennen, zu systematisieren versucht – entweder weil sie selbst auch die Welt spürten, – oder weil sie sie einfach begreifen wollten. Sie kennen sie ebenso gut wie ich: die kraftvollen monistischen Versuche der ältesten griechischen Philosophie – und die subtilen alexandrinischen Untersuchungen, um die Existenz des Logos zu beweisen – und die stoische Betrachtung der Weltseele.

Etwas ist bemerkenswert, doch es vermag kaum zu überraschen. Ob es sich um das Feuer der Dichter oder die Denksysteme der Philosophen handelt, immer erscheint der Pantheismus im weiten Sinne des Wortes, mit dem ich mich hier befasse, d.h. die Sorge, die Bemühung um das Ganze, als religiös, als grundlegend religiös. Hinter der profansten Erfahrung der Liebe [sofern sie tief ist], hinter der mit kühlsten Überlegungen begründeten Theorie des Universums [sofern sie versucht, das ganze Wirkliche zu umgreifen] scheint immer eine göttliche Erregung durch, und es geht durch sie ein Hauch von Anbetung. Wie könnte es anders sein? Das Ganze mit seinen [zumindest relativen] Attributen Universalität, Einheit, Unfehlbarkeit vermöchte sich uns nicht zu zeigen, ohne daß wir darin Gott oder den Schatten Gottes erkennten. – Und kann Gott seinerseits sich uns anders bekunden als durch das Ganze hindurch, indem er die Gestalt oder zumindest die Umkleidung des Ganzen annimmt?

Dichter, Philosoph, Mystiker, man kann kaum eines ohne das andere sein. Dichter, Philosophen, Mystiker, der lange

PANTHEISMUS UND CHRISTENTUM

Zug der in die Schau und den Kult des Ganzen Initiierten zeichnet in den Strom der vergangenen Menschheit eine zentrale Spur, die wir deutlich von unseren Tagen bis an die fernsten Horizonte der Geschichte verfolgen können. In einem bestimmten Sinne kann man also sagen, die Sorge um das Ganze sei äußerst alt. Es gab sie zu allen Zeiten. Andererseits aber, und das muß recht begriffen werden, scheint sie in unserer Zeit eine wirkliche Erwachsenenkrise durchzumachen. Sie ist für unsere Zeit ganz eigentümlich. Man kann tatsächlich abschätzen, und ich werde es Ihnen rasch aufzeigen, daß die [wesentlich moderne] Arbeit der philosophischen Kritik und der wissenschaftlichen Forschung, die seit zwei oder drei Jahrhunderten in allen Bereichen der Welt im Gange ist, infolge einer erstaunlichen Konvergenz aller ihrer Resultate direkt dahin führt, den Block des Universums vor unseren Augen zu vergrößern und zu festigen.

In der Philosophie zunächst hat die rigoros vorangetriebene Analyse der Bedingungen der Erkenntnis mit einem Übermaß an Dringlichkeit aufgedeckt, was bereits das mittelalterliche [arabische und christliche] Denken wahrgenommen hatte – nämlich daß jedes Bewußtseinszentrum in der Welt die Welt nur zu erkennen vermochte, wie es sie tatsächlich zu erkennen vermag, indem es ihr koextensiv ist. Weit davon entfernt, ein neben andere Atome gesetztes Atom zu sein, muß jede Monade, soll ihr Bewußtsein erklärbar sein, als ein Teilzentrum des Ganzen, als ein besonderer Gesichtspunkt auf das Ganze, als eine besondere Aktuierung des Ganzen begriffen werden [1]. Doch muß man in der ontologischen Konsolidierung des Universums noch weiter gehen. Das außerordentlichste Phänomen der Er-

---

[1] Teilhard sagt hier in konkreter Weise in der Sprache des «Ganzen» aus, was die traditionelle Philosophie in abstrakter Weise in der Sprache des Seins aussagt [Anmerkung der Herausgeber].

kenntnis ist nicht, daß jeder von uns die Welt begreift. Das große Wunder besteht darin, daß die unzähligen Gesichtspunkte, die die individuellen Denkweisen jeweils sind, in einem Punkt zusammenfallen; daß wir alle, intellektuell, das Universum nach ein und demselben Schema verwirklichen; daß wir uns begreifen. Dieses wechselseitige Begreifen, diese Harmonie der Geister in ihrem kollektiven Durchdringen des Wirklichen verlangt einen Seinsgrund, der nur in der Existenz eines regelnden und einsmachenden Prinzips der individuellen Wahrnehmungen zu suchen ist. Zur Erklärung des Gelingens des menschlichen Denkens genügt es also nicht, daß jedes Bewußtsein zum ganzen Erkennbaren koextensiv sei. Darüber hinaus muß noch eingeräumt werden, daß alle als ein Ganzes begriffenen Bewußtheiten von einer Art höherem Bewußtsein beherrscht, beeinflußt und gelenkt werden, das die verschiedenen von jeder Monade isoliert verwirklichten Besitztümer des Universums beseelt, kontrolliert, synthetisiert. Nicht nur ist jeder von uns teilweise das Ganze, sondern alle zusammen werden wir in einer einsmachenden Gruppierung erfaßt, kohäriert. Es gibt ein Zentrum aller Zentren, ein Zentrum, ohne das das ganze Gebäude des Denkens zu Staub zerfallen würde.

Über die demütigsten und verschlungensten Pfade hat sich die Metaphysik, die Physik [und mit diesem Wort meine ich alle Naturwissenschaften] in der letzten Zeit Schritt um Schritt zu diesen großartigen Horizonten vorgearbeitet. Seit der Renaissance lassen sich alle unsere Fortschritte in der Durchdringung der Natur wirklich in diese wenigen Worte fassen: Entdeckung einer unendlichen Ausdehnung und eines unendlichen Zusammenhangs des Universums im Raum und in der Zeit.

Im Raume, zunächst, haben wir gesehen, wie sich nach und nach vor unseren erstaunten Augen das doppelte

Unendliche der Größe und der Kleinheit zeigte und analysieren ließ. Wir sind, wie Sie wissen, derzeit [d. h. in Erwartung neuer Entdeckungen] zwischen zwei äußerste Pole materieller Elemente eingespannt: das Elektron und den Sternennebel. Doch innerhalb dieses breiten Spektrums korpuskularer Größen, deren Durchmesser durch nichts, weder in der Länge noch in der Zahl begrenzt zu sein scheint, herrscht, wie wir wissen, eine unerhörte Solidarität, die über die geheimnisvollen Bereiche des Äthers und der Schwerkraft alles verbindet, was in einem außerordentlichen Energiekontinuum existiert. Je mehr die Welt vor unseren Augen wächst, um so mehr durchdringen sich ihre Elemente wechselseitig. Alles hängt mit allem zusammen innerhalb der Ordnung der meßbaren Energie. Und alles erweist sich auch mit allem zusammenhängend innerhalb des flüchtigeren, komplexeren, aber nicht weniger physisch wirklichen Bereichs der organischen Entwicklungen und der erfahrbaren Bekundungen der Seele. – Wirklich, die Welt weitet sich maßlos vor dem Blick der Wissenschaft aus, und zugleich bildet sie im Raum einen Block!

In der Zeit dasselbe Phänomen des Wachsens und der Verschmelzung – doch noch sehr viel erregender! – Der große Fortschritt des menschlichen Denkens in der modernen Zeit hat zweifellos darin bestanden, daß es sich der Zeit, der Perspektiven der Zeit, der Verkettung der Seienden in der Zeit bewußt wurde. Vor noch gar nicht so langer Zeit konnte man an einem Berg, an einem Lebewesen, an einer gesprochenen Sprache, an einem sozialen Typus, an einer religiösen Gestalt vorbeigehen, ohne sich zu fragen, woher diese Dinge kamen, oder zumindest daran zu zweifeln, daß sie immer so bestanden hätten, wie wir sie heute sehen. – Jetzt hat sich in der Anpassung unseres Blicks eine endgültige Umkehr vollzogen. Alle Wirklichkeit auf der Welt hat für uns aufgehört, eine augenblickshaft zu einer gewissen Zeit unter die anderen Wirklichkeiten der Welt gestellte «Produktion» zu sein. Wir erkennen nicht mehr den Anfang von irgend etwas. Kein Gegenstand ist wissenschaftlich noch begreiflich außer als das Ergebnis einer unbegrenzten Reihe von vorausgehenden Zuständen. Die Geschichte durchdringt die ganze Wissenschaft, will sie in sich aufnehmen. Nach den lebenden Dingen, die ihren Forschungen leichter zugänglich sind, ergründet sie nunmehr die anorganischen Körper. Es gibt, dies begreifen wir jetzt, kein einziges Atom, das, um bis in seinen Kern erkannt zu werden, nicht immer weiter in seine Vergangenheit hinein durch die endlose Reihe seiner früheren Zustände hindurch verfolgt werden müßte. – In jeder Partikel der Welt hallt nicht nur die ganze gegenwärtige Welt wider, vielmehr mündet in gewisser Weise die ganze vergangene Welt in sie ein.

So ist aus der geduldigen, prosaischen, aber sich summierenden Arbeit der Gelehrten aller Kategorien spontan die eindrucksvollste Bekundung des Ganzen hervorgegangen, die man sich vorstellen konnte. Was die alten Dichter, Philosophen und Mystiker vor allem intuitiv erahnt oder entdeckt hatten – was die moderne Philosophie mit größerer Strenge in der metaphysischen Ordnung verlangt – hat die heutige Wissenschaft bis in die niedrigsten und wahrnehmbaren Bereiche greifbar gemacht. Das Universum in seiner Totalität und seiner Einheit zwingt sich unausweichlich heute unserem Bemühen auf. Auf allen Wegen unseres Denkens und unseres Tuns ist es da, taucht es ganz auf, um uns zu bedrücken, zu faszinieren oder zu begeistern.

Moralisch können die Wirkungen einer derartigen «Epiphanie» nicht anders als gewaltig sein. So positivistisch auch die Absichten sein mögen, mit denen man sein Studium angeht, das Ganze, so sagten wir, reagiert unausweichlich in einer religiösen Weise auf die, die es betrach-

PANTHEISMUS UND CHRISTENTUM

ten. Es war folglich nicht zu vermeiden, daß die unmittelbarste und grandioseste Offenbarung des Universums, die unserem Jahrhundert eigen ist – da sie auf die mystischen Tendenzen zur Einheit und zur Vereinigung traf, die der Menschheit aller Zeiten gemeinsam sind –, einen Elan der Anbetung in Richtung der Welt auslöste. Das ist geschehen.

Die ausdrückliche oder versteckte Anbetung der Welt sehen wir überall um uns herum. Man darf ohne Übertreibung sagen, daß sie die moderne Geschichte des Religiösen beherrscht. Sie strebt in dem derzeitigen Wuchern der Neobuddhismen, der Theosophien und spiritistischen Lehren nach einer Formulierung. Im Grunde bewegt sie die Massen verworren in Richtung eines Fortschritts und einer Über-Menschheit. Sie trägt, könnte man in die Tiefen der Seelen blicken, den ungläubigsten Gelehrten in seinem Forschen. Und fast immer nimmt sie die interessantesten Flüchtlinge der verschiedenen christlichen Konfessionen auf. Und schließlich will sie, wie an tausend Symptomen erkennbar, in die Formulierungen des orthodoxesten Glaubens eindringen.

Für alle Augen, so glaube ich, ist klar, daß es heute für das Christentum die vitale Frage ausmacht, welche Haltung die Gläubigen angesichts der «Sorge um das Ganze» annehmen. Werden sie ihr ihre Herzen öffnen, oder werden sie sie als einen bösen Geist zurückstoßen?

Offensichtlich ist der Fall verwickelt.

Einerseits ist aus zahlreichen historischen und psychologischen Gründen die Religion des Ganzen bisher vor allem in heidnischen und antichristlichen Begriffen formuliert worden. Sei es, weil der christliche Gott nutzlos und fern erschien oder sogar schädlich im Vergleich zu der den Dingen immanenten mächtigen Evolution – sei es, weil das philosophische Denken glaubte, seine Vollkommenheit in

PANTHEISMUS UND CHRISTENTUM

einem Monismus zu finden, der die Seienden bis zur Verschmelzung vereinte, auf jeden Fall hat die große Masse der Anhänger der Religion des Ganzen sich vom Christentum abgesetzt. Und heute könnte es scheinen, zwischen ihnen und uns, den Gläubigen Jesu Christi, sei es ein für allemal zu Ende, «Chaos firmatum est»[2].

Es ist also unmöglich, sich mit derartigen Gegnern unmittelbar einzulassen. Wie aber sollen wir sie ohne Einschränkung, «simpliciter», verdammen und verwerfen, ohne uns selbst zutiefst zu verletzen? – Und würden nicht sie, die Pantheisten, sollten wir sie verwerfen und unterschiedslos aus unserer Gemeinschaft verjagen – würden sie nicht den lebendigsten Teil dieser Welt mit sich nehmen, die wir für Gott zu retten und zu ihm zurückzubringen trachten? – Die Leidenschaft für das Ganze ist weder willkürlich noch künstlich, vergessen wir das nicht. Sie stellt den aktivsten Teil [vielleicht sogar die Totalität] jener natürlichen Mystik dar, zu der die christliche Mystik nur die Sublimierung und Krönung zu sein vermag. – Im übrigen ist die philosophische und wissenschaftliche Offenbarung des Ganzen unleugbar. Dem Gläubigen wie jedem Menschen, der sieht und denkt, zeigt sich das Universum mit einer organischen Einheit, einer Kohärenz, einer Dringlichkeit, einem Glanz, der die Augen hinter fest geschlossenen Lidern verbrennen würde. Wie könnte der Christ abgeschnitten von dem Saft leben, der das grundlegende religiöse Empfinden der Menschheit nährt? Wie könnte er ruhig seinen Vater im Himmel anbeten, solange ihn der Einfluß, der Schatten der universellen und sich bewegenden kosmischen Wirklichkeit wie eine unermeßliche Versuchung umhüllt?

Begreift man die Dinge recht, so ist dem Christentum angesichts des beständigen und teilweise legitimen Auf-

---

[2] «Das Chaos ist befestigt worden» [Anmerkung der Herausgeber].

stiegs der Religion des Ganzen nur eine einzige Einstellung erlaubt: unmittelbar der magischen Größe ins Auge sehen, die sich ihm entdeckt – sie überwinden, sie einfangen und sie assimilieren. Da die derzeitige religiöse Krise aus dem Widerstreit zwischen dem Gott der übernatürlichen Offenbarung einerseits und der geheimnisvollen großen Gestalt des Universums andererseits erwächst, wird der Friede in unserem Glauben nur einziehen, wenn es uns gelingt einzusehen, daß Gott und der Kosmos keine wahrhaften Feinde sind – daß es zwischen ihnen keinen Gegensatz gibt – daß vielmehr eine Konjunktion zwischen den beiden Sternen möglich ist, deren divergierende Anziehung unsere Seelen zu zerreißen droht. Um heute die Erde zu bekehren und zu befrieden, muß man sehen und den Menschen sichtbar machen, daß Gott selbst es ist, der sie durch den einsmachenden Prozeß des Universums hindurch anzieht und erreicht.

Ist dieser Versuch möglich? – Gewiß. Aber unter einer Bedingung: daß wir das Geheimnis der Inkarnation mit allem notwendigen Realismus begreifen.

II. Die christliche Transposition der pantheistischen Grundtendenz

Nichts in unserer progressiven Welt ist wirklich einsichtig, solange es nicht zu Ende gebracht ist. Jeder von uns begreift sich in etwa richtig erst, wenn sein Leben sich vollendet, nicht wahr. – Wenn man sich also eine richtige Vorstellung von der Inkarnation machen will, so darf man sich nicht an ihre Anfänge [Verkündigung, Geburt, selbst das Leiden] versetzen; vielmehr soweit wie möglich an ihr endgültiges Ziel. Wir können wohlbemerkt nicht die ge-

PANTHEISMUS UND CHRISTENTUM

waltige Zeitdauer vorwegnehmen, die uns noch von der Aufrichtung des Reiches Gottes trennt: die Vollendung des Reiches liegt noch für lange Zeit außerhalb jeder klaren Vorstellung. Dank der Schrift, wie sie vor allem durch den heiligen Paulus vertreten ist, wissen wir immerhin, wie die in Jesus Christus wiederhergestellte Welt am Ende allgemein aussehen wird. – Versuchen wir auszumachen, ob es keine Möglichkeit gibt, eine gemeinsame Interpretation der pantheistischen Erwartung und der christlichen Hoffnungen aufzuzeigen, indem wir die Züge dieser neuen Erde untersuchen.

Das Glück der Erwählten, so gibt uns Paulus zu verstehen, darf nicht als ein egoistisches, einsames Genießen Gottes begriffen werden. Der Himmel wird im Gegenteil durch die innige Vereinigung aller unter dem Einfluß ihres Hauptes Jesus Christus in einem einzigen Leib gruppierten Erwählten gebildet. So individuell unter zahlreichen Gesichtspunkten unser Heil auch sein mag, es vollendet sich doch nur in einem kollektiven Gelingen. Das himmlische Jerusalem, sagt uns die Apokalypse, kennt nur ein Milieu des Erkennens und des Tuns: das erhellende und vereinigende Licht, das vom Gottmenschen ausgeht. «In dieser Zeit braucht es keine Sonne mehr, denn das Lamm wird das Licht sein.» Nur in dem Maße werden wir gerettet, werden wir Gott schauen, wie wir eins in Jesus Christus sind. Die Inkarnation endet im Aufbau einer lebendigen Kirche, eines mystischen Leibes, einer erfüllten Totalität, eines Pleroma [laut der unübersetzbaren Ausdrucksweise des heiligen Paulus], dies ist ein Faktum, ein Dogma, in dem alle Gläubigen sich einig sind. Bis hierher ist alle Welt im Hinblick auf die Natur der Inkarnation einer Meinung. Eine ernsthafte [rational begründete oder instinktive] Divergenz zeigt sich bei den Theologen und den Gläubigen dort, wo es darum geht, genauer zu sagen, welcher Art

Band die Glieder des mystischen Leibes Jesu Christi, die Elemente des Pleroma, untereinander vereint. Wie ist die Konsistenz dieses geheimnisvollen Organismus zu begreifen? – In Analogie zu den starken physischen Verbindungen, die sich vor unseren Augen im Bereich der natürlichen Seienden verwirklicht haben? – Oder aber nur in Analogie zu den moralischen, künstlichen Gruppierungen, die wir täglich im juridischen Bereich der sozialen Beziehungen schaffen oder auflösen? Je nach der Antwort, die sie auf diese Frage geben, je nach der Seite, zu der sie neigen, verteilen sich die orthodoxen Christen auf zwei Kategorien, deren nicht aufhebbarer Gegensatz sich eigenartigerweise auf einer Menge verschiedener Gebiete [der Dogmatik, Moral und Mystik] bekundet, aber nirgends mächtiger als in der Frage, die uns hier beschäftigt: nämlich in der Frage der Beziehungen des Christentums zu den pantheistischen Tendenzen der menschlichen Seele.

Man darf die Augen nicht davor verschließen. Der heutige Theologie- und Askese-Unterricht hat eine deutlich erkennbare Tendenz, den Terminus «Mystik» [in: mystischer Leib, mystische Vereinigung] mit einem Minimum an organischem oder physischem Sinn zu verwenden. – Sei es unter dem Einfluß der Evangeliensprache, in der das Reich Gottes gerne in Ausdrücken aus dem Familien- oder Sozialleben angekündigt wird – sei es, weil es beim Aufbau einer Theologie viel einfacher und ungefährlicher ist, mit juridischen Beziehungen und moralischen Bindungen umzugehen [deren Inhalt und Grenzen man beliebig definieren kann], als physische Beziehungen und organische Zusammenhänge zu benutzen [die sich unseren intellektuellen Systemen weithin entziehen], auf jeden Fall lehnt es die offizielle Kirche im allgemeinen ab, den konkreten, realistischen Charakter der Ausdrücke zu betonen, mit denen die Schrift den Einswerdungszustand des vollendeten Universums beschreibt. – Während viele Theoretiker des Katholizismus wohlgemerkt gegen die Protestanten durchaus darauf beharren, daß der von Christus zur Belebung der Kirche ausgegangene Saft, die heiligmachende Gnade, keine der Seele bloß äußere Qualifikation oder Bezeichnung ist, sondern durchaus eine physische Wirklichkeit, ein neues und höheres Leben, das unser Vernunftleben überbeseelt, sprechen sie vom Himmel so, als sei die zwischen Christus und dem Christen durch die Rechtfertigung hergestellte Verbindung von einer Art infra-physischer Natur. Indem sie, ahnungslos, dem so häufig anzutreffenden Irrtum verfallen, das Geistige als etwas verdünntes Materielles zu betrachten [während es im Gegenteil über sich selbst hinaus vorangetriebenes Materielles, Über-Materielles ist], machen sie aus dem mystischen Leib, dem Pleroma, vor allem einen riesigen Verein, eine große Familie, in der die Individuen hauptsächlich durch die Bande der Konvention und der Zuneigung zusammenhalten. – Wenn sich die Wahrheit der christlichen Hoffnungen nur in Ausdrücken dieser Ordnung aussagen ließe [in, geben wir das zu, einigermaßen faden Ausdrücken], müßte man darauf verzichten, die Sorge, das Bemühen um das Ganze, die Religion des Ganzen zu verchristlichen. Für die Christen, deren intellektuelle Position wir eben schematisch umrissen haben, gibt es tatsächlich auf Erden ebenso wie im Himmel nur ein konventionelles Aggregat von willkürlich erschaffbaren und untereinander austauschbaren Teilen; – weder in diesem gegenwärtigen Universum noch in der erneuerten Welt gibt es wahrhaft ein Ganzes.

Der an Christus Glaubende kann glücklicherweise kraftvollere [und modernere] Ansichten in sich nähren; und er hat das Recht, den übernatürlichen Organismus, dem er sich angeschlossen glaubt, mit einer zumindest ebenso konsistenten Struktur auszustatten wie die, die sich uns in den greifbaren Wirklichkeiten des natürlichen Kosmos zeigt. Wir können, ganz ohne Zweifel, als Christen [mehr noch, wir müssen] die mystische Vereinigung der Erwählten in Christus so begreifen, daß sie die warme Geschmeidigkeit der sozialen Beziehungen mit der Dringlichkeit und der Irreversibilität der physischen und biologischen Gesetze und Anziehungskräfte des derzeitigen Universums verbindet. Um genau diesen Punkt geht es mir in diesem Vortrag. Wenn man sich bemüht, die Zusammenhänge des mystischen Leibes [des Pleroma] in physischen Termini zu begreifen und auszusagen, muß man selbstverständlich, «um nicht im Glauben Schiffbruch zu erleiden», ein Extrem vermeiden. Man darf nicht [wie die verurteilten Aussagen einiger Mystiker haben annehmen lassen, Eckhart...] versuchen, aus dem vollendeten Christus ein derart einziges Sein zu machen, daß seine Subsistenz, seine Person, sein «Ich» an die Stelle der Subsistenz, der Personalität aller in seinem mystischen Leib vereinten Elemente treten würde. Diese Konzeption einer auf das ganze Universum ausgedehnten hypostatischen Union [eine Konzeption, die, das sei nebenbei bemerkt, ganz einfach der Pantheismus Spinozas ist] steht, ohne in sich widersprüchlich oder lächerlich zu sein, im Gegensatz zu allen christlichen Perspektiven von individueller Freiheit und persönlichem Heil. Doch der übertriebene «Physizismus», dem sie verfällt, wenn sie die Einswerdung der Welt in Jesus Christus zur Aussage bringen will, kann leicht vermieden werden. Gibt es denn nicht, ohne auf den Monismus zurückzugreifen, viele Möglichkeiten, sich für das Pleroma einen Typ «graduierter» Vereinigung vorzustellen [einer Vereinigung, die «durch eben das Übermaß ihrer physischen Vollkommenheit gemildert ist»], und zwar derart, daß die Erwählten, ohne etwas von ihrer Subsistenz, ihrer Personalität zu verlieren, dennoch *physisch* in das organische und «natürliche» Ganze des vollendeten Christus hineingenommen würden? – Betrachten wir die Steine eines Gewölbes oder die Zellen eines lebenden Körpers wie der unsrige. Jeder Stein hat seine besondere Form, jede Zelle ihre eigene Aktivität und häufig ihre eigene Bewegung; und doch ist ohne das Gewölbe keiner dieser Steine in seiner Form absolut einsichtig noch im Raume im Gleichgewicht; keine dieser Zellen wird erklärt oder lebt vollständig außerhalb des ganzen Leibes. Jeder Stein ist er selbst plus das Gewölbe – jede Zelle ist sie selbst plus uns selbst. Diese Vergleiche hinken, weil wegen der Unvollkommenheit der ausgeübten Beherrschungsformen – mechanisch durch das Ganze des Gewölbes, biologisch durch die menschliche Seele – die Individualität der Stein- oder Protoplasma-Elemente entweder kaum berührt oder aber halb erstickt wird durch die «Form», die sie beherrscht. Doch stellen wir uns einen so mächtigen, so vollkommenen einsmachenden Einfluß vor, daß er die Differenzierung der von ihm assimilierten Elemente um so mehr akzentuierte, als diese Assimilation weiter voranschreiten würde [eine Eigenschaft, die für die wahrhafte Einswerdung durchaus charakteristisch zu sein scheint]: auf diesem Wege gelangen wir zu einem Begriff des mystischen Leibes Christi, der durchaus zugleich die legitimen «pantheistischen» Bedürfnisse unseres Geistes und unseres Herzens voll zu befriedigen und allein sowohl dem Dogma als auch der christlichen Mystik die Räume zu liefern scheint, in denen sie sich frei entwickeln können.

Zunächst hat für den Christen, der, wozu er berechtigt ist, sich auf den Standpunkt der organischen und physischen Analogien stellt, wenn es darum geht, den Prozeß der Inkarnation zu interpretieren, außerhalb des einsmachenden Einflusses Christi nichts mehr endgültig in der Welt Bestand. Von den höchsten bis zu den niedrigsten Dingen

PANTHEISMUS UND CHRISTENTUM

ist Christus das Prinzip der universellen Konsistenz: «In eo omnia constant.»[3] Für einen solchen Christen hat genau wie für den modernen Philosophen das Universum seine vollständige Wirklichkeit nur in der Bewegung, die seine Elemente in Richtung von höheren Kohäsionszentren konvergieren läßt [die es also spiritualisiert]: nichts hält absolut, es sei denn durch das Ganze; und das Ganze selbst hält nur durch seine zukünftige Vollendung. Im Unterschied zum freidenkerischen Philosophen kann aber der Christ sagen, daß er bereits in einer personalen Beziehung zu dem Zentrum der Welt steht: Für ihn nämlich ist dieses Zentrum Christus; – Christus trägt wirklich und nicht nur bildlich das Universum. Eine derart unglaubliche kosmische Funktion kann unsere Vorstellungskraft verwirren: doch sehe ich nicht, wie man daran vorbei könnte, sie dem Sohn Mariens zuzuerkennen. Das inkarnierte Wort vermöchte nicht übernatürliches [hyper-physisches] Zentrum des Universums zu sein, wenn es nicht *zunächst* letzterem als physisches, natürliches Zentrum dienen würde. Christus kann die Schöpfung nur in Gott sublimieren, indem er sie fortschreitend, unter seinem Einfluß, durch alle aufeinanderfolgenden Kreise der Materie und des Geistes erhebt. Deshalb mußte er, um alles zu seinem Vater zurückzubringen, sich mit allem verbinden – mit jeder Zone des Geschaffenen in Kontakt treten, von der niedrigsten, der irdischsten, bis zu der dem Himmel nächsten. «Quid est quod ascendit in coelum, nisi prius quod descendit in ima terrae ut repleret omnia.»[4] – Damit bewegt sich das Universum

---

[3] «In ihm hat alles Bestand», Kol 1, 17 [Anmerkung der Herausgeber].

[4] «Wer ist zum Himmel aufgestiegen, wenn nicht der, der zuerst in die tiefsten Tiefen der Erde hinabgestiegen ist, um alles zu erfüllen.» Ungefähres Zitat aus dem Brief des heiligen Paulus an die Epheser: «Quod autem ascendit, quid est, nisi quia et descendit primum in

PANTHEISMUS UND CHRISTENTUM

selbst in seiner angeblich natürlichsten Evolution immer schon integral in Richtung Christus: «Omnis creatura usque adhuc ingemiscit et parturit.»[5] – Und wirklich, welcher evolutionistische Pantheismus hat jemals vom All leuchtender gesprochen als der heilige Paulus zu den ersten Christen?... – Es stünde vielleicht zu befürchten, diese maßlosen Perspektiven könnten denjenigen, der sich ihnen hingibt, dazu bringen, die demütigen konkreten Pflichten und die handfesten Tugenden des Evangeliums aus dem Gedächtnis zu verlieren. Ganz im Gegenteil. Wenn man begriffen hat, wie physisch und drängend der All-Einfluß Christi ist, erfährt man außerordentlich stark, wieweit jedes Detail im christlichen Leben erstaunliche Kraft gewinnt – ein Relief, das jene nicht zu ahnen vermögen, die die realistische Betrachtung des Geheimnisses der Inkarnation empört.

Die Liebe [die Caritas] zum Beispiel [diese neue, von Christus so warm empfohlene Haltung] hat nichts mehr mit unserer banalen Philanthropie gemeinsam; vielmehr stellt sie die wesentliche Affinität dar, welche die Menschen nicht im oberflächlichen Bereich der wahrnehmbaren Affektionen oder der irdischen Interessen, sondern beim Aufbau des Pleroma einander nahebringt.

Die Möglichkeit und sogar die Verpflichtung, alles für Gott zu tun [«Quidquid facitis, in nomine Domini nostri Jesu Christi facite»[6]], sind nicht mehr nur in der Tugend des

inferiores partes terrae? Qui descendit, ipse est et qui ascendit super omnes coelos, ut impleret omnia» [Eph 4, 9–10]. «Das: er stieg hinauf, was besagt es anderes, als daß er auch hinabstieg zu den Niederungen der Erde? Er, der hinabstieg, ist derselbe, der hinaufstieg über alle Himmel, um das All zu erfüllen.» [Anmerkung der Herausgeber.]

[5] «Die ganze Schöpfung liegt noch in Seufzen und Wehen», nach Röm 8, 22 [Anmerkung der Herausgeber].

[6] «Was immer ihr tut, tut es im Namen unseres Herrn Jesus Christus», Kol 3, 17 [Anmerkung der Herausgeber].

PANTHEISMUS UND CHRISTENTUM

Gehorsams oder nur im sittlichen Wert der Absicht begründet: sie finden letzten Endes ihre Erklärung in der wunderbaren Gnade, die allem menschlichen Bemühen, so materiell es auch sein mag, mitgeteilt wird, nämlich in seinem physischen Ergebnis wirksam an der Vollendung des Leibes Christi mitzuwirken.

Das Heil oder die Verdammnis ihrerseits sind nicht mehr nur der Segen oder die Verfluchung, die willkürlich von außen auf das Sein herabfallen: diese Worte bedeuten jetzt etwas weit Erschreckenderes, nämlich die erfüllende Angliederung des Elements an das Kohäsionszentrum, d.h. das Zentrum der universellen Beseligung, oder sein entorganisierendes Losreißen von ihm.

Die Nachfolge Christi wiederum ist etwas ganz anderes als die äußere Anpassung des Gläubigen an ein mühsames, demütiges, gläubiges Leben. Christus «gleichförmig» werden heißt, durch teilweise Identität an dem grundlegenden einzigen, durch das Ganze gesetzten Akt teilhaben. In Wirklichkeit gibt es auf der Welt *nur eine* Demut, *eine* Milde, *ein* Opfer, *ein* Leiden, *eine* Grablegung, *eine* Auferstehung: die Christi. All das ist eines in ihm, vieles in uns – durch ihn begonnen und vollendet und dennoch durch uns vervollständigt.

Vor allem aber die Messe und die Kommunion: von welcher Tiefe und Universalität erweist sich ihr Geheimnis! Wenn Christus sakramental in jeden seiner Gläubigen hinabsteigt, so begreifen wir jetzt, geschieht das nicht nur, um mit ihm zu sprechen. Sondern um den Gläubigen physisch ein wenig mehr ihm und allen anderen Gläubigen in der wachsenden Einheit der Welt anzuschließen. Wenn er durch den Priester sagt: «Hoc est Corpus meum»[7], überschreiten diese Worte unendlich das Stück Brot, über dem

---

[7] «Dies ist mein Leib» [Anmerkung der Herausgeber].

sie ausgesprochen werden: sie lassen den ganzen mystischen Leib entstehen. Über die verwandelte Hostie hinaus breitet sich das priesterliche Wirken auf den Kosmos selbst aus, den die niemals vollendete Inkarnation durch die Reihe der Jahrhunderte hindurch Schritt um Schritt transformiert. Es gibt nur eine Messe auf der Welt, zu allen Zeiten: die wahre Hostie, die totale Hostie ist das Universum, das Christus immer etwas inniger durchdringt und belebt. – Seit den fernsten Ursprüngen der Dinge bis zu ihrer unvorhersehbaren Erfüllung, durch die zahllosen Bewegungen des grenzenlosen Raumes hindurch, widerfährt der ganzen Natur, langsam und unwiderstehlich, die große Konsekration. Im Grunde wird seit eh und je in der Schöpfung nur eines: der Leib Christi.

Ich müßte die Überlegungen dieser Art endlos vervielfachen, wollte ich die Geheimnisse und die Praxis unseres Glaubens in allen ihren Einzelheiten vor Ihnen in die Sprache der organischen und physischen Wirklichkeiten übersetzen. Mir scheint aber, um alles zu sagen, genügt es, folgende Worte zu sprechen:

«Nur Eines wird.»

Nur Eines wird.

Wer hat so gesprochen? – Der Christ? Der Pantheist?

Ganz ohne Zweifel der Christ, denn unter der machtvollen Umarmung des allgegenwärtigen Christus weiß der Gläubige, der so spricht, wie ich es getan habe, daß die Seelen ihre Personalität nicht verlieren, sondern gewinnen. Doch ist es ein Christ, der dem Pantheisten das Feuer geraubt hat, mit dem dieser drohte, die Erde in Brand zu stecken, der nicht der Brand Jesu gewesen wäre.

Glücklicher in seinem «unitarischen» Versuch als der Pantheist, der unter dem Vorwand, die Seienden eins zu machen, sie verschmilzt, d.h. durch den Monismus tatsächlich das Geheimnis und die Freude der Vereinigung zerstört, ist der Christ, der die vom inkarnierten Gott ausgeübte universelle Funktion begriffen hat, wirklich zu der zentralen und uneinnehmbaren Stellung gelangt, von der aus er seinen Glauben und seine Hoffnung von der Höhe des Besitzes der Welt ausstrahlen lassen kann.

Sein Glaube ist jetzt gesichert. Wenn das Universum vor seinem Bewußtsein weiter maßlos wächst [wie es seit drei Jahrhunderten geschieht], wird er nicht mehr befürchten, daß durch den neuen Stern das Antlitz und der Glanz des von ihm angebeteten offenbarten Gottes verdunkelt werde. Wie sollten diese beiden Majestäten einander verdecken? Die eine ist doch nur der Gipfel und gewissermaßen die Seele der anderen! – Christus ist mit der Erde bekleidet. – Möge also diese Erde ruhig immer weiter wachsen, damit Christus immer großartiger gekleidet sei! – Christus lenkt von innen her den universellen Gang der Welt. Unser Bewußtsein vom Zusammenhang und Werden der Dinge möge also unaufhörlich voranschreiten, um uns Christus besser spüren zu lassen!

Derzeit nehmen wir durch all unser Tun bereits alle an allem in ihm teil, dem wir uns fern glauben mochten, in dem wir aber tatsächlich «vivimus, movemur et sumus»[8]. Noch eine kurze Weile und, welch großartige Hoffnung, die total von Christus beherrschte Schöpfung wird sich in ihm und durch ihn in der endgültigen Einheit verlieren, wo nach den Worten des heiligen Paulus selbst, die die eindeutigste Bejahung eines christlichen «Pantheismus» sind, «ἔσται ὁ Θεὸς πάντα ἐν πᾶσιν»[9].

---

[8] «In dem wir leben, uns bewegen und sind», Apg 17, 28 [Anmerkung der Herausgeber].
[9] Gott wird alles in allem sein, nach Kol 15, 28 [Anmerkung der Herausgeber].

Unveröffentlichter Vortrag, Paris 1923.

CHRISTOLOGIE UND EVOLUTION

Ich kann Christus nur so sehen, wie ich ihn hier zeichne. Doch liegt mir an seiner Unversehrtheit mehr als an den Farben, die ich ihm gebe. In diesem Geiste schreibe ich diese Zeilen – in der Hoffnung, ihm zu dienen.

Das Problem

Die folgenden Seiten sind weder ihrem Inhalt nach völlig neu noch vor allem ihrer Form nach endgültig. Sie wollen nur in einer besser zentrierten und folglich strafferen und damit auch leichter zu berichtigenden Weise Anschauungen zum Ausdruck bringen, die ich bereits mehrmals vorgelegt habe, insbesondere im *Göttlichen Milieu* und im *Sinn der Erde* [1].

Meines Erachtens hängen die ganze innere Vitalität [und folglich die ganze Ausbreitungskraft] des Christentums derzeit an der immer wieder hinausgeschobenen Lösung des folgenden Problems, das ich auf klare Weise zu stellen versuchen will.

«Was muß aus unserer Christologie werden, damit sie in einer neuen Welt sie selbst bleibt?»

Die universell von allen Christen anerkannte Voraussetzung für dieses Problem ist, daß unsere Religion nichts anderes als die Wahrnehmung und Praxis des Universums

---

[1] Eine Schrift mit diesem Titel ist nicht bekannt. Vermutlich handelt es sich um eine Verwechslung zweier Titel; der eine aus dem Jahre 1929 lautet: Le sens humain, Der menschliche Sinn, und der zweite aus dem Jahr 1930: L'Ésprit de la Terre, Der Geist der Erde [Anmerkung des Übersetzers].

«in Christo Jesu»[2] ist. Das Universum ist nur «per ipsum» und «in ipso»[3] erklärbar und lebbar: in diesem dogmatischen Punkt sind der spezifische Elan und die spezifische Freude der christlichen Bewegung der Anbetung zusammengefaßt.

Doch diese Kraft und diese Freude haben, wie alle lebendige Wirklichkeit, ihre mühselige Kehrseite. Das Universum bildet, wie wir zu erfahren beginnen, keinen festen Rahmen, auf den man das Bild Christi nur zu projizieren brauchte, um es ohne Ende in Ruhe bewundern zu können. Unmerklich weitet sich unter der Wirkung eben dessen, was wir das Leben nennen [umgekehrt zur symbolischen «peau de chagrin»[4]], die Leinwand der Welt aus, und sie faltet sich um uns herum. Man versäume es, aufzupassen, und schon wird das göttliche Antlitz verschwommen auf die Dinge projiziert, oder es bedeckt von ihnen nur noch einen Teil, während es doch alles umfassen müßte.

Es ist meine aus der Erfahrung eines gleichzeitig im Herzen der Heiden und im Herzen der Kirche gelebten Lebens gewachsene tiefe Überzeugung, daß wir ganz genau an diesem heiklen Punkt einer notwendigen Neuanpassung angelangt sind. Und wie könnte es anders sein? Die Ausdrucksweise unserer Christologie ist noch genau dieselbe wie jene, die vor drei Jahrhunderten Menschen genügen konnte, in deren kosmischen Perspektiven wir physisch nicht mehr zu atmen vermögen. Falls man nicht eine psychologisch unmögliche Unabhängigkeit zwischen dem religiösen Leben und dem menschlichen Leben annimmt, muß diese Situation a priori ihren Ausdruck in einem

---

[2] In Jesus Christus [Anmerkung der Herausgeber].
[3] Durch Ihn, in Ihm [Anmerkung der Herausgeber].
[4] Wahrscheinlich bezieht sich Teilhard hier auf die unter dem Titel: *La peau de chagrin* von Balzac veröffentlichten *Études Philosophiques* [Anmerkung des Übersetzers].

CHRISTOLOGIE UND EVOLUTION

Unbehagen, in einem Ungleichgewicht finden. Es gibt tatsächlich dieses Unbehagen und dieses Ungleichgewicht. Ich kann es bezeugen – und auch all das, was man die modernistische Bewegung nennt. Es geht für uns in dieser Stunde darum, die Position des christlichen Zentralfeuers zu verändern [gerade um ihm seinen erhellenden Wert zu erhalten].

Worin aber wird diese *relative* Berichtigung ganz genau bestehen?

Darin, Christologie und Evolution in Einklang zu bringen. Die noch ganz junge [und noch im Gange befindliche] Transformation, die das Universum vom Zustand einer statischen Wirklichkeit in den Zustand einer evolutiven Wirklichkeit übergehen läßt, trägt alle Merkmale eines tiefgreifenden und endgültigen Ereignisses an sich. Man kann als Kritik nur gerade vorbringen, daß wir erst sehr unvollständig die Ausmaße der Veränderungen ermessen, die die Wahrnehmung dieser neuen kosmischen Dimension logisch mit sich bringt: die Dauer. Das Universum ist nicht mehr nur räumlich unendlich. Es entrollt sich nunmehr grenzenlos nach rückwärts mit allen seinen Fasern unter dem Antrieb einer immer noch im Gang befindlichen Kosmogenese.

Ich habe hier nicht die unwiderstehliche Weite, noch den unwiderstehlichen Fortschritt dieser neuen Perspektive zu analysieren, die das, was man den «modernen Geist» nennt, in seiner Wurzel definiert. Ich möchte nur auf folgendes aufmerksam machen: derzeit entfaltet sich das menschliche Wissen vollständig unter dem Zeichen der Evolution, die als eine primäre Eigenschaft der Erfahrungswirklichkeit anerkannt ist: so daß also *nichts in unsere Konstruktionen Eingang findet* als *das, was zunächst den Bedingungen* eines auf dem Wege der Transformation befindlichen Universums *genügt*. Ein Christus, dessen Züge sich nicht den Erfordernissen einer Welt von evolutiver Struktur anpassen würden, wird ohne weitere Prüfung immer mehr eliminiert werden [ebenso wie man heute in den Akademien ungelesen die Abhandlungen in den Papierkorb wirft, die vom Perpetuum mobile oder von der Quadratur des Kreises handeln]. Andererseits muß ein Christus, um voll und ganz anbetenswert zu sein, sich als der Retter der Idee und der Wirklichkeit der Evolution darstellen.

Wir wollen also folgendes Experiment machen [doch führen wir es logisch bis ans Ende durch, und sei es auch nur, um zu sehen, was dabei herauskommt]. Nehmen wir loyal die Welt, so wie sie sich heute im Lichte unserer Vernunft darstellt: nicht die Welt von vor 4000 Jahren, die von ihren acht oder neun Sphären eingekreist war, *für die die Theologie unserer Bücher geschrieben worden ist,* sondern das Universum, das wir organisch aus einer unbegrenzten Zeit und einem unbegrenzten Raum emergieren sehen. Breiten wir diese tiefe Unermeßlichkeit vor uns aus. Und versuchen wir zu sehen, wie die sichtbaren Umrisse Christi zu verändern sind, damit sein Antlitz heute *wie ehedem* weiterhin alles siegreich erobert. Dieser neue Christus [und nicht das altmodische Gesicht, das wir vielleicht künstlich beibehalten möchten] wird wirklich der alte und der wahre Jesus sein. An diesem Zeichen einer universellen Gegenwart werden wir ihn erkennen.

Entlang dreier Achsen, so könnte man sagen, wollen wir diese Überdeckung der Welt durch Christus versuchen. Erlösung, Inkarnation, Evangelismus, wie muß man, um den Eigenschaften einer evolutiven Welt zu genügen, diese drei Aspekte der Christologie ändern?

CHRISTOLOGIE UND EVOLUTION
1. Die Erlösung

Wenn man versucht, das Christentum mit seiner ganzen modernen Seele zu leben und zu denken, kommen die ersten Widerstände, denen man begegnet, immer von der Erbsünde.
Dies gilt zunächst für den Forscher, für den die traditionelle Darstellung des Sündenfalles entschieden den Weg zu jedem Fortschritt in der Richtung einer weiten Weltschau verbaut. Um nämlich den Buchstaben des Berichts vom Sündenfall zu retten, bemüht man sich leidenschaftlich, die konkrete Wirklichkeit des ersten Paares zu verteidigen. Doch die Aufrechterhaltung dieses Elements, das den Maßstäben und dem Stil unserer derzeitigen wissenschaftlichen Anschauungen fremd ist, genügt, um alle Versuche zu lähmen oder zu entstellen, die von einem gläubigen Gelehrten gemacht werden, ein befriedigendes Bild von der universellen Geschichte zu geben.
Dies aber ist, strenggenommen, nur eine Schwierigkeit in der Ordnung des Intellektuellen. Es gibt Schlimmeres. Nicht nur für den christlichen Gelehrten muß die Geschichte, um Adam und Eva aufnehmen zu können, auf dem Niveau des Auftretens des Menschen in einer unwirklichen Weise abgewürgt werden; noch mehr wirkt in einem unmittelbaren lebendigen Bereich, dem der Glaubensvorstellungen, die Erbsünde [in ihrer derzeitigen Gestalt] in jedem Augenblick der natürlichen Entfaltung unserer Religion entgegen. Sie beschneidet die Flügel unserer Hoffnungen. Uns, die wir uns in jedem Augenblick aufschwingen zu den Räumen optimistischer Eroberungen, holt sie jedes Mal unbarmherzig zu den *beherrschenden* Schatten der Wiedergutmachung und Sühne zurück.
Je mehr ich es beobachte, um so weniger kann ich mich

dieser Evidenz entziehen, daß die Erbsünde, so wie uns ihre Merkmale heute noch vorgestellt werden, das enge Gewand ist, in dem sowohl unser Denken als auch unser Herz ersticken. Was soll diese verderbliche Tugend? Und wer wird uns davon erlösen?[5]

Meines Erachtens lautet die Antwort auf diese Frage wie folgt: Wenn das Dogma von der Erbsünde uns fesselt und blutlos macht, so einfach deshalb, weil es *in seinem derzeitigen Wortlaut* einen überlebenden Rest überholter statischer Anschauungen inmitten unseres evolutionistisch gewordenen Denkens darstellt. Die Vorstellung vom Sündenfall ist nämlich im Grunde nur ein Erklärungsversuch für das Übel in einem fixistischen Universum. In dieser Hinsicht ist sie unseren übrigen Vorstellungen von der Welt heterogen. Deshalb bedrückt sie uns. Und deshalb müssen wir das Problem des Übels in seinen Beziehungen zu Christus in einem unseren neuen kosmischen Anschauungen angemessenen Stil neu aufgreifen und neu denken, wenn wir atmen wollen.

Die Erbsünde ist *eine statische Lösung des Problems des Übels.*

Früher einmal ist mir dieser Obersatz ohne weitere Erklärung von einem theologischen Zensor abgesprochen worden. Ich kann heute immer noch nicht umhin zu sehen, daß er wahr ist.

Theoretisch zunächst läßt sich in einem Universum, von dem angenommen wird, es sei *fix und fertig* aus den Händen Gottes hervorgegangen, die Unordnung nur durch eine

---

[5] Um sich zu vergewissern, daß ich nicht übertreibe, nehme man sich die Mühe, die Enzyklika Pius' XI. über das Herz Jesu [z. B. die 6. Lektion des Breviers zum Sonntag in der Oktav des Herzen Jesu] zu lesen. Es finden sich dort Sätze, die zumindest ebenso wie der Syllabus die legitimsten Hoffnungen der modernen Seele verletzen. Mit einem solchen Geist wird man niemals die Welt bekehren. [Anmerkung des Autors.]

CHRISTOLOGIE UND EVOLUTION

sekundäre Veränderung der Welt erklären. Die Hinfälligkeit der Organismen, die Dualität von Fleisch und Geist, das Schauspiel der sozialen Unordnungen sind für den Fixisten, der an eine Schöpfung glaubt, ein vollkommener intellektueller Skandal. An sich dürfte es diese Fehler nicht geben. Andererseits erinnern sie, weil sie Leiden nach sich ziehen, an die Strafen, mit denen jegliche menschliche Gruppe die Störer der bestehenden Ordnung zu züchtigen weiß. Aus der ganz natürlichen Verschmelzung dieser beiden Elemente mußte unvermeidlich die Idee erwachsen, daß die Welt für eine Sünde der Vergangenheit Buße tut. Und ist das nicht genau *faktisch* die Sicht der Bibel und des Römerbriefes?

«Durch die Sünde der Tod.» Man versucht heute, um den allzu offensichtlichen Evidenzen aus dem Wege zu gehen, diese lichte Formel abzuschwächen. «Es stimmt, so räumt man ein, für die Tiere hat es den Tod bereits vor dem Sündenfall gegeben. Und selbst für den Menschen hätte er, selbst wenn er treu gewesen wäre, nur durch eine Art permanentes Wunder vermieden werden können.» Doch abgesehen davon, daß diese Distinktionen das Problem des Übels ungelöst wiederauftreten lassen, widersprechen sie dem offensichtlichen Sinn des Bibeltextes. Als Adam sündigte, war die Welt für den heiligen Paulus erst acht Tage alt, vergessen wir das nicht. Bis dahin hatte also noch nichts Gelegenheit gehabt, im Paradies zugrunde zu gehen. Im Denken des Apostels hat die Sünde für die Totalität der Schöpfung alles verdorben.

Faktisch hat sich das Christentum trotz der subtilen Distinktionen der Theologie unter dem vorherrschenden Eindruck entwickelt, daß all das uns umgebende Übel *aus einer Ursünde entstanden* ist. Dogmatisch leben wir noch in der Atmosphäre eines Universums, dessen Hauptsache die Wiederherstellung und Sühne ist. Für Christus wie für uns

CHRISTOLOGIE UND EVOLUTION

macht es das Wesentliche aus, sich von einem Flecken zu befreien. Deshalb die zumindest theoretische Bedeutung der Idee des Opfers. Deshalb die fast alleinige Interpretation der Taufe als Reinigung. Deshalb in der Christologie der Vorrang der Vorstellung von Erlösung und vergossenem Blut. Weil er heute noch wie früher letzten Endes auf eine statische Welt projiziert wird, in der das Übel eine Untreue voraussetzt, zeigt sich uns Christus in den kirchlichen Dokumenten immer noch hauptsächlich *im Schatten seines Kreuzes*.

Was aber geschieht nun, wenn wir versuchen, zumindest als intellektuelles Modell, uns *uneingeschränkt* in die Perspektive einer in Evolution befindlichen Welt zu versetzen?

Ein grundlegender und für die Christologie folgenschwerer Wandel zeichnet sich unmittelbar in unseren Anschauungen ab. Denn ohne irgend etwas von seiner Bitterkeit oder seinen Schrecken zu verlieren, hört das Übel in diesem neuen Rahmen auf, ein unbegreifliches Element zu sein, um zu *einem natürlichen Zug* in der Struktur der Welt zu werden.

Ich weiß, hier beginne ich mich in Gegensatz zu stellen zu einigen meiner mir liebsten intellektuellen Freunde. Aus Gründen, die sie aus der Allmacht Gottes oder der metaphysischen Natur des Vielen ableiten, würden sie nicht einräumen, was ich sagen werde. Doch bleibe ich davon überzeugt, es gibt in den Dingen eine Logik, vor der alles weichen muß, und diese Logik zwingt in einem Universum [oder genauer in einer Ontologie] von evolutivem Typ zur Annahme derartiger Bedingungen für den Schöpferakt, daß das Übel, als sekundärer Effekt, sich *unvermeidlich* daraus ergibt. Erschaffen wurde bisher als ein göttliches Wirken begriffen, das absolut willkürliche Formen anzunehmen vermöchte. Gott, so räumten wir [zumindest implizit] ein, war frei und fähig, das teilhabende Sein in gleich welchem Zustand der Vollkommenheit und Zusammensetzung auftreten zu lassen. Er konnte es voll ausgebildet nach seinem Belieben an ganz gleich welchen Punkt zwischen Null und Unendlich stellen. Diese imaginären Anschauungen scheinen mir nicht in Einklang zu stehen mit den grundlegendsten Bedingungen des Seins, wie sie sich unserer Erfahrung bekunden. Die einzige ausgewogene Position, die wir, soweit ich sehe, in unseren Konzeptionen über die möglichen Beziehungen zwischen der Welt und Gott einnehmen können, wäre die folgende.

Erschaffen dürfen wir, selbst für die Allmacht [6], nicht mehr in der Weise eines augenblickshaften Aktes, sondern nur mehr in der Weise eines Prozesses oder einer Geste der Synthese verstehen. Der reine Akt und das «Nichts» stehen einander gegenüber wie die vollendete Einheit und das reine Viele. Dies bedeutet, daß der Schöpfer, trotz [oder besser kraft] seiner Vollkommenheiten, sich seinem Geschöpf nicht unmittelbar mitzuteilen vermag, daß er es vielmehr fähig machen muß, ihn zu empfangen. Um sich dem Plural schenken zu können, muß Gott ihn nach seinem Maße eins machen. Von den Ursprüngen der Welt bis hin zu ihm findet die Konstituierung des Pleroma folglich für unseren Geist ihren Ausdruck notwendig in einem fortschreitenden Vormarsch des Geistes.

Ist diese fortschreitende Einswerdung des Vielen, welche die Schöpfung ausmacht, so vollständig *frei* und für Gott nebensächlich, wie wir teilweise anzunehmen gezwungen

---

[6] Es macht eine der Schwächen der christlichen Philosophie aus, daß sie die göttliche Allmacht so sehr mißbraucht, indem sie das Kontingente und Willkürliche im Universum grenzenlos vermehrt. Es gibt jedoch Dinge, die Gott mit physischer Möglichkeit nicht zu machen vermöchte, nämlich um nur eines zu nennen: machen, daß eine vergangene Sache niemals existiert hätte. [Anmerkung des Autors.]

sind? Und sollte sie nicht darüber hinaus einer in der göttlichen Geschichte nur *ein einziges Mal* möglichen Operation entsprechen? Man muß soweit gehen, sich diese Fragen zu stellen, wenn man logisch eine edle christliche Kosmogenese aufbauen will. Doch hier ist nicht der Ort, darauf zu antworten. Begnügen wir uns damit, den folgenden Punkt sichergestellt zu haben: nicht nur faktisch, in unserem besonderen Universum, sondern auch theoretisch [in jeder vorstellbaren Welt, wenn es wirklich mehrere mögliche Welten gibt] findet der Schöpferakt für diejenigen, die er zum Gegenstand hat, seinen Ausdruck im Übergang von einem Anfangszustand der Zerstreuung in einen Endzustand der Harmonie. Diese Bemerkung genügt, um in erster Annäherung die Vorstellung zu vervollkommnen, die wir uns von der Erlösungsfunktion Christi machten: denn als Folgerung ergibt sich daraus eine tiefgreifende Transponierung der Sündenfallvorstellung.

In einer fix und fertig geschaffenen Welt, so sagten wir weiter oben, ist eine ursprüngliche Unordnung nicht zu rechtfertigen: man muß einen Schuldigen suchen. In einer Welt aber, die nach und nach aus der Materie emergiert, ist es nicht mehr nötig, sich einen Urunfall vorzustellen, um das Auftreten des Vielen und seines unvermeidlichen Satelliten, des Bösen..., zu erklären. Das Viele? Es hat doch, wie wir gerade gesehen haben, seinen natürlichen Platz an der Basis der Dinge, weil es an den Antipoden Gottes die diffusen Möglichkeiten des teilhabenden Seins verkörpert: nicht mehr die Scherben eines zerbrochenen Gefäßes, sondern der elementare Ton, aus dem alles geknetet wird. Das Übel? Es erscheint doch notwendig im Laufe der Einswerdung des Vielen, weil es der eigentliche Ausdruck eines Zustands der noch unvollständig organisierten Vielheit ist. Gewiß, in einer in Bildung befindlichen Welt wird sich dieser vorübergehende Zustand der Unvollkommenheit in den Einzelheiten durch eine Anzahl von schuldigen Akten manifestieren, deren allererste [die entscheidendsten, wenn auch am wenigsten bewußten in der menschlichen Geschichte] aus der Reihe herausgelöst und als eine «Ursünde» katalogisiert werden könnten. Doch die ursprüngliche Schwäche ist für das Geschöpf in Wirklichkeit die Grundbedingung, die es aus dem Vielen heraus entstehen läßt, wobei es immer in seinen Fasern [solange es nicht endgültig vergeistigt ist] eine Tendenz trägt, nach hinten in den Staub zurückzufallen.

Unter diesen Umständen ist das Übel im Universum kein unvorhergesehener Zufall. Es ist ein Feind, ein Schatten, den Gott unvermeidlich allein durch die Tatsache entstehen läßt, daß er sich zur Schöpfung entscheidet[7]. Neues, in die Existenz geworfenes und noch nicht vollständig an die Einheit assimiliertes Sein ist eine gefährliche, schmerzhafte und abenteuerliche Sache. Erschaffen ist also für den Allmächtigen keine Kleinigkeit, keine Vergnügungsreise. Es ist ein Abenteuer, ein Risiko, eine Schlacht, in die Er sich ganz und gar einläßt. Beginnt nicht vor unseren Augen das Geheimnis des Kreuzes größer zu werden und sich zu erhellen?

Ich sage es ganz offen. Es ist mir immer unmöglich gewesen, ehrlich vor einem Kruzifix das Leid mitzufühlen, solange dieses Leid mir als die Sühne für eine Sünde dargestellt wurde, die Gott hätte vermeiden können, sei es weil er den Menschen keineswegs brauchte, sei es weil er es anders

---

[7] Ist nicht gerade das die verworren in allen Mythen ausgedrückte Wahrheit, in denen die Vorstellung der Geburt und des Übels miteinander verbunden sind? Man darf sagen, die Modernisierung der Christologie bestehe einfach darin, in den theologischen und liturgischen Formeln *Sünde* durch *Fortschritt* zu erhellen, d. h. letzten Endes Rauch durch Feuer. Ist das so schlimm? [Anmerkung des Autors.]

hätte machen können. «Was hatte er in dieser Mühsal[8] zu suchen?»

Alles aber ändert sich in beeindruckender Weise auf der Leinwand einer evolutiven Welt, wie wir sie ausgespannt haben. Wird das Kreuz auf ein solches Universum projiziert, in dem der Kampf gegen das Übel die *conditio sine qua non* der Existenz ist, gewinnt es einen neuen Ernst und eine neue Schönheit, genau eben die, die uns am meisten verführen können. Gewiß, Jesus ist immer noch Der, der die Sünden der Welt trägt; das moralische Übel wird geheimnisvoll durch das Leiden kompensiert. Doch wesentlicher als das ist er Derjenige, der strukturell in sich selbst und für uns alle die Widerstände überwindet, die das Viele der Einswerdung entgegenstellt: die der Materie inhärenten Widerstände gegen den geistigen Aufstieg. Er ist Derjenige, der die von der Konstruktion her unvermeidliche Last jeder Art von Schöpfung trägt. Er ist das Symbol und die Geste des Fortschritts. Der vollständige und endgültige Sinn der Erlösung ist *nicht mehr nur* zu sühnen: sondern hindurchzugehen und zu überwinden[9]. Das volle Geheimnis der Taufe macht nicht mehr die Reinigung aus, sondern

---

[8] Teilhard gebraucht hier ein umgangssprachliches Idiom, das wörtlich übersetzt lautet: «Was hatte er auf dieser Galeere zu suchen?» – und das bereits sprachlich sowohl die theologische Unangemessenheit des Kreuzestodes als Sühne der Sünde [wieso hatte Gott das nötig?] als auch die Distanz der Teilhardschen theologischen Position zur Schultheologie zum Ausdruck bringt, für die eine solche Formulierung undenkbar war [so etwas sagt man nicht!]. [Anmerkung des Übersetzers.]

[9] Da die entstellenden Vereinfachungen vorauszusehen sind, denen man diesen Text unterwirft, haben wir selbst *nicht mehr nur* unterstrichen, um deutlich zu machen, daß P. Teilhard die Notwendigkeit der Sühne nicht geleugnet hat, sie aber in einen komplexeren und umfassenderen Prozeß des geistigen Aufstiegs einfügte, der seinerseits selbst von dieser Sühne abhängt [Anmerkung der Herausgeber].

CHRISTOLOGIE UND EVOLUTION

[die griechischen Väter haben das bereits gesehen] das Eintauchen in das Feuer des reinigenden Kampfes «um zu sein». Nicht mehr der Schatten, sondern die Gluten des Kreuzes.

Ich ermesse sehr deutlich das Gewicht der Änderungen, die diese neuen Anschauungen einführen. Ich kenne die feierlichen Canones des Konzils von Trient über die Erbsünde. Ich bin mir des unendlichen Netzes von Formulierungen und Haltungen bewußt, durch die sich in unser christliches Leben die Vorstellung eingeschlichen hat, daß wir die schuldigen Söhne Adams und Evas sind [10].

Doch bitte ich diejenigen, die mich lesen, unparteiisch und leidenschaftslos zwei Dinge zu bedenken. Erstens ist aus einer ganzen Reihe von wissenschaftlichen, moralischen und religiösen Gründen die klassische *bildhafte Darstellung* des Sündenfalles für uns nur noch ein Joch und eine verbale Behauptung, deren *Buchstabe* weder unseren Geist noch unser Herz mehr nährt; sie gehört [in ihrer *materiellen Darstellung*] weder zu unserem Christentum noch zu unserem Universum. Zweitens läßt eine Transponierung von der Größenordnung, wie ich sie vorschlage, restlos eben gerade die Wirklichkeit und die Notwendigkeit in der Erlösung in ihrer Essenz bestehen und rettet sie sogar, welche die Konzilien zu definieren versuchten. Man braucht nur «Feuer» zu sagen, wo man immer nur von «Rauch» gesprochen hat. Die Worte sind anders, doch die Sache bleibt. Ich sehe nicht, wie man angesichts der neuen Horizonte, die die Geschichte uns entdeckt, sie auf andere Weise bewahren und, noch weniger, zum Sieg führen könnte.

---

[10] Zu der fortschreitenden Entdeckung der Wahrheit und der Evolution der Konzilsdefinitionen siehe *Vues ardentes*, S. 46–47, Éd. du Seuil, Paris 1967 [Anmerkung der Herausgeber].

CHRISTOLOGIE UND EVOLUTION
II. Inkarnation

Die Idee der Erlösung den Erfordernissen der Evolution anzupassen, ist eine schwierige, wenn auch befreiende Aufgabe. Das Antlitz Christi geht vergrößert und verschönt aus dem Versuch hervor – aber nach Widerständen.

Ganz anders liegt der Fall bei der Vorstellung der Inkarnation. Entlang der Achse dieses Geheimnisses weitet sich und erblüht das Gesicht Jesu mühelos, wird es auf ein Universum evolutiver Struktur projiziert. Innerhalb dieses organischen und beweglichen Rahmens dehnen und weiten sich die Züge des Gottmenschen mit überraschender Leichtigkeit. Sie gewinnen ihre wahren Proportionen wie in ihrem natürlichen Raum.

Um den Grund für diese Affinität und dieses Gelingen zu begreifen, muß man sich daran erinnern, daß es in einer *recht begriffenen* evolutiven Welt [d. h. in einer Welt, in der die Konsistenz und die Gleichgewichtsstellung der Elemente ihren Ort nicht auf seiten der Materie, sondern des Geistes haben] die grundlegende Eigenschaft der kosmischen Masse ausmacht, sich unter der Einwirkung einer Anziehung oder Synthese in einem immer wachsenden Bewußtsein in sich selbst zu sammeln. Trotz des für die Physik so eindrucksvollen Auftretens der sekundären Phänomene progressiver Zerstreuung [wie der Entropie] gibt es nur eine wirkliche [weil die einzig positive und schöpferische] Evolution, *die Evolution durch Konvergenz*. Ich will diesen Punkt nicht noch einmal diskutieren, da ich ihn bereits mehrfach an anderer Stelle behandelt habe. Doch ich werde folgende für die Inkarnation sehr bedeutsame Konsequenz daraus ziehen: unabhängig von jedem religiösen Vorurteil werden wir durch das Zusammenspiel von Denken und Erfahrung dahin geführt, im Universum die

CHRISTOLOGIE UND EVOLUTION

Existenz eines Zentrums universeller Konfluenz anzunehmen. Es muß im Kosmos aufgrund seiner Konstruktion [damit er hält und läuft] einen privilegierten Ort geben, wo wie an einem universellen Kreuzpunkt alles zu sehen ist, alles zu spüren ist, alles gelenkt wird, alles beseelt wird, *alles berührt werden kann*. Ist das nicht ein wunderbarer Ort, um Jesus an ihn zu stellen [oder besser, ihn dort zu erkennen]?

Unter der Voraussetzung, er sei durch seine Inkarnation an diesen besonderen kosmischen Punkt aller Konvergenz gestellt, wird Christus zunächst unmittelbar der räumlichen Unermeßlichkeit koextensiv. Jetzt besteht keine Gefahr mehr, daß seine Persönlichkeit oder sein Königtum, in ein zu großes Universum eingetaucht, dahinschwinden. Was bedeuten schon unserem Glauben und unserer Hoffnung die betörenden Unermeßlichkeiten des Himmels, wenn die zahllosen Seienden, die die idealen Sphären erfüllen, alle, mit ihrem Zentrum, in einer gemeinsamen Unendlichkeit schwimmen?

An dieser Stelle findet Christus weiter mit derselben Leichtigkeit sein Gleichgewicht zum zeitlichen Abgrund, in den die Wurzeln des Raumes hinabtauchen. Man konnte meinen, seine gebrechliche Menschheit würde sich darin verlieren und all unseren Glauben mit sich hinabreißen. Doch was bedeuten in Wirklichkeit die historischen Erscheinungsformen eines Lebens in einem Universum, in dem die Existenz der geringsten Monade sich als an die ganze Evolution der Dinge gebunden und zu ihr synchron erweist?

Daß Christus vor 2000 Jahren nur einen Augenblick lang in das Feld der menschlichen Erfahrungen emergiert ist, vermag ihn nicht daran zu hindern, die Achse und der Gipfel eines universellen Reifens zu sein.

An dieser Stelle strahlt schließlich Christus, so «übernatürlich» auch sein Reich sein mag, seinen Einfluß Schritt um

CHRISTOLOGIE UND EVOLUTION

Schritt in die ganze Masse der Natur aus. Da konkret nur ein einziger Prozeß der Synthese im Gange ist, vermag *von der Höhe bis in die Tiefe* des Universums kein Element noch irgendeine Bewegung, auf irgendeiner Stufe der Welt, außerhalb des «informatorischen» Wirkens des Hauptzentrums der Dinge zu existieren. Nachdem er bereits koextensiv dem Raum, bereits koextensiv der Dauer ist, wird Christus auch noch aufgrund seiner Position am zentralen Punkt der Welt automatisch der Stufenleiter der Werte koextensiv, die sich zwischen den Gipfeln des Geistes und den Tiefen der Materie erstrecken.

So kleidet sich also Jesus auf der Leinwand der Evolution genau, physisch, «ohne Glosse», mit den verwirrendsten der Eigenschaften, die ihm der heilige Paulus verschwenderisch zuspricht. Er ist der Erste und Er ist das Haupt. In Ihm ist alles auf den Weg gebracht, und in Ihm hat alles Bestand, und in ihm vollendet sich alles. Man hätte wieder einmal befürchten können, die Wissenschaft könnte, da sie die Grenzen der Welt maßlos erweiterte, den wörtlichen Glauben an diese großartigen Lobreden immer unmöglicher machen. Und nun verschafft sie ihnen ganz im Gegenteil eine vollkommene Bewahrheitung, fast zu schön, als daß wir daran zu glauben wagten. Je größer das Universum in unseren Augen wird, um so mehr erweist es sich für die Einheit bereitet. Nein, «weder die Höhen, noch die Weiten, noch die Tiefen» bringen die Gefahr mit sich, uns jemals von der Anbetung Jesu zu trennen... sofern wir uns ihnen nur bis ans Ende anvertrauen.

Könnte man nicht, ohne gegen die lateinischen Väter ungerecht zu sein, ihnen vorwerfen, daß sie die rabbinische und rabulistische Seite des heiligen Paulus in ihrer Theologie in übertriebener Weise entwickelt haben? Unter ihrem Einfluß hat die christliche Geschichte der Welt das Aussehen eines Prozesses zwischen Gott und seinem Geschöpf

CHRISTOLOGIE UND EVOLUTION

angenommen. Da unsere Kosmologie eine edlere Tradition vergaß, tendierte sie dahin, nur mehr ein Streit um Eigentum zu sein, eine demütigende und entmutigende Perspektive.

Es ist an der Zeit, unter dem Druck der Tatsachen zu einer physizistischeren, organischeren Form der Christologie zurückzufinden. Ein Christus, der nicht nur der Herr der Welt ist, weil er dazu *erklärt* worden ist, sondern weil er, von oben bis unten, alle Dinge beseelt; ein Christus, der nicht nur die Geschichte des Himmels und der Erde beherrscht, weil sie ihm *gegeben* wurden, sondern weil die Zeit, da er im Mutterleib heranwuchs, seine Geburt und seine schrittweise Vollendung physisch die einzige endgültige Wirklichkeit darstellen, in der die Evolution der Welt ihren Ausdruck findet: das ist der einzige Gott, den wir in Zukunft aufrichtig anzubeten vermöchten. Und er ist genau der, der uns nahe gebracht wird von dem neuen Antlitz, welches das Universum angenommen hat.

Wirklich, man könnte sagen, die Evolution hat uns unseren Gott erhalten, wenn unsere Religion durch sie zur Anerkenntnis und gewissermaßen zum Aufblühen des Christus Universalis gezwungen wird. Und umgekehrt und noch wahrer müßte man hinzufügen, der Christus Universalis sei genau zur rechten Zeit aufgetreten, um die Idee der Evolution vor sich selbst zu schützen.

An diesem Punkt, wo die Bemühungen um den wissenschaftlichen und sozialen Aufbau der Welt angelangt sind, zögert die Menschheit. Die Analyse hat das Studium der Gegenwart und der Vergangenheit der Erde bis zum äußersten vorangetrieben. Nunmehr handelt es sich in Übereinstimmung mit den durch die Geschichte aufgedeckten kosmischen Strömungen darum, der Zukunft ins Auge zu sehen, d.h. die Evolution, nachdem wir sie erkannt haben, weiter voranzutreiben. *Aller Geist auf Erden schließt sich um eines Zuwachses an denkender Einheit willen zusammen:* dieser Weg öffnet sich vor uns.

Doch angesichts der Evidenz dieser zu machenden Geste diskutieren wir, zaudern wir. Und weshalb? Einfach, weil es uns nicht gelingt, an die vollständige Wahrheit unserer Entdeckung zu glauben. Man müßte logisch einräumen, daß es, wenn die Welt in Richtung des Geistigen geht, einen bewußten Gipfel des Universums geben muß. Wir entschließen uns nicht, den Schritt dieser Annahme zu tun. Es wird klar, ein Anstoß aus der Ordnung des Wirklichen muß uns zu Hilfe kommen, um diesen toten Punkt zu überwinden. Weshalb sollte dieser Stoß, der die Welt in Bewegung setzt, nicht von den Christen gegeben werden, von ihnen, denen doch das Gefühl vertraut ist, daß es jenseits aller Erscheinungen ein universelles Zentrum des reflektierten Tuns gibt? Die Kirche, und das ist vielleicht eines der erkennbarsten Anzeichen ihrer unsterblichen Wahrheit, ist derzeit die einzige, die wirksam die Idee und die Erfahrung eines *personalen Göttlichen* schützt. Worauf warten wir, um diesen Glauben uneingeschränkt über den Bereich der natürlichen Konstruktionen des Geistes herrschen zu lassen?

Wenn Christus eines Tages, wie wir hoffen, über die moderne Welt triumphiert, so werden wir das der Tatsache verdanken, daß er durch seine Existenz [die allein fähig ist, uns das für die allgemeine Theorie des Universums erforderliche kosmische Zentrum historisch zu enthüllen] oder, wie uns noch zu sagen bleibt, durch sein Evangelium [das allein fähig ist, uns zu guten Dienern der auf dem Wege befindlichen Welt umzuformen] gewissermaßen der Retter der Evolution sein wird.

CHRISTOLOGIE UND EVOLUTION

III. Evangelismus

«Man hat uns allzuviel von Lämmern gesprochen. Ich möchte ein wenig die Löwen herauskommen sehen.» Zuviel Sanftmut und nicht genug Stärke. So möchte ich symbolisch meine Eindrücke und meine These zusammenfassen, wenn ich die Frage der Neuanpassung der evangelischen Lehre an die moderne Welt angehe.
Diese Frage ist vital. Die größere Zahl unserer Zeitgenossen macht sich nicht bewußt Sorge darum, welchen Sinn sie dem Geheimnis der Inkarnation und der Erlösung geben soll. Alle aber reagieren lebhaft auf die inneren Harmonien und Mißklänge, die sich daraus für sie im Bereich der Moral und der Mystik ergeben. Wir Christen gefallen uns häufig darin zu meinen, so viele Heiden bleiben dem Glauben fern, weil das Ideal, das wir ihnen predigen, zu vollkommen und zu schwierig sei. Dies ist eine Illusion. Eine edle Schwierigkeit hat immer die Seelen fasziniert. Die Wahrheit über das heutige Evangelium ist, daß es nicht mehr oder fast nicht mehr anziehend ist, weil es *unverständlich* geworden ist. In einer Welt, die sich erschreckend geändert hat, sagt man uns dieselben Worte wieder, die von unseren Vätern gefunden wurden. A priori könnte man schwören, daß diese alten Aussageweisen uns nicht mehr zu befriedigen vermögen[11]. Tatsächlich würden die besten unter den Ungläubigen, die ich kenne, meinen, von ihrem sittlichen Ideal abzufallen, wenn sie die Geste der Konversion leisteten. Sie selbst haben es mir gesagt.
Auch hier wiederum ist es, um dem Evangelium treu zu bleiben, angemessen, seinen geistigen Kodex der neuen

---

[11] Wenn man ihren Sinn nicht in den derzeitigen Dimensionen der Welt erfaßt [Anmerkung der Herausgeber].

Gestalt des Universums entsprechend zu gestalten. Das Universum hat heute für unsere Erfahrung eine neue Dimension gewonnen. Es ist nicht mehr der fertig angepflanzte Garten, in den die Phantasie des Schöpfers uns für eine gewisse Zeit ins Exil geschickt hat. Es ist zu dem großen, sich in Verwirklichung befindenden Werk geworden, das gerettet werden soll, indem wir uns retten. Wir erkennen uns als atomar verantwortliche Elemente einer Kosmogenese. Was wird, werden sie in diesen neuen Raum übertragen, aus den christlichen sittlichen Normen? Wie müssen sie sich biegen, um sie selbst zu bleiben?

Wir können mit einem Wort antworten: «So, daß sie für Gott zu Stützen der Evolution werden.» Bisher war der Christ in dem Eindruck erzogen worden, um Gott zu erreichen, müsse er alles fahrenlassen. Nunmehr entdeckt er, daß er sich nur durch das Universum hindurch und in seiner Weiterführung zu retten vermag. Der Evangelismus ließ sich zu einem gegebenen Zeitpunkt in der Formel der Epistel zusammenfassen: «Religio munda haec est: visitare pupillos et viduas, et immaculatum se custodire ab hoc saeculo.» [12] Diese Zeit ist endgültig vorbei. Oder genauer, der heilige Jakobus ist mit der sittlichen Tiefe zu interpretieren, die ihm unsere neuen Horizonte verleihen.

Anbeten hieß früher, Gott den Dingen vorziehen, indem man sie mit ihm verglich und indem man sie ihm opferte. Anbeten heißt jetzt, sich mit Leib und Seele dem Schöpferakt weihen, indem man sich mit ihm verbindet, um die Welt durch Anstrengung und Forschung zu vollenden.

Den Nächsten lieben hieß früher, ihm kein Unrecht tun und seine Wunden verbinden. Die Liebe wird sich in Zu-

---

[12] «Dies ist die reine Religion: die Waisen und die Witwen besuchen und sich vor jeglicher Befleckung dieser Welt bewahren.» Teilhard hat den Text des Jakobusbriefes abgekürzt [1, 27]. [Anmerkung der Herausgeber.]

CHRISTOLOGIE UND EVOLUTION

kunft, ohne deshalb aufzuhören, mitleidend zu sein, in einem für den gemeinsamen Fortschritt hingegebenen Leben vollenden.

Rein sein hieß früher hauptsächlich, sich enthalten, sich vor Flecken bewahren. Keuschheit wird morgen vor allem die Sublimation der Kräfte des Fleisches und jeder Leidenschaft heißen.

Losgelöst sein, Entsagung, hieß früher, sich für die Dinge nicht interessieren und nur so wenig wie möglich von ihnen zu nehmen. Losgelöst sein wird in Zukunft immer mehr heißen, nacheinander jegliche Wahrheit und jegliche Schönheit gerade durch die Kraft der Liebe, die man ihnen entgegenbringt, zu übersteigen.

Ergebenheit konnte früher die passive Annahme der gegenwärtigen Bedingungen des Universums heißen. Ergebenheit wird in Zukunft nur noch dem in den Armen des Engels zusammenbrechenden Kämpfer erlaubt sein.

Früher schien es für den Menschen nur zwei geometrisch mögliche Haltungen zu geben: den Himmel lieben oder die Erde lieben. Nunmehr zeigt sich in diesem neuen Raum ein dritter Weg: zum Himmel *durch* die Erde *hindurch* gehen. Es gibt eine [die wahre] Kommunion mit Gott durch die Welt. Und sich ihr hingeben heißt nicht, die unmögliche Geste zu tun, zwei Herren zu dienen.

Ein solches Christentum ist noch wirklich der wahre Evangelismus, weil es dieselbe Kraft darstellt, darauf verwandt, die Menschheit in einer gemeinsamen Liebe über das Greifbare zu erheben.

Zur gleichen Zeit hat aber dieser Evangelismus nichts mehr von dem Geruch des Opiums an sich, das man uns voller Bitterkeit [und mit einem gewissen Recht] über die Menge auszugießen vorwirft. Er ist nicht einmal mehr einfach das lindernde Öl, das über die Wunde und in die leidenden Räderwerke der Menschheit ausgegossen wird.

Er zeigt sich in Wirklichkeit als der Beseeler des menschlichen Tuns, dem er das scharf umrissene Ideal eines göttlichen, historisch kurz sichtbar gewordenen Antlitzes bringt, in dem die wertvollsten Essenzen des Universums sich konzentrieren und gerettet werden.
Er antwortet genau auf die Besorgnisse und das Streben eines plötzlich zum Bewußtsein seiner Zukunft erwachten Zeitalters.
Er, er allein, zeigt sich, soweit wir es zu beurteilen vermögen, fähig, in der Welt die grundlegende Lust am Leben zu rechtfertigen und aufrechtzuerhalten.
Er ist die eigentliche Religion der Evolution.

Zusammenfassung

Vor einigen Jahren hörte ich im Gespräch mit einem alten, leicht schwärmerischen Missionar, den aber alle als einen Heiligen ansahen, ihn folgende überraschenden Worte aussprechen: «Die Geschichte erweist, daß keine Religion sich in der Welt länger als 2000 Jahre halten kann. Ist diese Zeit vorbei, sterben sie alle. Nun, für das Christentum werden es bald 2000 Jahre sein...» Der Prophet wollte mit diesen Worten zu verstehen geben, daß das Ende der Welt nahe sei. Ich aber verstand darin etwas sehr viel Ernsteres. Ja, 2000 Jahre mehr oder weniger sind eine lange Zeit für den Menschen, vor allem, wenn, wie in unseren Tagen, noch der kritische Punkt eines «Wechsels im Zeitalter» hinzukommt. Nach zwanzig Jahrhunderten haben sich so viele Anschauungen geändert, daß wir religiös in eine andere Haut schlüpfen müssen. Die Formeln haben sich verengt und verhärtet: sie behindern uns und erregen uns nicht mehr. Um weiter zu leben, müssen wir uns häuten.

CHRISTOLOGIE UND EVOLUTION

Als Christ habe ich nicht das Recht zu der Annahme, daß das Christentum in dieser Zeit des Übergangs, in die wir eintreten, verschwinden könne, wie es den anderen Religionen widerfahren ist. Ich halte es für unsterblich. Doch diese Unsterblichkeit unseres Glaubens entbindet ihn nicht davon, daß er, und zwar indem er sie überwindet, den allgemeinen Gesetzen der Periodizität unterworfen ist, die alles beherrschen. Heute hat also, das erkenne ich, das Christentum [genau wie die Menschheit, die sich mit ihm deckt] die Grenze eines natürlichen Zyklus seiner Existenz erreicht.

Da wir abstrakt die Ausdrucksformen unserer Dogmen wiederholen und entwickeln, sind wir dabei, uns in Wolken zu verlieren, in die weder die Geräusche, noch das Streben, noch der Saft der Erde dringen. Religiös leben wir in bezug auf die Welt in einem doppelten, geistigen und gefühlsmäßigen Extrinsekismus. Dies ist ein Hinweis darauf, daß die Zeit für eine Erneuerung nahe ist. Nach fast 2000 Jahren muß Christus wiedergeboren werden, muß er sich reinkarnieren in eine Welt, die allzusehr von der verschieden geworden ist, in der er gelebt hat. Jesus vermag nicht greifbar wieder unter uns zu erscheinen. Doch kann er unserem Geist einen triumphierenden und neuen Aspekt seines alten Antlitzes bekunden.

Der Messias, den wir unzweifelhaft alle erwarten, ist, glaube ich, der Christus Universalis, d.h. der Christus der Evolution.

Ineditum[13], Tien-Tsin, Weihnachten 1933.

[13] Ein Exemplar dieser Schrift ist uns übergeben worden, das die handgeschriebene Bemerkung «Revu et corrigé» [durchgesehen und korrigiert] trägt mit der darauf folgenden Unterschrift: *Teilhard*. Wir haben den Text nach diesem Exemplar veröffentlicht [Anmerkung der Herausgeber].

MEIN GLAUBE

[Mgr. Bruno de Solages hatte aus apostolischer Sorge P. Teilhard zur Formulierung dieser Schrift aufgefordert.]

Ich glaube, das Universum ist eine Evolution.
Ich glaube, die Evolution geht in Richtung des Geistes.
Ich glaube, der Geist[1] vollendet sich im Personalen.
Ich glaube, das höchste Personale ist der Christus-Universalis.

Wie alles andere menschliche Erkennen baut die religiöse Psychologie auf Erfahrungen auf. Sie braucht Fakten. Und weil in diesem Falle die Fakten nur in der Tiefe des Bewußtseins in Erscheinung treten, erwarten sie, um sich zu entwickeln, individuelle «Bekenntnisse».
Einzig um dieses dokumentarischen Wertes willen habe ich auf den folgenden Seiten versucht, die Gründe, die Nuancen und auch die Grenzen oder die Schwierigkeiten meines christlichen Glaubens niederzuschreiben. Ich halte mich weder für besser noch für wichtiger als irgendeinen anderen. Nur ist es aufgrund einer Reihe zufälliger Gründe so, daß mein Fall kennzeichnend ist, und deshalb verdient er festgehalten zu werden.
Es macht die Besonderheit meines Glaubens aus, daß er in zwei Bereichen einwurzelt, die gewöhnlich als einander widerstreitend betrachtet werden. Aufgrund meiner Erziehung und meiner geistigen Bildung gehöre ich zu den «Kindern des Himmels». Aufgrund meines Temperaments und meiner beruflichen Studien aber bin ich ein

---

[1] «Heute würde ich sagen: ... Ich glaube, *im Menschen* vollendet sich der Geist im Personalen.» 1950 fügte P. Teilhard in *Le Cœur de la Matière* diese Fußnote hinzu.

MEIN GLAUBE

«Kind der Erde». Da ich so durch das Leben ins Herz beider Welten gestellt wurde, deren Theorie, Sprache und Empfindungen ich aus einer vertrauten Erfahrung kenne, habe ich keinerlei innere Scheidewand aufgerichtet. Ich habe die beiden anscheinend gegensätzlichen Einflüsse in der Tiefe meiner selbst in voller Freiheit aufeinander wirken lassen. Am Ende dieses Wirkprozesses aber habe ich nach dreißig dem Streben nach innerer Einheit gewidmeten Jahren den Eindruck, daß sich zwischen den beiden Strömungen, die mich fordern, auf ganz natürliche Weise eine Vereinigung vollzogen hat. Das eine hat das andere nicht getötet, sondern verstärkt. Heute glaube ich wahrscheinlich mehr denn je an Gott – und gewiß mehr an die Welt. Ist nicht das, in einem Einzelfall, die zumindest skizzierte eigentliche Lösung des großen geistigen Problems, an dem sich derzeit die vorwärtsmarschierende Front der Menschheit stößt?

Auf gut Glück will ich den Samen in den Wind werfen. Diese Seiten, ich wiederhole das noch einmal, nehmen in keiner Weise für sich in Anspruch, die Theorie einer allgemeinen Apologetik festzulegen. Sie beschränken sich darauf, die Entwicklung einer persönlichen Erfahrung zu erzählen, soweit ich sie begreife. Deswegen werden sie nicht alle Welt zufriedenstellen. Einigen unter meinen Lesern wird dies oder jenes nicht einleuchten wie mir, und der Zusammenhang der Aussagen wird damit seine Überzeugungskraft verlieren.

Doch bleibt, daß es unter unendlich mannigfaltigen Ausdrucksformen letzten Endes nur eine psychologische Achse des geistigen Fortschritts zu Gott hin zu geben vermag. Selbst wenn ich sie in durchaus subjektiven Worten ausdrücke, haben viele Dinge, die ich sagen werde, notwendig ihr Äquivalent in Temperamenten, die sich von meinem unterscheiden – und durch Sympathie müssen sie durch meine Aussageweise zum Klingen gebracht werden. Der Mensch ist wesentlich in allen derselbe; und man muß nur tief genug in sich selbst hinabsteigen, um einen gemeinsamen Grund des Strebens und des Lichtes zu finden. Um eine Formulierung zu verwenden, in die bereits mein Grundthema eingeht: «Durch das, was uns an unmitteilbarstem Personalem zu eigen ist, haben wir Fühlung mit dem Universellen.»

Einführung: Die Evolution des Glaubens

Auf der streng psychologischen Ebene, auf der diese Seiten bleiben wollen, verstehe ich unter «Glauben» jede Bejahung einer allgemeinen Perspektive des Universums durch unsere Intelligenz. Man kann versuchen, diese Bejahung durch gewisse Aspekte der Freiheit [«Wahl»] oder der Affektivität [«Anziehung»] zu definieren, die mit ihr einhergehen. Diese Merkmale scheinen mir abgeleitet oder sekundär zu sein. Das wesentliche Merkmal des psychologischen Glaubensaktes besteht meines Ermessens darin, eine Schlußfolgerung als möglich zu erkennen und als wahrscheinlicher anzunehmen, die aufgrund ihrer räumlichen Weite oder ihrer zeitlichen Entfernung alle analytischen Prämissen übergreift. *Glauben heißt eine intellektuelle Synthese vollziehen.*

Unter dieser Voraussetzung scheint es mir, daß die erste von unserer Erfahrung jeglichem Gegenstand, sofern er *wirklich* sein soll, gesetzte Bedingung für diesen Gegenstand nicht darin besteht, immer sich selbst identisch zu bleiben oder im Gegenteil unaufhörlich sich zu wandeln – sondern zu wachsen, indem er gewisse eigene Dimensionen bewahrt, die ihn *kontinuierlich sich selbst homogen* machen. In unserer Umgebung entsteht alles Leben aus einem anderen

MEIN GLAUBE

Leben oder einem «Vorleben», jede Freiheit aus einer anderen Freiheit oder einer «Vorfreiheit». In gleicher Weise würde ich im Bereich des Glaubens sagen, *jeder Glaube entsteht aus einem Glauben.* Dieses Entstehen schließt gewiß nicht den Gebrauch der Vernunft aus. Ebenso wie sich die Freiheit in der Natur bekundet, indem sie Determinismen einfängt und einander zuordnet, so schreitet der Glaube in unserem Geist voran, indem er um uns herum ein kohärentes Netz von Denken und Tun webt. Doch letzten Endes nur unter dem organisierenden Einfluß des Anfangsglaubens hält und steigt dieses Netz auf. So verlangt es, in die Religionspsychologie übertragen, das Prinzip der Homogenität, das die synthetischen Transformationen der Natur beherrscht.

Glauben heißt einen Akt der Synthese entwickeln, dessen erster Ursprung nicht faßbar ist.

Aus diesen beiden Sätzen folgt, daß ich, um mir selbst meinen christlichen Glauben zu beweisen, keine andere Methode zu haben vermöchte [und auch tatsächlich niemals gefunden habe], als in mir die Legitimität einer psychologischen Evolution zu verifizieren. In einem ersten Schritt fühle ich das Bedürfnis, Stufe um Stufe zu immer elementareren Glaubensvorstellungen hinabzusteigen bis zu einer gewissen Grund-Intuition, unterhalb deren ich nichts mehr erkenne. In einem zweiten Schritt versuche ich, die natürliche Reihe [beinahe hätte ich gesagt das «Phylum»] meiner aufeinanderfolgenden Glaubensakte in Richtung einer Gesamtschau wiederaufzusteigen, die sich schließlich mit dem Christentum deckt. – Zunächst die Festigkeit eines unvermeidlichen Anfangsglaubens verifizieren. Dann die organische Kontinuität der durch das Wachstum dieses Glaubens durchquerten aufeinanderfolgenden Stadien verifizieren. Für mich selbst kenne ich keine andere Apologetik. Und folglich vermag ich jenen keine andere vorzuschlagen, für die ich das höchste Glück ersehne, eines Tages von Angesicht zu Angesicht vor einer einsgewordenen Welt zu stehen.

Erster Teil:
Die individuellen Etappen meines Glaubens

1. Der Glaube an die Welt

Wenn ich infolge eines inneren Umschlagens nacheinander meinen Glauben an Christus, meinen Glauben an einen personalen Gott, meinen Glauben an den Geist verlöre, so scheint mir, ich würde unbezwinglich weiter *an die Welt glauben*. Die Welt [der Wert, die Unfehlbarkeit und die Güte der Welt], sie ist letzten Endes das erste, das letzte und das einzige, an das ich glaube. Aus diesem Glauben lebe ich. Und diesem Glauben werde ich mich, das spüre ich, im Augenblick des Todes über alle Zweifel hinweg überlassen.
Wie soll ich dieses grundlegende Ja zur Welt beschreiben und rechtfertigen?
In seiner verhülltesten Gestalt bekundet sich der Glaube an die Welt, wie ich ihn erfahre, durch einen besonders wachen Sinn für die universellen wechselseitigen Abhängigkeiten [Interdependenzen]. Eine gewisse Philosophie des Kontinuums hat versucht, die intellektuelle Zerstückelung der Welt den Fortschritten der Mystik entgegenzusetzen. In mir vollziehen sich die Dinge anders. Je getreuer man den analytischen Aufforderungen des zeitgenössischen Denkens und der zeitgenössischen Wissenschaft folgt, um so mehr fühlt man sich in dem Netz der kosmischen Zusam-

menhänge gefangen. Durch die Kritik des Erkennens erfährt das Subjekt sich immer mehr mit den fernsten Bereichen eines Universums identifiziert, das es nicht wahrzunehmen vermöchte, wäre es nicht teilweise mit ihm ein und derselbe Leib. Durch die [deskriptive, historische, experimentelle] Biologie wird das Lebewesen immer mehr in eine Reihe mit dem ganzen Gewebe der Biosphäre gestellt. Durch die Physik wird eine grenzenlose Homogenität und Solidarität in allen Schichten der Materie sichtbar. «Alles hängt an allem.» In dieser elementaren Aussageweise unterscheidet sich der Glaube an die Welt nicht merklich von der Zustimmung zu einer wissenschaftlichen Wahrheit. Er bekundet sich in einer gewissen Vorliebe, ein Faktum [den universellen wechselseitigen Zusammenhang] zu vertiefen, an dem niemand zweifelt; in einer gewissen Neigung, diesem Faktum die Priorität vor den anderen Ergebnissen der Erfahrung zu geben. Und, so scheint mir, unter dem vereinten Einfluß dieser Verlockung und dieser «Emphase» wird in der Entstehung meines Glaubens der entscheidende Schritt getan. Für jeden denkenden Menschen bildet das Universum ein in der Zeit und im Raum unendlich zusammenhängendes System. Nach allgemeiner Ansicht bildet es einen *Block*. Für mich ist dieser Ausdruck nur ein vorläufiger Denkentwurf, und er vollendet sich unausweichlich in einem entschiedeneren Ausdruck; die Welt bildet ein *Ganzes*. – Ist der Übergang vom einen Begriff zum anderen legitim? Und in welcher Wahrnehmungsform wird er vollzogen?

Man muß das festhalten. In statu nascendi bleibt die Idee des Ganzen in mir recht verschwommen und scheinbar unbestimmt. Handelt es sich um eine statische oder dynamische Totalität: – um eine materielle oder spirituelle? – um eine in ihrer Bewegung progressive oder periodische und kreisförmige? Damit befasse ich mich jetzt noch nicht.

Ich erahne oder spüre ganz einfach über der zusammenhängenden Gesamtheit der Seienden und der Phänomene eine globale Wirklichkeit, deren Eigenschaft es ist, daß sie notwendiger, konsistenter, reicher, in ihren Wegen sicherer als irgendein Einzelding ist, das sie umgreift. Mit anderen Worten, in meinen Augen gibt es in der Welt keine «Dinge» mehr: es gibt nur noch «Elemente».

Von «Gesamtheit» zu «Ganzem», von «Dingen» zu «Elementen» scheint der Übergang unmerklich. Es fehlt nicht viel, und man würde sagen: Identität. Und doch hat faktisch hier eine erste Spaltung in der denkenden menschlichen Masse ihren Ort. Die Klassifizierung der Geister oder der Seelen scheint eine unmögliche Aufgabe sein zu müssen. In Wirklichkeit gehorcht sie einem sehr einfachen Gesetz. Unter den zahllosen sekundären Differenzierungen, die auf die Mannigfaltigkeit der gesellschaftlichen Beschäftigungen, der wissenschaftlichen Forschungen oder der religiösen Bekenntnisse zurückzuführen sind, gibt es im Grunde zwei Klassen von Geistern, und nur zwei: die einen, die nicht über die Wahrnehmung des Vielen hinausgelangen [und auch nicht das Bedürfnis spüren, darüber hinauszugelangen] – sosehr dieses auch in sich selbst verbunden erscheinen mag; – und die anderen, für die die Wahrnehmung eben dieses Vielen sich notwendig in einer Einheit vollendet. Die Pluralisten und die Monisten. Jene, die nicht sehen, und jene, die sehen. Sind diese beiden entgegengesetzten Tendenzen denen, die sie vertreten, angeboren und folglich unabänderlich? Und hat man das Recht zu erklären, die eine von beiden sei «die wahre»? – Hier liegt keimhaft das ganze Problem des absoluten Wertes des Glaubens und der Möglichkeit der Bekehrung.

Die bequemste Möglichkeit [mit der faktisch viele dem Problem ausweichen] besteht darin: Sache des Geschmacks oder des «*Temperaments*». Man wird zum Moni-

MEIN GLAUBE

sten oder Pluralisten geboren wie zum Geometer oder Musiker. Hinter beiden Haltungen verbirgt sich nichts «Objektives». Sie sind ganz einfach Ausdruck unserer instinktiven Präferenzen für den einen oder anderen der beiden vom Universum gleichermaßen angebotenen Gesichtspunkte.

Diese Antwort scheint mir eine Ausflucht zu sein.

Zunächst einmal gibt es, wenn man es recht bedenkt, nicht wirklich eine Äquivalenz zwischen den beiden einander gegenübergestellten Termini. Pluralist sein, das ist so wie Fixist sein: diese Worte überdecken nur eine Leere, eine Lücke. Im Grunde nimmt der Pluralist keinerlei positive Haltung ein. Er verzichtet einfach darauf, irgendeine Erklärung zu geben. Entweder muß man also dem *Positiven* jede Art von Überlegenheit über das *Negative* absprechen – oder aber sich gezwungenermaßen der einzigen konstruktiven Möglichkeit zuwenden, die sich vor uns öffnet: das Universum behandeln, als wäre es eins.

Doch ist es notwendig, in diesen Fragen von *Zwang* zu sprechen? Und drängt sich uns die Gegenwart des Ganzen in der Welt nicht mit der unmittelbaren Evidenz eines Lichtes auf? Wirklich, das glaube ich. Und mir scheint sogar, gerade der Wert dieser ursprünglichen Intuition trägt das ganze Gebäude meines Glaubens. Letzten Endes, und wenn ich von den im Innersten meines Bewußtseins vorgefundenen Fakten Rechenschaft geben soll, gelange ich zu der Annahme, daß der Mensch kraft eben der Eigenschaft des «In-der-Welt-Seins» einen besonderen *Sinn* besitzt, der ihm in mehr oder weniger verworrener Weise das Ganze entdeckt, zu dem er gehört. Alles in allem ist an der Existenz dieses «kosmischen Sinns» nichts Erstaunliches. Weil er ein Geschlechtswesen ist, besitzt der Mensch die Intuitionen der Liebe. Weshalb sollte er, da er Element ist, nicht dunkel die Anziehung des Universums verspüren?

Tatsächlich läßt sich nichts in dem unermeßlichen und vielgestaltigen Bereich der [religiösen, dichterischen, sozialen und wissenschaftlichen] Mystik ohne die Hypothese einer solchen Fähigkeit erklären, durch die wir synthetisch auf die räumliche und zeitliche Gesamtheit der Dinge reagieren, um hinter dem Vielen das Ganze zu ergreifen. «Temperament», wenn man will, da der kosmische Sinn, darin allen anderen Geistesgaben ähnlich, je nach den Individuen eine ungleiche Lebhaftigkeit und Durchdringungskraft zeigt. Jedoch ein *wesentliches* Temperament, in dem sich ebenso notwendig die Struktur unseres Seins ausdrückt wie in dem Verlangen, sich fortzusetzen und sich zu vereinen. Ich sagte weiter oben, es gibt zwei ursprüngliche Kategorien von Geistern: die Pluralisten und die Monisten. Ich muß diese Aussage jetzt berichtigen. Individuell kann der «Sinn für das Ganze» verkümmert sein oder schlafen. Doch eher würde sich die Materie der Schwerkraft entziehen als eine Seele der Gegenwart des Universums. Aufgrund eben der Tatsache, daß sie Menschen sind, könnten selbst die Pluralisten «sehen»: sie sind lediglich Monisten, ohne es zu wissen.

Weiter unten werde ich in der Logik meiner Entwicklung zu der Betrachtung der beruhigenden Masse menschlichen religiösen Denkens zurückkehren, die sich unter der leidenschaftlich verspürten Anziehung des Ganzen bewußt bewegt; und bei diesem ursprünglichen und machtvollen Strom werde ich anfragen, damit er mir eine endgültige Richtung gibt, über die mein persönliches Denken sich unklar ist. Für den Augenblick genügt es mir, den Wert einer tief empfundenen persönlichen Intuition mit einer quasi-universellen Übereinstimmung abgesichert zu haben.

Ich überlasse mich dem verworrenen Glauben an eine Eine und Unfehlbare Welt – wohin er mich auch führen mag.

MEIN GLAUBE

2. Der Glaube an den Geist

Alles, was wir ins Auge fassen, gewinnt Kontur. Dieses allgemeine Gesetz der Wahrnehmung gilt für den kosmischen Sinn. Wir können nicht zum Bewußtsein des Ganzen erwacht sein, ohne daß die zunächst unbestimmten Umrisse der universellen Wirklichkeit unter unserem Tasten dahin tendieren, Gestalt anzunehmen. Bis zu diesem Punkt, so habe ich den Eindruck, war die Entstehung meines Glaubens ein fast organisches und reflexhaftes Phänomen, so wie die Antwort der Augen auf das Licht. Jetzt erkenne ich in den Fortschritten meiner Schau auf die Welt das Eingreifen deutlicher an meine Zeit, an meine Erziehung und an meine Persönlichkeit gebundener Faktoren. Ein erster Punkt, der sich mir mit einer Evidenz zeigt, daß ich nicht einmal mehr daran denke, ihn zu bestreiten, besagt, daß die Einheit der Welt dynamischer oder evolutiver Natur ist. Hier tue ich nur eins: nämlich in mir, in teilhabender oder individueller Gestalt, die Offenbarung der Dauer zu entdecken, die seit einem Jahrhundert so grundlegend das Bewußtsein der Menschen vom Universum verändert hat. Über den Raum hinaus, der Pascal faszinierte, gibt es für uns jetzt die Zeit, nicht ein Zeitgefäß, in dem die Jahre verpackt wären – sondern eine organische Zeit, die ihr Maß in der Entwicklung der Gesamtwirklichkeit hat. Früher betrachteten wir uns selbst und die Dinge um uns herum als in sich selbst abgeschlossene «Punkte». Die Seienden erweisen sich nunmehr fadenlosen Fibern ähnlich, die in einen universellen Prozeß verflochten sind. In einen Vergangenheitsabgrund taucht alles nach rückwärts hinab. Und in Richtung eines Zukunftsabgrundes nach vorn stürzt sich alles voran. Aufgrund seiner Geschichte ist jedes Seiende der ganzen Dauer koextensiv; und seine Ontogenese ist nur das infinitesimale Element einer Kosmogenese, in der letzten Endes die Individualität und gewissermaßen das Antlitz des Universums zum Ausdruck kommt.

So ist das universelle Ganze ebenso wie jedes Element in meinen Augen durch eine es beseelende besondere Bewegung definiert. Welcher Art aber ist diese Bewegung? Wohin reißt sie uns mit? Dieses Mal wollen sich im Hinblick auf diese Entscheidung in mir Suggestionen oder Evidenzen zu Wort melden oder gruppieren, die ich im Laufe meiner beruflichen Forschungen gesammelt habe. Und als Historiker des Lebens zumindest ebensosehr wie als Philosoph antworte ich aus der Tiefe meiner Intelligenz und meines Herzens: «In Richtung des Geistes.»

Geistige Evolution. Ich weiß, die Verbindung dieser beiden Termini erscheint noch für viele [und vielleicht für die meisten] Naturforscher und Physiker widersprüchlich oder zumindest antiwissenschaftlich. Weil es der Evolutionsforschung gelingt, die höheren Bewußtseinszustände Stufe um Stufe mit anscheinend unbeseelten Antezedenzien zu verknüpfen, haben wir weithin der *materialistischen Illusion* nachgegeben, die darin besteht, die Elemente der Analyse für «wirklicher» zu halten als die Ergebnisse der Synthese. Es mochte zu diesem Zeitpunkt scheinen, daß die Entdeckung der Zeit, indem sie die Deiche niederriß, hinter denen eine statische Philosophie die Transzendenz der «Seelen» schützte, den Geist in den Strömen der materiellen Partikeln auflöste: kein Geist mehr – nichts als Materie. Meine Überzeugung ist es, daß dieses rückwärtige Eintauchen beendet ist, und daß wir von jetzt an wieder aufsteigen, getragen von demselben evolutionistischen Strom, in Richtung entgegengesetzter Konzeptionen: keine Materie mehr – nichts als Geist.

In meinem besonderen Falle ist die «Bekehrung» durch das Studium des «menschlichen Faktums» bewirkt wor-

MEIN GLAUBE

den. – Seltsam. Der Mensch, Zentrum und Schöpfer aller Wissenschaft, ist der einzige Gegenstand, bei dem es unserer Wissenschaft noch nicht gelungen ist, ihn in eine homogene Darstellung des Universums hineinzunehmen. Wir kennen die Geschichte seiner Knochen, aber für seine reflektierte Intelligenz hat sich in der Natur noch kein regulärer Platz gefunden. Inmitten eines Kosmos, in dem man noch den Mechanismen und dem Zufall den Primat einräumt, spielt das Denken, dieses gewaltige Phänomen, das die Erde revolutioniert hat und sich mit der Welt mißt, immer noch die Statistenrolle einer unerklärlichen Anomalie. Der Mensch bleibt in dem, worin er am meisten Mensch ist, ein ungeheuerlicher und lästiger Erfolg.
Um diesem Paradox zu entrinnen, habe ich mich entschlossen, die Elemente des Problems umzukehren. Würde er im Ausgang von der Materie ausgesagt, bliebe der Mensch die Unbekannte einer unlösbaren Funktion. Weshalb ihn nicht als bekannte Größe des Wirklichen setzen? Der Mensch scheint eine Ausnahme zu sein. Weshalb ihn nicht zum Schlüssel des Universums machen? Der Mensch weigert sich, sich in eine mechanistische Kosmogonie hineinzwingen zu lassen. Weshalb nicht eine Physik im Ausgang vom Geist aufbauen? Ich für meinen Teil habe versucht, das Problem auf diese Weise anzugehen. Und sogleich, so schien mir, fiel mir die besiegte Wirklichkeit entwirrt zu Füßen [2].

---

[2] Um diese einfache, aber befreiende Geste zu setzen, muß man offensichtlich *die Illusion der Quantität* überwinden: der Mensch erscheint innerhalb der sideralen Unermeßlichkeiten lächerlich verloren und zufällig. Doch gilt nicht dasselbe vom Radium, durch das unsere Anschauungen über die Materie erneuert worden sind? Man muß auch die *Illusion der Gebrechlichkeit* überwinden: als zuletztgekommener unter den Tieren scheint der Mensch in der Welt nur von einer Pyramide außergewöhnlicher Umstände getragen zu sein: Doch gibt uns nicht die Geschichte der ganzen Erde die Gewißheit, daß nichts in der

MEIN GLAUBE

Zunächst einmal nahm unter dem Einfluß dieses einfachen Wechsels der Veränderlichen die Gesamtheit des irdischen Lebens Gestalt an. Während in Unordnung die Masse der Lebewesen in tausend verschiedene Richtungen zerstiebt, wenn man versucht, sie nach einfachen anatomischen Details zu verteilen, entwirrt sie sich mühelos, sobald man in ihr den Ausdruck eines kontinuierlichen Drängens in Richtung von mehr Spontaneität und Bewußtsein sucht; und das Denken findet in dieser Entwicklung seinen natürlichen Ort. Von unendlichem organischem Tasten getragen, hört das denkende Lebewesen auf, in der Natur eine Ausnahme zu sein; es stellt einfach das höchste embryonale Stadium dar, das uns im Wachstum des Geistes auf der Erde bekannt ist. Mit einem Schlage hat der Mensch seinen Ort auf einer Hauptachse des Universums gefunden. Und damit öffneten sich vor mir aufgrund einer fast notwendigen Verallgemeinerung dieser ersten Feststellung noch umfassendere Perspektiven. Wenn der Mensch der Schlüssel der Erde ist, warum sollte dann die Erde ihrerseits nicht der Schlüssel der Welt sein? Auf Erden stellen wir durch die Zeit hindurch einen beständigen «psychischen» Zuwachs fest. Weshalb sollte diese große Regel nicht die allgemeinste Aussage sein, die wir von der universellen Evolution erarbeiten können? Eine Evolution auf Materiebasis rettet den Menschen nicht: denn alle Determinismen insgesamt vermöchten nicht einen Schatten von

Natur unfehlbarer fortschreitet als die unwahrscheinlichen Synthesen des Lebens? Und schließlich darf man sich nicht von dem Vorwurf der *Anthropozentrik* einschüchtern lassen: Man sagt, es sei kindisch und eingebildet, wenn der Mensch die Welt durch sich selbst lösen wolle. Ist es aber nicht eine wissenschaftliche Wahrheit, daß es im Feld unserer Erfahrung kein anderes Denken als das menschliche Denken gibt? Und ist es unser Fehler, wenn wir mit der Achse der Dinge zusammenfallen? Und kann es überhaupt anders sein, da wir intelligent sind? [Anmerkung des Autors.]

Freiheit zu geben. Umgekehrt bewahrt eine Evolution auf Geistesbasis alle von der Physik festgestellten Gesetze, obwohl sie unmittelbar zum Denken führt: denn eine Masse elementarer Freiheiten im Zustand der Unordnung ist gleichbedeutend mit Determiniertem. Sie rettet *sowohl* den Menschen *als auch* die Materie. Folglich muß man sie annehmen.

In der Feststellung dieses Gelingens vollendet sich endgültig für mich ein «Glaube an den Geist», dessen Hauptsätze sich wie folgt aussagen lassen:

a] Die Einheit der Welt stellt sich unserer Erfahrung als der Gesamtaufstieg eines zunächst pluralisierten [und gewissermaßen materialisierten] Bewußtseins in Richtung eines immer geistigeren Zustands dar. Meine rückhaltlose und leidenschaftliche Bejahung dieses grundlegenden Satzes ist wesentlich synthetischer Ordnung. Sie ergibt sich aus einer schrittweisen und harmonischen Organisation von allem, was mir die Erkenntnis der Welt bringt. Keine andere Formulierung als diese scheint mir auszureichen, um die Totalität der Erfahrung zu übergreifen.

b] Kraft eben der Eigenschaft, die ihn definiert [daß er nämlich als Ende der universellen Evolution auftritt], hat der Geist, um den es sich hier handelt, eine besondere, klar bestimmte Natur. Er stellt nicht irgendeine in bezug auf die Materie[3] unabhängige oder antagonistische Wesenheit dar – eine in der Welt der Körper gefangene oder dahintreibende Kraft. Unter Geist verstehe ich «den Geist der Synthese und der Sublimation», in dem sich mühsam, mitten in endlosen Versuchen und Fehlschlägen, die im universellen Vielen diffus vorhandene Kraft der Einheit

---

[3] Das Wort Materie wird hier in seinem unmittelbaren und konkreten Sinne verstanden [um die Welt der Körper zu bezeichnen] und nicht mit seiner gelehrten [philosophischen oder mystischen] Bedeutung *als anti-spirituelle Seite* der Seienden. [Anmerkung des Autors.]

konzentriert: *der Geist wird im Schoße und in Funktion der Materie geboren.*

c] Als praktische Schlußfolgerung aus diesen Anschauungen ergibt sich, daß der Mensch, um sich durch die Nebel des Lebens hindurchzufinden, eine absolut sichere biologische und moralische Regel in Händen hat, nämlich, daß er sich selbst beständig «in Richtung des größeren Bewußtseins» bewegt. Wenn er dies tut, ist er sicher, gemeinsam mit dem Universum zu marschieren und am Ziel anzukommen. Mit anderen Worten, als absolutes Bewertungsprinzip unserer Urteile muß gelten: «Es ist besser, welchen Preis es auch kostet, bewußter als weniger bewußt zu sein.» Dieses Prinzip scheint mir die eigentliche Existenzbedingung der Welt zu sein. Und doch, in Wirklichkeit bestreiten es viele Menschen explizit oder implizit, ohne etwas von der Ungeheuerlichkeit ihrer Leugnung zu ahnen. Wie oft habe ich nach einer unfruchtbaren Diskussion über vorgeschobene Punkte der Philosophie oder der Religion plötzlich meinen Gesprächspartner sagen hören, er sehe nicht, daß ein Mensch absolut höher stehe als ein Einzeller – oder auch, daß der «Fortschritt» das Unglück der Völker sei. Unsere Kontroverse war die Folge eines grundlegenden Nichtwissens. Ein Mensch, so gelehrt er auch sein mochte, hatte nicht begriffen, daß die einzige Wirklichkeit, die es auf der Welt gibt, die Leidenschaft ist, größer zu werden. Er hatte nicht den elementaren Schritt getan, ohne den alles, was mir zu sagen bleibt, unlogisch und unbegreiflich erscheinen muß.

3. Der Glaube an die Unsterblichkeit

Nachdem ich zur Stufe des Glaubens an eine geistige Evolution der Welt gelangt war, habe ich [nach vielen anderen, so möchte ich annehmen] die Versuchung verspürt stehenzubleiben. Ist es nötig, über diese Schau der Hoffnung hinauszugehen, um eine sittliche Haltung der Existenz zu begründen – um das Leben zu rechtfertigen und zu reinigen? – Und doch, noch einmal habe ich gespürt, wie sich kraft der sympathischen und bewundernden Betrachtung des Universums mein Glaube in mir entwickelte. Und ich habe erkannt, daß es nichts bedeutete, in mir und um mich herum einen entstehenden Geist entdeckt zu haben, wenn dieser Geist nicht unsterblich wäre. Die Unsterblichkeit, d. h., in dem sehr allgemeinen Sinne, in dem ich hier das Wort verstehe, die *Irreversibilität,* schien sich mir als Eigenschaft oder notwendige Ergänzung aus jeder Idee des universellen Fortschritts zu ergeben.

Daß das Universum *insgesamt* niemals in der Bewegung stehenbleiben oder zurückfallen darf, die es in Richtung größerer Freiheit und größeren Bewußtseins mitreißt, drängte sich mir zunächst gerade durch die Natur des Geistes auf. An sich ist der Geist eine beständig wachsende physische Größe: es gibt nämlich keine abschätzbare Grenze für die Vertiefung des Erkennens und der Liebe. Wenn er aber unaufhörlich wachsen *kann,* ist das dann nicht ein Hinweis darauf, daß er *es* tatsächlich *tun wird* in einem Universum, dessen Grundgesetz zu sein scheint: *alles Mögliche verwirklicht sich?* Wirklich, so weit unsere Erfahrung in die Vergangenheit eindringt, sehen wir das Bewußtsein durch die Zeitalter hindurch emporsteigen. Man kann endlos über die Frage streiten, ob das menschliche Bewußtsein im Laufe der Geschichte noch an individueller Vollkommenheit gewonnen hat. Eines aber ist sicher: im Laufe des kurzen Zeitraumes der letzten zwei Jahrhunderte haben die *kollektiven* Kräfte des Geistes in beeindruckenden Ausmaßen zugenommen. In der Menschheit um uns herum kommt alles einander näher und macht sich alles bereit, *einen* Block zu bilden. Wirklich, wir dürfen heute sagen, ohne den Boden der Tatsachen zu verlassen, die Welt treibt um uns herum, so weit das Auge reicht, weiter, in entgegengesetzter Richtung mitgerissen von zwei miteinander verbundenen und gleichermaßen irreversiblen Strömungen: der Entropie und dem Leben.

Diese Unmöglichkeit zurückzufallen, die dem [in seiner Gesamtheit genommenen] Leben eigen ist, ist bereits eine feste Stütze zugunsten der Glaubwürdigkeit und Unzerstörbarkeit der Erwerbungen des Geistes. Dieser Beweisführung ließe sich freilich entgegenhalten, sie sei rein empirischer Ordnung und umfasse letzten Endes nur eine begrenzte Strecke und Phase des Universums. Es wäre viel befriedigender, die «Unsterblichkeit» unmittelbar mit einer wesentlichen Eigenschaft der kosmischen Evolution zu verknüpfen. Ist uns das möglich?

Seit langem meine ich, für meinen persönlichen Gebrauch die Lösung dieses Problems in der Analyse des «Tuns» gefunden zu haben. Tun [d.h. unseren Willen auf die Verwirklichung eines Fortschritts ausrichten] scheint etwas so Einfaches zu sein, daß es keinerlei Erklärung verlangt. In Wirklichkeit aber verhält es sich bei dieser elementaren Funktion wie bei der äußeren Wahrnehmung. In den Augen des «gesunden Menschenverstandes» schienen Sehen, Hören, Fühlen unmittelbar einsichtige Akte zu sein. Und doch bedurfte es zu ihrer Rechtfertigung unermeßlicher Anstrengungen einer Kritik, an deren Ende sichtbar wurde [wir erinnerten weiter oben daran], daß jeder von uns teilweise nicht weniger als eins ist mit der Totalität des Universums. Ebenso ist es beim Tun. Wir handeln, selbstverständlich. Doch welche strukturellen Eigenschaften muß das Wirkliche haben, damit diese Willensbewegung eintreten kann? Und welchen Bedingungen muß die Welt genügen, damit eine bewußte Freiheit in ihr

wirken kann? Und auf dieses Problem des Tuns antworte ich im Anschluß an Blondel und Le Roy: «Um die anscheinend so geringfügige Sache in Bewegung zu setzen, welche ein menschliches Tun ist, braucht es nichts weniger als die Anziehungskraft eines unzerstörbaren Ergebnisses. Wir marschieren nur in der Hoffnung auf eine unsterbliche Eroberung.» Und ich schließe unmittelbar: «Folglich gibt es weiter vorn vor uns Unsterbliches.»
Prüfen wir zunächst den Obersatz und dann die Verknüpfung dieses Urteils.
Zunächst der Obersatz. Dieser scheint mir ein elementares psychologisches Faktum zu bilden, wenn es auch, um ihn wahrzunehmen, einer gewissen Erziehung des inneren Blickes braucht. Was mich betrifft, ist die Sache klar: im Falle eines *wahren Tuns* [ich verstehe darunter das Tun, in das man etwas von seinem Leben hineingibt] engagiere ich mich nur mit dem bereits vom alten Thukydides erwähnten Hintergedanken, «ein Werk für immer» zu tun. Nicht daß ich aus Eitelkeit meinen Namen der Nachwelt als Erbteil hinterlassen möchte. Doch läßt mich eine Art wesenhafter Instinkt als einzig begehrenswert die Freude sehen, atomhaft an der endgültigen Errichtung einer Welt mitzuarbeiten; *und nichts anderes vermöchte mich letzten Endes zu interessieren*. Eine infinitesimale Menge des Absoluten herausarbeiten. Ein wenig Sein, für immer, befreien. Alles andere ist nur unerträgliche Eitelkeit.
Mir ist der Wert dieses inneren Zeugnisses oft genug bestritten worden. Mehrere meiner Freunde haben mir versichert, selbst nichts Derartiges zu verspüren. «Eine Sache des Temperaments», haben sie mir gesagt. «Sie haben das Bedürfnis zu philosophieren. Doch weshalb soll man seine Neigungen begründen? Wir arbeiten, wir forschen, weil uns das gefällt, so wie wir ein Glas trinken...» – Und ich, weil ich in der Tiefe meiner selbst sicher ein wesentlich

menschliches und folglich universelles Merkmal gesehen habe, antworte ihnen: «Ihr geht weder bis an das Ende eures Herzens noch Eures Denkens. Und deshalb schläft übrigens in euch der ‹kosmische Sinn› und der Glaube an die Welt. Kämpfen, erobern, das befriedigt euch und zieht euch an. Erkennt ihr denn nicht, daß das, was in euch durch die Anstrengung beruhigt wird, gerade eben die Leidenschaft ist, ‹*auf endgültige Weise mehr zu sein*›? Wäre es genauso, wenn eines Tages [so fern er auch sein mag] *nichts* von eurem Werk *für irgend jemanden* fortbestehen sollte? So wie sie ist, ist eure Lust am Leben sentimental und hinfällig. Ich erscheine euch bizarr und außergewöhnlich, weil ich versuche, die meine zu analysieren und sie mit einem strukturellen Grundzug der Welt zu verknüpfen. Ich aber, wahrlich, ich sage euch, bevor sich morgen die menschliche Masse zu dem großen Abenteuer einschifft, aus dem ihre Vollendung hervorgehen soll, muß sie sich als Ganze sammeln und ein für allemal den Wert des Antriebes prüfen, der sie nach vorne drängt. Lohnt es wirklich die Mühe, uns angesichts des Ganges der Welt zu beugen – oder sogar, wie notwendig, uns dafür zu begeistern?... Der Mensch wird sich, je mehr er Mensch ist, nur dem hinzugeben vermögen, was er liebt. Und er liebt letzten Endes nur das Unzerstörbare. Vervielfacht, sosehr ihr wollt, die Ausdehnung und die Dauer des Fortschritts. Versprecht noch hundertmillionen Jahre des Wachstums auf der Erde. Wenn sich am Ende dieser Zeit zeigt, daß alles Bewußtsein zum Nullpunkt zurückkehren muß, *ohne daß irgendwo seine verborgene Essenz gesammelt würde,* dann, so erkläre ich, werden wir die Waffen strecken – und es wird Streik sein. Die Aussicht auf einen *totalen Tod* [man muß viel über dieses Wort nachdenken, um seine destruktive Macht über unsere Seelen zu ermessen], diese Aussicht wird, so sage ich, ist sie einmal bewußt geworden, unmittelbar in uns die Quellen aller Anstrengung versiegen lassen. Schaut um euch herum auf die wachsende Zahl derer, die heimlich vor Langeweile weinen, und derer, die sich töten, um dem Leben zu entrinnen... Der Tag ist nahe, an dem die Menschheit wahrnehmen wird, daß sie kraft eben ihrer Stellung innerhalb der kosmischen Evolution, die zu entdecken und zu kritisieren sie fähig geworden ist, biologisch zwischen den Selbstmord und die Anbetung gestellt wird.»

Wenn aber der Obersatz meines Urteils wahr ist – d.h. wenn das «reflektierte Leben» sich nicht aus Phantasie, sondern aus innerer Notwendigkeit nur in Richtung des Unsterblichen zu bewegen vermag – dann habe ich *angesichts des Stadiums, bis zu dem meines Ermessens die Evolution meines Glaubens gelangt ist,* das Recht, den Schluß zu ziehen: «Also gibt es Unsterbliches», wie ich es getan habe. Und wirklich, wenn die in ihrer Totalität begriffene Welt etwas Unfehlbares ist [erste Etappe] und wenn sie sich zudem in Richtung des Geistes bewegt [zweite Etappe], dann muß sie fähig sein, uns zu liefern, was für die Weiterführung einer derartigen Bewegung wesentlich erforderlich ist: ich meine einen *nach vorn hin grenzenlosen* Horizont. Anderenfalls würde sie sich, da sie unfähig ist, die Fortschritte zu nähren, die sie weckt, in der unzulässigen Situation befinden, jedes Mal im Ekel hinzusinken, wenn das in ihr geborene Bewußtsein das Vernunftalter erreicht.

So verfliegt vor meinen Augen endgültig die Fata Morgana der Materie. Auch ich, und vielleicht mehr als sonst jemand, habe den Ort des Gleichgewichts und das Prinzip der Konsistenz des Universums insgeheim in die Masse der Körper verlegt. Aber unter dem Druck der Fakten habe ich nach und nach die Werte sich umkehren sehen. Die Welt hält nicht «von unten», sondern «von oben». Scheinbar ist nichts unbeständiger als die schrittweise vom Leben gewirkten Synthesen. Und doch schreitet die Evolution in

Richtung dieser gebrechlichen Konstruktionen voran, um niemals zurückzufallen.

Wenn alles übrige, nachdem es sich konzentriert oder zerstreut hat, vergangen sein wird, wird der Geist bleiben.

4. Der Glaube an die Personalität

So hat sich also, Schritt um Schritt, mein anfänglicher Glaube an die Welt unwiderstehlich in einen Glauben an die wachsende und unzerstörbare Geistigkeit der Welt gewandelt. Tatsächlich ist diese Perspektive einfach jene, der sich mehr oder weniger verworren die meisten Geister von «monistischem» Typ anschließen; es wäre nämlich wirklich schwierig, «das menschliche Phänomen» anders zu retten. In welcher Gestalt aber sollen wir uns den unsterblichen Zielpunkt der universellen Evolution vorstellen? Hier gehen die Glaubensmeinungen auseinander. Fragen Sie einen «Monisten»[4], wie er sich den endgültigen Geist des Universums vorstellt. In neun von zehn Fällen wird er Ihnen antworten: «Als eine umfassende unpersönliche Macht, in der unser Personsein untergehen wird.» Die Überzeugung, die ich hier zu verteidigen versuchen werde, ist gerade umgekehrt: wenn es vorne an uns irreversibel Leben gibt, dann muß dieses Lebendige in einem Personalen kulminieren, in dem wir selbst «über-personalisiert» werden. Wie soll ich diese neue Etappe in der Erklärung meines Glaubens rechtfertigen?

Auch hier wiederum, indem ich einfach den Suggestionen des bis ans Ende harmonisierten, ganzen Wirklichen ge-

---

[4] Der Terminus wird hier offensichtlich als Gegensatz zu «Pluralist» begriffen und nicht als Gegensatz zu einem hegelianischen Sinn. [Anmerkung des Autors.]

horche. Die so verbreitete Vorstellung, das selbst in die Form des Geistes gebrachte Ganze könne nur unpersonal sein, hat offensichtlich ihren Ursprung in einer *räumlichen Illusion*. In unserer Umgebung ist das «Personale» immer ein «Element» [eine Monade]; und das Universum dagegen bekundet sich unserer Erfahrung vor allem durch diffuses Wirken. Von hierher erklärt sich der hartnäckige Eindruck, das Personale sei ein ausschließliches Attribut des «Partikularen als solchen» – und es müsse folglich in dem Maße abnehmen, wie sich die totale Einswerdung vollzieht.

Doch dieser Eindruck hält an dem Punkt, an dem ich in der Entwicklung meines Glaubens gelangt bin, der Reflexion nicht stand. Der Geist der Welt, wie er mir im Vorgang des Entstehens erschienen ist, ist kein Fluidum, kein Äther, keine Energie. Ganz anders als diese nebelhafte Materialitäten ist er vielmehr ein schrittweises Bewußtwerden, in dem sich, in ihrem Wesen, die zahllosen Errungenschaften des Lebens gruppieren und organisieren. Geist der Synthese und Sublimation, so habe ich ihn oben definiert. Mit Hilfe welcher Analogie können wir ihn uns also vorstellen? Etwa indem wir unser individuelles Zentrum der Reflexion und des Fühlens lockern? Keineswegs. Vielmehr indem wir dieses immer weiter über es selbst hinaus anspannen. Das «personalisierte» Sein, das uns *als Menschen* konstituiert, ist der höchste Zustand, in dem wir den Stoff der Welt zu fassen vermögen. Zu ihrer Vollendung gebracht, muß diese Substanz immer noch in einem höchsten Grad unsere wertvollste Vollkommenheit besitzen. Sie kann damit also nur «super-bewußt» sein, d.h. «super-personal». Sie stemmen sich gegen die Idee eines personalen Universums. Die Verbindung dieser beiden Begriffe erscheint Ihnen ungeheuerlich. Eine räumliche Illusion, wiederhole ich. Anstatt den Kosmos von der Seite seiner äußeren, materiellen Sphäre zu betrachten, wenden Sie sich doch zu dem Punkt hin, in dem alle Strahlen zusammenlaufen! Auch dort existiert, auf die Einheit zurückgeführt, das All – und können Sie es, in diesem Punkt konzentriert, ganz erfassen.

So vermag ich, was mich angeht, mir keine Evolution in Richtung des Geistes vorzustellen, die nicht in eine höchste Personalität einmündete. Der Kosmos kann sich, da er konvergiert, nicht in einem *Etwas* verknüpfen: er muß, wie bereits teilweise und elementar im Falle des Menschen, sein Ziel in einem *Jemand* haben. Dann aber stellt sich die zusätzliche Frage: was wird von jedem von uns in diesem letzten Bewußtsein bleiben, das das Universum von sich selbst gewinnt?

An sich beunruhigt mich, um es ehrlich zu sagen, das Problem eines persönlichen Überlebens wenig. Wenn nur die Frucht meines Lebens in einem Unsterblichen eingeholt wird, was bedeutet es dann für mich, ob ich mir egoistisch dessen bewußt bin und mich dessen erfreue? Ganz ehrlich, meine persönliche Seligkeit interessiert mich nicht: Zu meinem Glück genügt es, daß das Beste meiner selbst für immer in einen Schöneren und Größeren als ich eingeht.

Aber genau hier, mitten in meiner Gleichgültigkeit dem Überleben gegenüber, taucht seine Notwendigkeit erneut auf. Das Beste meiner selbst, sagte ich. Welches ist aber diese wertvolle Partikel, welche das Ganze von mir als Ernte einbringen will? Ist es eine Idee, die sich in meinem Denken entfaltet haben wird? Ein Wort, das ich gesagt haben werde? Ein Licht, das ich ausgestrahlt haben werde... All das ist offensichtlich unzulänglich! Nehmen wir an, ich sei einer dieser seltenen Menschen, deren sichtbare Spur nicht wie das Kielwasser des Schiffes verschwindet. Gestehen wir auch den [sehr wirklichen] Teil der unwägbaren Einflüsse zu, den jedes Lebewesen, ohne es zu ahnen, auf das Universum ringsum ausübt, und lassen wir diesen Teil so groß wie möglich sein. Was stellt schon dieser benutzte Teil meiner Energie im Vergleich zu dem Brennpunkt des Denkens und des Fühlens dar, den «meine Seele» bildet? Das Werk meines Lebens, jawohl, es wird ausgewiesen durch etwas, was von mir in alle übergeht. Aber um wieviel mehr durch das, was mir in der Tiefe meiner selbst an Unmitteilbarem, an *Einzigem* zu tun gelingt. Mein Personsein, d.h. das besondere Zentrum von Wahrnehmungen und von Liebe, in deren Entwicklung mein Leben besteht, das ist mein wahrer Schatz. Das ist folglich auch der einzige Wert, dessen Preis und dessen Erhaltung mein Bemühen interessieren und rechtfertigen können. Und das ist folglich auch in erster Linie der Teil meines Seins, den das Zentrum nicht zerrinnen lassen kann, in dem alle sublimierten Reichtümer des Universums konvergieren.

Wie aber soll sich diese Übermittlung meiner selbst an den anderen vollziehen können, die so von den Erfordernissen meines Tuns und gleichzeitig vom Gelingen des Universums her gefordert wird? Soll ich abstreifen, was «ich» ist, um es «ihm» zu geben? Es scheint, wir hätten manchmal den Eindruck, diese Geste sei möglich. Doch welche Illusion! Denken wir eine Minute nach. Und wir werden erkennen, daß unsere personhaften Eigenschaften keine Flamme sind, von der wir uns trennen könnten, indem wir sie mitteilen. Wir glaubten vielleicht, wir könnten sie abstreifen, wie ein Gewand, das sich verschenken läßt. Sie decken sich aber gerade eben mit der Substanz unseres Seins – denn ihre Fasern wurden durch das Bewußtsein gewoben, das wir von ihnen haben. Was in der universellen Erfüllung bewahrt werden muß, ist nichts weniger als die *Eigenschaften unseres Zentrums:* und folglich ist es dieses Zentrum selbst; - folglich ist es gerade das, wodurch unser Denken sich in sich selbst reflektiert. Die Wirklichkeit, in der das Universum kulminiert, kann sich also im Ausgang von uns nur entwickeln, indem sie uns bewahrt: in der höchsten Personalität können wir uns also nur personhaft immortalisiert, unsterblich gemacht wiederfinden.

Sie wundern sich angesichts dieser Perspektive. Doch eigentlich nur, weil die materialistische Illusion in einer ihrer vielfältigen Gestalten Sie noch in die Irre führt, wie sie die meisten Pantheismen in die Irre geführt hat. Beinahe unwiderstehlich, so rief ich zu Beginn dieses Abschnittes in Erinnerung, stellen wir uns das große All unter der Gestalt eines unermeßlichen Ozeans vor, in dem die Rinnsale des individuellen Seins verschwinden. Es ist das Meer, in dem das Salzkorn aufgelöst wird, das Feuer, in dem das Stroh zerstäubt... Sich mit ihm vereinen, heißt also, sich verlieren. Aber gerade eben dieses Bild ist falsch, möchte ich den Menschen zurufen, und es steht im Gegensatz zu allem, was mir im Laufe meines Erwachens zum Glauben am deutlichsten sichtbar geworden ist. Nein, das All ist nicht die entspannte und folglich auflösende Unermeßlichkeit, in der Sie sein Bild suchen. Vielmehr ist Es wesentlich ebenso wie wir ein Zentrum, das mit den Eigenschaften eines Zentrums ausgestattet ist. Welche ist aber die einzige Weise, in der ein Zentrum sich bilden und wachsen kann? Etwa, indem es die niederen Zentren zersetzt, die unter seine Macht fallen? - Keineswegs, - sondern indem es sie nach seinem eigenen Bild verstärkt[5]. Die ihm eigene Weise

---

[5] Das läuft darauf hinaus zu sagen, die wahrhafte Vereinigung [d.h. die geistige Vereinigung oder die Vereinigung durch Synthese] differenziert die Elemente, die sie einander nähert. Dies ist kein Paradox, sondern das Gesetz aller Erfahrung. Haben zwei Wesen, die sich lieben, jemals ein lebendigeres Bewußtsein eines jeden von sich selbst, als wenn sie ineinander eingetaucht sind? [Anmerkung des Autors.]

MEIN GLAUBE

aufzulösen heißt, noch mehr einsmachen. Sich in das Universum einschmelzen, heißt also für die menschliche Monade, super-personalisiert werden.

An dieser Stelle enden und kulminieren die individuellen Entwicklungen meines Glaubens – an einem Punkt, an dem ich, sollte ich das Vertrauen in jegliche offenbarte Religion verlieren, immer noch, so scheint mir, einen festen Halt behielte. Etappe um Etappe hat mein Anfangsglaube an die Welt Gestalt angenommen. Was zunächst nur eine verworrene Intuition von der universellen Einheit war, ist zum begründeten und definierten Empfinden einer Gegenwart geworden. Ich weiß jetzt, ich halte an der Welt fest, und ich kehre zu ihr zurück, nicht nur mit der Asche meines Fleisches, sondern mit allen von meinem Denken und meinem Herzen entwickelten Kräften. *Ich kann sie lieben.* Und weil sich jetzt auf diese Weise im Kosmos für mich eine höhere Sphäre des Personalen und der personalen Beziehungen abzeichnet, beginne ich zu ahnen, daß Anziehungskräfte und Wegweisungen intellektueller Natur mich umhüllen und zu mir sprechen könnten.

Eine Gegenwart ist niemals stumm.

Zweiter Teil:
Der Zusammenfluß der Religionen

1. Das religiöse Phänomen und die Wahl einer Religion

Kraft eben der dem Universum oben zuerkannten unitaren und konvergenten Struktur kann die von meinem Glauben im Laufe seiner individuellen Etappen verfolgte

MEIN GLAUBE

Entwicklungslinie keine isolierte Fiber in der Evolution des menschlichen Denkens sein. Wenn es stimmt, daß das Ganze sich jedem seiner Elemente offenbart, um es anzuziehen – und wenn es auch wahr ist, daß alles mit Selbstbewußtsein begabte Tun organisch das Bedürfnis verspürt, vor sich selbst den Wert seiner Anstrengung zu rechtfertigen – dann stellt die Entstehung meines Glaubens nur das infinitesimale Element eines viel umfassenderen und viel sichereren Prozesses dar, der allen Menschen gemeinsam ist. Und so werde ich eben gerade durch die Logik meines Wachsens dahin geführt, aus meinem Individualismus zu emergieren und vor mir die allgemeine religiöse Erfahrung der Menschheit zu entdecken, *um mich in sie hineinzumischen.*

Viele innerlich für das Göttliche empfängliche Geister stößt es ab, das weiß ich, diese Geste der Bejahung einer äußeren Glaubenskraft zu vollziehen. Die Religion: eine rein persönliche Angelegenheit: Die Intelligentesten unter uns denken so oder sind bereit, so zu denken. Solch individualistischen Anspruch habe ich bereits vom evolutionistischen Standpunkt aus, zu dem mich der Glaube an die Welt geführt hat, implizit verurteilt. Meines Erachtens ist das in seiner Gesamtheit begriffene religiöse Phänomen nichts weniger als die Reaktion des sich auf dem Wege der Entwicklung befindenden kollektiven Bewußtseins und menschlichen Tuns auf das Universum als solches[6]. Es ist auf der sozialen Ebene der Ausdruck des leidenschaftlichen

---

[6] Nichts ist also so falsch, wie die Religion als ein primitives und vergängliches, von der Menschheit im Laufe ihrer Kindheit durchquertes Stadium anzusehen. Je mehr der Mensch Mensch sein wird, um so notwendiger wird es für ihn, anbeten zu können. Das religiöse Phänomen ist nur eine der Seiten der «Hominisation». Und wie diese stellt es eine irreversible kosmische Größe dar. [Anmerkung des Autors.]

MEIN GLAUBE

Glaubens an das Ganze, den ich in mir zu erkennen glaubte. Was heißt das anderes, wenn nicht, daß es kein anderes Subjekt zu haben vermag als die Totalität des irdischen Denkens? Da die Religion aus dem der Erde eigenen Bedürfnis geboren ist, sich einen Gott ausdrücklich vorzustellen, ist sie nicht an das menschliche Individuum, sondern an die ganze Menschheit gebunden und ihr koextensiv. In ihr häuft, korrigiert und organisiert sich nach und nach wie in der Wissenschaft unfehlbar eine Unendlichkeit menschlichen Suchens. Wie könnte ich anders als mich ihr anzuschließen und wo würde ich im übrigen eine Bestätigung und eine Ergänzung der persönlichen Bewegung finden, die mich im verborgenen zu Füßen einer anbetungswürdigen, aber noch schweigenden Gegenwart getragen hat? Ich würde mir bestimmt nicht einbilden, allein für mich die Wissenschaft zu verkörpern. Ebenso kann mein Bemühen um Glauben nur in einer totalen menschlichen Erfahrung gefaßt und weitergeführt zum Ziel gelangen. Ich muß mich also in den gewaltigen Strom der Religionen, in den das Rinnsal meines inneren Weges einmündet, ohne Zögern hineintauchen. Doch um mich herum sind die Fluten so trübe. Sie wirbeln in so viele verschiedene Richtungen. Von so vielen Seiten ruft man mich im Namen irgendeiner göttlichen Offenbarung an. Welcher von diesen anscheinend gegensätzlichen Strömungen soll ich mich überlassen, um von dem Strom zum Ozean getragen zu werden?

In der alten Apologetik wurde die Entscheidung für eine Religion hauptsächlich durch die Betrachtung des Wunders gesteuert. Das Privileg, daß sich eine Lehre mit einem ganzen Gefolge von Kräften zu präsentieren vermochte, «die die Kräfte der Natur überstiegen», garantierte, daß sie von Gott kam. Niemand anders denn der Schöpfer konnte dieses Siegel benutzen. Damit blieb den Menschen, war das Wunder einmal festgestellt, kraft eines sehr einfachen Syllogismus nichts anderes übrig, als die Richtlinien anzunehmen, die von dem Wunderwirker gegeben wurden, *wie groß* im übrigen die Neigung oder der Widerwille, sich nach ihnen zu richten, auch *sein mochte*. Natürlich war dabei vorausgesetzt, daß das Wort Gottes gar nicht anders als befriedigend für die Vernunft und das Herz seines Geschöpfes sein konnte. Aber das Faktum und die Funktion dieser Harmonie zwischen unseren Wünschen und der Offenbarung wurden weithin im Zustand des stillschweigend Vorausgesetzten belassen.

Ich persönlich habe keinerlei Schwierigkeit, das Wunder anzunehmen, vorausgesetzt, es verstößt nicht [dies ist gerade die These der Kirche] gegen die *immer zahlreicheren und genaueren* Regeln, die wir in der natürlichen Evolution der Welt entdecken [7]. Mehr noch: Da ich davon überzeugt bin, daß die Determinismen der Materie nur noch nicht behobene Bürden des Geistes sind, würde ich es nicht begreifen, wenn sich nicht um die durch die «wahre Religion» repräsentierte Hauptachse der Durchgeistung [und zwar mehr als an anderer Stelle] eine fortschreitende Befreiung der Leiber bekundete. Aber gerade weil diese kontinuierliche Höherverschiebung der Grenzen unserer Möglichkeiten mir eine bruchlose Weiterführung einer natürlichen Eigenschaft der Evolution zu bilden scheint, vermag ich darin nicht länger ein deutlich abgesetztes Merkmal zu sehen, das einem Zerreißen des nahtlosen Schleiers der Phänomene durch Gott gleichkäme. Das recht begriffene Wunder bleibt in meinen Augen ein Kriterium der Wahrheit,

---

[7] Tatsächlich muß ich, versteht man die Wunder, selbst die der Evangelien, so, wie sie häufig dargestellt werden, sagen, daß ich nicht kraft, sondern trotz der Wunder glaube, die man mir vorlegt. Und ich bin sicher, daß das die uneingestandene Lage einer Menge Christen ist. [Anmerkung des Autors.]

aber ein untergeordnetes und sekundäres. Der einzige Grund, der mich dazu bestimmen kann, einer Religion anzuhängen, kann letzten Endes [dies ergibt sich aus dem ersten Teil dieser Arbeit] nur die Harmonie höherer Ordnung sein, die zwischen dieser Religion und dem individuellen Credo besteht, zu dem mich die natürliche Evolution meines Glaubens geführt hat.

Glaube an die Einheit der Welt, Glaube an die Existenz und an die Unsterblichkeit des aus der Synthese der Welt entstehenden Geistes – dieser dreifache Glaube ist zusammengefaßt in der Anbetung eines [personalen und personalisierenden] Zentrums universeller Konvergenz: das sind, ich wiederhole das, die Kernpunkte dieses Credo. Wir wollen nun zusehen, in welchen Strom ich mich hineinwerfen muß, damit diese Bestrebungen in förderlichster Weise aufgenommen, berichtigt und vervielfacht werden. Das wird für mich der Prüfstein der Religionen sein.

2. Der Prüfstein der Religionen

Trotz gewisser oberflächlicher Wucherungen, die weit mehr auf das Unbehagen der Gläubigen als auf die Geburt eines neuen Ideals zurückzuführen sind, tendiert der Komplex der Religionen unter dem Einfluß des «modernen» Geistes dahin, sich merklich zu vereinfachen. Das ist zumindest der Eindruck, den ich aus ihrer Beobachtung gewinne. Und da es auf diesen Seiten ausdrücklich nur um mich geht, so darf ich vielleicht sagen, daß meines Ermessens eine erste Prüfung genügt, um die *möglichen* Glaubenstypen auf drei zu reduzieren. Die Gruppe der östlichen Religionen, die humanistischen Neopantheismen – und das Christentum: das sind die Richtungen, über die ich mir unschlüssig sein könnte, wenn [wie ich hier fiktiv annehme] für mich der Fall noch zuträfe, daß ich wirklich noch meine Religion zu wählen hätte[8].

a] Die große Verführungskraft der *östlichen Religionen* [sagen wir des Buddhismus, um eine konkrete Vorstellung zu haben] liegt darin, daß sie in höchstem Maße universalistisch und kosmisch sind. Vielleicht ist der Sinn für das Ganze, der den Saft aller Mystik ausmacht, nie mit größerer Überfülle aufgequollen als in den Ebenen Indiens. Dort müßte, wenn eine synthetische Geschichte der Religionen geschrieben wird, einige Jahrhunderte vor Christus die Geburt des Pantheismus angesetzt werden. Und dorthin wenden sich, wenn die Erwartung einer neuen Offenbarung wächst, noch heute die Augen des modernen Europa. Da, wie ich sagte, mein individueller Glaube durch die Liebe zur Welt gesteuert wird, müßte er für die östlichen Einflüsse ganz besonders empfänglich sein. Und ich bin mir durchaus bewußt, ihren Reiz erfahren zu haben – bis zu dem Tag, da ich bemerkte, daß der Osten und ich unter denselben Worten verschiedene Dinge verstanden. Der Geist ist für den Hinduweisen die homogene Einheit, in die der Vollkommene sich verliert, indem er alle individuellen Nuancen und Reichtümer unterdrückt. Forschen, Personalisation, irdische Fortschritte, lauter Pestbeulen der Seele. *Die Materie ist totes Gewicht und eine Illusion.* Der Geist dagegen ist für mich, wie ich sagte, die Einheit der Synthese, in der der Heilige sich vollendet, indem er die Diffe-

---

[8] Trotz seiner zahlreichen Anhänger und seiner beständigen Fortschritte [in den wenig evolvierten Schichten der Menschheit, das sei angemerkt] wird der Islam hier nicht in Betracht gezogen, weil er meines Ermessens [zumindest in seiner ursprünglichen Gestalt] keine besondere Lösung zu dem modernen Problem der Religion beiträgt. Er scheint mir einen Rest von Judaismus, ohne Individualität, darzustellen. Und er kann sich nur entwickeln, indem er humanistisch oder christlich wird. [Anmerkung des Autors.]

renzierung und die Möglichkeiten seiner Natur bis an die äußerste Grenze vorantreibt. Wissen und Können: der einzige Weg zur Befreiung. *Die Materie ist ganz mit höheren Möglichkeiten geladen.* So fasziniert mich der Osten durch seinen Glauben an die endgültige Einheit des Universums. Doch stellt sich heraus, daß wir beide, er und ich, zwei einander entgegengesetzte Konzeptionen von den Übergangsbeziehungen zwischen der Totalität und ihren Elementen haben. Für ihn wird das Eine durch Unterdrückung sichtbar – und für mich entsteht es aus der Konzentration des Vielen. Zwei Morallehren, zwei Metaphysiken und zwei Mystiken unter demselben monistischen Erscheinungsbild [9]. Wird die Unklarheit aufgedeckt: das genügt meines Ermessens, damit unserer modernen Welt, der es vor allem darum geht, ihre Errungenschaften religiös zu legitimieren, die orientalischen Religionen verleiden, die logisch zur passiven Entsagung führen. Auf alle Fälle hat ihr Strom ipso facto alle Macht über mich verloren. Der Gott, den ich suche, muß sich mir als ein Retter des menschlichen Tuns bekunden. Ich glaube, ihn im Osten erspäht zu haben. Sollte er mich nicht am anderen Ende des Horizontes in den Gegenden erwarten, die der menschlichen Mystik durch «die Straße des Westens» in jüngster Zeit eröffnet wurden?

b] Im Gegensatz zu den ehrwürdigen asiatischen Kosmogonien, die ich eben ausgeschieden habe, stellen die uns umgebenden *humanistischen Pantheismen* eine ganz junge Religionsform dar. Eine kaum oder [außerhalb des Marxismus] nicht kodifizierte Religion. Eine Religion ohne sichtbaren Gott und ohne Offenbarung. Aber eine Religion im

---

[9] Ich begreife hier, das ist klar, die östlichen Religionen so, wie sie theoretisch kraft ihrer Grundkonzeption vom Geiste sind, und nicht als das, wozu sie faktisch in den Neo-Buddhismen durch Konvergenz mit den Mystiken westlichen Typs werden. [Anmerkung des Autors.]

MEIN GLAUBE

wahren Sinne des Wortes, wenn mit diesem Wort der ansteckende Glaube an ein Ideal bezeichnet wird, für das man sein Leben hingibt. Trotz äußerster Mannigfaltigkeit in den Einzelheiten ist sich bereits heute eine rasch wachsende Zahl unserer Zeitgenossen darin einig anzuerkennen, daß das höchste Interesse der Existenz darin besteht, sich mit Leib und Seele dem universellen Fortschritt zu weihen – wobei dieser seinen Ausdruck in der greifbaren Entwicklung der Menschheit findet. Seit langer Zeit schon hat die Welt nicht mehr einen derartigen «Bekehrungs»-Effekt erlebt. Was heißt das anderes, als daß wir sehen, wie seit einem Jahrhundert um uns herum in mannigfaltiger Gestalt [kommunistisch oder nationalistisch, wissenschaftlich oder politisch, individuell oder kollektiv] positiv ein neuer Glaube entsteht und sich konstituiert: die Religion der Evolution. Das ist die zweite geistige Strömung, mit der ich meinen Glauben messen muß.

Aufgrund meiner Natur und meiner Arbeit bin ich [ich habe das oben gesagt] zu sehr ein Kind der Welt, um mich nicht in einem zur Ehre der Erde gebauten Tempel zu Hause zu fühlen. Und was bedeutet, genau gesagt, der «kosmische Sinn», aus dem der ganze Organismus meines Glaubens aufgekeimt ist, wenn nicht eben diesen Glauben an das Universum, der die modernen Pantheismen beseelt? – Der Osten hatte mir mißfallen, weil er logisch keinen Platz oder keinen Wert für die Entwicklungen der Natur läßt. Hier dagegen finde ich, zu einer Art von Absolutem erhoben, die Genese des größeren Bewußtseins und ihr wesentliches Gefolge an Schöpfungen und Forschungen. Hier sehe ich mich zu grenzenlosen Anstrengungen herausgefordert, um die Zeit und den Raum zu erobern. Hier, das fühle ich, ist das natürliche innere Milieu, in dem mich zu entfalten und zu entwickeln ich geschaffen bin. Wie sollte ich sonst die unmittelbare Sympathie und die tiefe Übereinstimmung erklären, die ich immer zwischen mir und den emanzipiertesten Dienern der Erde bemerkt habe? - Ich bin deshalb häufig gern im Traum ihren Spuren gefolgt, neugierig zu erfahren, bis wohin unsere Wege sich decken könnten. Jedes Mal aber war ich nach sehr kurzer Zeit enttäuscht. Denn nach einem schönen Start bleiben die Anbeter des Fortschritts fast plötzlich stehen, ohne über das zweite Stadium meines individuellen Glaubens hinausgehen zu wollen oder zu können. Sie schwingen sich wohl zum Glauben an den Geist [den *wahren* Geist der Sublimation und der Synthese] auf. Zugleich aber weigern sie sich, danach zu fragen, ob dieser Geist, um ihre Hingabe an ihn zu legitimieren, sich ihnen als mit Unsterblichkeit und Personalität begabt darstellt. Diese beiden meines Ermessens zur Rechtfertigung des menschlichen Bemühens notwendigen Eigenschaften leugnen sie meistens; oder zumindest versuchen sie, ohne sie zu berücksichtigen, das System ihrer Religion aufzubauen. Von hierher kommt es sehr bald zu einem Gefühl der Unsicherheit, des Unvollendetseins, des «Erstickens».

Die Hindureligionen erweckten in mir den Eindruck eines Abgrunds, in den man sich hineinstürzen würde, um das Bild der Sonne zu ergreifen. Bei den humanistischen Pantheismen von heute habe ich den Eindruck, unter einem zu niedrigen Himmel zu ersticken.

c] Also bleibt mir nichts anderes übrig, als mich dem dritten und letzten Arm des Flusses zuzuwenden - der *christlichen Strömung*. Dort muß durch Ausschließung gewiß die Richtung zu finden sein, die ich suche - die Richtung, in der ich, durch eine lange lebendige Tradition verstärkt, die Tendenzen wiederfinden werde, aus denen mein Glaube hervorgegangen ist und lebt. Ich habe mich also den Einflüssen der Kirche überlassen. Dieses Mal nicht mehr durch eine fiktive geistige Erfahrung, sondern im

MEIN GLAUBE

Laufe eines längeren Versuchs habe ich mich bemüht, meine kleine persönliche Religion mit der großen Religion Jesu zur Deckung zu bringen. Nun, um vor mir selbst absolut *wahr* zu bleiben, wie bei den anderen, muß ich sagen, daß auch ein drittes Mal der Zusammenklang nicht eingetreten ist – zumindest nicht von Anfang an. Zunächst habe ich mich im Evangelium nicht erkannt, und zwar aus folgendem Grunde:
Das Christentum ist die Religion des Unvergänglichen und Personalen par excellence. Sein Gott denkt, liebt, spricht, straft, belohnt als ein *Jemand*. Sein Universum kulminiert in unsterblichen Seelen, die auf alle Zeit für ihr Schicksal verantwortlich sind. So beseelt und öffnet sich ganz weit über seinen Gläubigen derselbe Himmel, der den humanistischen Pantheisten gegenüber gleichgültig und geschlossen blieb. In dieser Erhellung der Gipfel liegt eine großartige Anziehungskraft. Um aber dorthin zu gelangen, so schien mir lange Zeit, war der Weg von der Erde abgeschnitten – so, als hätte man von mir verlangt, auf Wolken hinaufzusteigen. Weil er nur die «persönlichen» Beziehungen in der Welt ins Auge faßt, hat der Durchschnittschrist schließlich den Schöpfer und das Geschöpf auf das Maß des «juridischen Menschen» verkleinert. Da er dauernd den Wert des Geistes und die Übernatürlichkeit des Göttlichen preisen hörte, ist er dahin gelangt, die Seele als einen durchreisenden Gast im Kosmos und als eine Gefangene der Materie zu betrachten. Für ihn hört damit das Universum auf, den Primat seiner organischen Einheit auf die ganze innere Erfahrung auszudehnen: das Heilswerk, das zu einer Angelegenheit des individuellen Erfolges geworden ist, entfaltet sich unbekümmert um die kosmische Evolution. Das Christentum scheint nicht an den menschlichen Fortschritt zu glauben. Es hat den *Sinn für die Erde* nicht entwickelt oder in sich einschlafen lassen... Wie sollte

ich da nicht spüren – ich, dessen ganzer Saft aus der Materie aufsteigt –, daß meine Bejahung seiner Moral und seiner Theologie erzwungen und konventionell ist? Meine höchsten Hoffnungen, eben jene, welche die Pantheismen weder des Ostens noch des Westens zu befriedigen vermochten, erfüllt der Glaube an Jesus überreich. Aber wird mir nicht mit der anderen Hand die einzige Stütze weggezogen, auf der ich mich zu der Erwartung einer göttlichen Unsterblichkeit zu erheben vermochte: der Glaube an die Welt? – Stellt denn meine individuelle Religion derart außergewöhnliche oder neue Ansprüche, daß keine alte Formel sie zu befriedigen vermöchte?
Ich konnte das befürchten.
Da ist mir der Christus-Universalis erschienen.

3. Der Christus-Universalis und die Konvergenz der Religionen

Der Christus-Universalis, wie ich ihn begreife, ist eine Synthese aus Christus und dem Universum. Keineswegs eine neue Gottheit – aber die unausweichliche Erklärung des Geheimnisses, in dem sich das Christentum zusammenfassen läßt: die Inkarnation.
Solange man sie mit juridischen Begriffen beschreibt und abhandelt, erscheint die Inkarnation als ein einfaches Phänomen – das jedweder Art von Welt aufgepfropft werden könnte. Ob das Universum klein oder groß, statisch oder evolutiv ist, für Gott ist es genau so einfach, es seinem Sohn *zu geben:* denn es handelt sich letzten Endes nur um eine Erklärung. Ganz anders stellt sich die Lage dar, wenn man sie unter organischem Gesichtspunkt betrachtet, der im Grunde der Gesichtspunkt aller wahren Erkenntnis des Wirklichen ist. Der dem Christen [sagen wir, genauer, dem

Katholiken] teuerste Glaube sagt, daß Christus durch seine «Gnade» ihn umhüllt und ihn an seinem göttlichen Leben teilhaben läßt[10]. Wie aber soll sich [aus physischer Möglichkeit] dieser geheimnisvolle Zugriff vollziehen? «Durch die göttliche Macht», sagt man uns. Ich verstehe richtig. Aber das ist ebensowenig eine Antwort, wie wenn der Neger das Flugzeug erklärt, indem er sagt: «Eine Sache der Weißen.» Wie muß denn die göttliche Macht das Universum kombinieren, damit in ihm eine Inkarnation biologisch verwirklichbar sei? Das interessiert mich. Das habe ich zu begreifen versucht. Und das hat mich zu folgender Schlußfolgerung geführt.

Wenn wir, wir Christen, dem Christus eben die Qualitäten *erhalten* wollen, die seine Macht und unsere Anbetung begründen, dann können wir nichts Besseres oder sogar nichts anderes tun, als die modernsten Konzeptionen von der Evolution bis in die letzte Konsequenz annehmen. Unter dem vereinten Druck der Wissenschaft und der Philosophie drängt sich die Welt unserer Erfahrung und unserem Denken immer mehr als ein zusammenhängendes Aktivitätssystem auf, das sich Schritt um Schritt in Richtung von

---

[10] Diese höhere Vereinigung vollzieht sich, fügt man hinzu, in einer «übernatürlichen» Zone der Seele. Und weil er diese dunkle Umschreibung hinzugefügt hat, scheint der Theologe sich davon entbunden zu halten, danach zu suchen, wie die Gesamtheit der Erfordernisse des Dogmas und die Möglichkeiten der Erde sich miteinander in Einklang bringen lassen. Und doch besteht das Problem, und es ist vorrangig. «Übernatürlich» [was auch immer genau der positive Inhalt dieses Begriffs sein mag] kann nichts anderes bedeuten als «in höchster Weise wirklich», d.h. «in höchster Weise konform» den Wirklichkeitsbedingungen, die den Seienden durch die Natur auferlegt sind. Um der Erlöser und das Leben der Seelen in ihrer übernatürlichen Weiterführung sein zu können, muß Christus zunächst gewissen Bedingungen der in ihrer erfahrbaren und natürlichen Wirklichkeit begriffenen Welt gegenüber genügen. [Anmerkung des Autors.]

Freiheit und Bewußtsein erhebt. Dieser Prozeß ist nur dann befriedigend zu interpretieren, so sagte ich weiter oben, wenn wir ihn als irreversibel und konvergent betrachten. So zeichnet sich vor uns deutlich *ein universelles kosmisches Zentrum* ab, in dem alles zum Ziel kommt, in dem alles sich erklärt, in dem alles sich fühlt, in dem alles gesteuert wird. Nun, an diesem physischen Pol der universellen Evolution müssen wir, meines Ermessens, notwendig die Fülle Christi ansetzen und erkennen. Denn *in keiner anderen Art von Kosmos* und *an keiner anderen Stelle* vermöchte ein Wesen, *so göttlich es auch wäre*, die Funktion universeller Konsolidierung und universeller Beseelung auszuüben, welche das christliche Dogma Jesus zuerkennt[11]. Die Evolution macht, indem sie der Welt einen Gipfel entdeckt, Christus möglich – genauso wie Christus, indem er der Welt einen Sinn gibt, die Evolution möglich macht.

Ich bin mir durchaus bewußt, wie schwindelerregend diese Idee eines Seins ist, das fähig ist, in seinem Tun und seiner individuellen Erfahrung alle Fasern des in Bewegung befindlichen Kosmos zu sammeln. Doch wenn ich mir ein derartiges Wunder vorstelle, tue ich nichts anderes, ich wiederhole das, als in Begriffe der physischen Wirklichkeit die juridischen Ausdrücke zu übersetzen, in denen die Kirche ihren Glauben niedergelegt hat. In gleicher Weise zwingt der geringste Katholik, ohne es zu ahnen, durch sein Credo dem Universum eine besondere Struktur auf. Wunderbar und dennoch kohärent. Ist es nicht eine bloße quantitative Illusion, so bemerkte ich oben, die uns das Personale und das Universelle als miteinander unvereinbar ansehen läßt?

---

[11] Mit anderen Worten, Christus muß zu seiner Vollendung einen Gipfel der Welt finden, wie er eine Frau für seine Empfängnis finden mußte. [Anmerkung des Autors.]

MEIN GLAUBE

Ich meinerseits habe mich ohne Zögern in die einzige Richtung eingelassen, in der es mir möglich schien, meinen Glauben weiter voranzubringen und folglich zu retten. Den auferstandenen Jesus, den die anderen mich kennen lehrten, habe ich an die Spitze des Universums zu stellen versucht, das ich angeborenerweise anbete. Und das Ergebnis dieses Versuches erstaunt mich seit 25 Jahren unaufhörlich aufs höchste angesichts der unendlichen Möglichkeiten, welche die «Universalisation» Christi dem religiösen Denken eröffnet.

Der Katholizismus hatte mich auf den ersten Blick durch seine engen Vorstellungen von der Welt und durch sein Nichtbegreifen der Rolle der Materie enttäuscht. Nunmehr erkenne ich, daß ich aufgrund des inkarnierten Gottes, den er mir offenbart, nur gerettet werden kann, wenn ich eins mit dem Universum bin. Und so wird gleichzeitig mein tiefstes «pantheistisches» Streben befriedigt, gelenkt, gefestigt. Die Welt um mich herum wird göttlich. Und dennoch zerstören mich weder diese Flammen – noch lösen mich diese Fluten auf. Denn im Gegensatz zu den falschen Monismen, die durch die Passivität zum Unbewußtsein drängen, stellt der «Pan-Christismus», den ich entdecke, die Vereinigung an den Zielpunkt einer mühsamen Differenzierung. Ich werde nur der andere, indem ich absolut ich selbst bin. Ich werde nur zum Geist gelangen, indem ich die Kräfte der Materie bis zum letzten freisetze. Der totale Christus vollendet sich und wird erreichbar nur im Zielpunkt der universellen Evolution. In ihm habe ich gefunden, wovon mein Sein träumte: ein personalisiertes Universum, dessen Herrschaft mich personalisiert. Und diese «Seele der Welt» halte ich nicht mehr nur als eine gebrechliche Schöpfung meines individuellen Denkens, sondern als das Produkt einer langen historischen Offenbarung in Händen, in der auch die am wenigsten Gläubigen durchaus eine der Hauptleitlinien des menschlichen Fortschritts erkennen müssen.

Denn [und dies ist vielleicht das Wunderbarste bei der Sache] der Christus-Universalis, in dem mein persönlicher Glaube Zufriedenheit findet, ist nichts anderes als der authentische Ausdruck des Christus des Evangeliums. Ein im Kontakt mit der modernen Welt erneuerter Christus, gewiß, aber ein Christus, *der vergrößert wurde, damit* er er selbst bleibe. Man hat mir vorgeworfen, ein Neuerer zu sein. Wirklich, je mehr ich über die großartigen kosmischen Attribute meditiere, welche der heilige Paulus dem auferstandenen Christus überreich zuspricht, je mehr ich die erobernde Ausrichtung der christlichen Tugenden bedenke, um so mehr nehme ich wahr, daß das Christentum seinen vollen Wert nur gewinnt, wenn es [wie ich es gern tue] auf universelle Dimensionen gebracht wird. Unerschöpflich einander befruchtend, haben mein individueller Glaube an die Welt und mein christlicher Glaube an Jesus sich unaufhörlich entwickelt und vertieft. *An diesem Zeichen* eines fortwährenden Zusammenklangs zwischen dem, was am unwiderstehlichsten in mir ans Licht drängt, und dem Lebendigsten in der christlichen Religion habe ich endgültig erkannt, daß ich in dieser die von mir selbst gesuchte Ergänzung gefunden hatte, und ich habe mich hingegeben.[12]

Weshalb aber sollten, wenn ich mich hingegeben habe, nicht die anderen, alle die anderen, sich ihrerseits auch hingeben? Ich sagte es zu Beginn: Diese Zeilen sind ein persönliches Bekenntnis. Doch in der Tiefe meines Geistes

---

[12] Je mehr ich es bedenke, um so weniger sehe ich irgendein anderes Kriterium für die Wahrheit als den Ausweis eines wachsenden Maximums universeller Kohärenz. Ein derartiges Gelingen kann für sich etwas *Objektives* in Anspruch nehmen, das über die Wirkungen des *Temperaments* hinausgeht. [Anmerkung des Autors.]

habe ich, als ich sie schrieb, etwas Größeres als mich selbst eingehen spüren. Die Leidenschaft für die Welt, aus der mein Glaube hervorbricht – auch das Unbefriedigtsein, das ich auf den ersten Blick angesichts jedweder alten Religionsform empfinde, sind sie nicht alle beide in meinem Herzen die Spur der Unruhe und der Erwartung, die den religiösen Zustand der Welt von heute kennzeichnen? Im großen menschlichen Strom widerstreiten die drei [die östliche, die humanistische und die christliche] Strömungen einander noch. Doch an sicheren Zeichen kann man erkennen, daß sie sich einander nähern. Der Osten scheint bereits die ursprüngliche Passivität seines Pantheismus fast vergessen zu haben. Der Fortschrittskult öffnet seine Kosmogonien immer weiter den Kräften des Geistes und der Freiheit. Das Christentum beginnt, sich dem menschlichen Bemühen zuzuneigen. In den drei Armen des Stromes arbeitet dunkel derselbe Geist, der mich selbst gemacht hat.
Sollte dann aber die Lösung, welcher die moderne Menschheit nachjagt, nicht grundsätzlich gerade die sein, der ich begegnet bin? Ich glaube es, und in dieser Schau vollendet sich meine Hoffnung. Eine allgemeine Konvergenz der Religionen auf einen Christus-Universalis, der sie im Grunde alle befriedigt: das scheint mir die einzig mögliche Bekehrung der Welt und die einzig vorstellbare Gestalt einer Religion der Zukunft zu sein.

Epilog:
Die Schatten des Glaubens

Ich habe die Gründe und die Modalitäten meines Glaubens vollends aufgezählt. Mir bleibt nur noch zu sagen, welche Klarheit oder Sicherheit ich in den Anschauungen finde, denen ich anhänge. Und dann habe ich die Geschichte meines Glaubens zu Ende erzählt.

Aufgrund dessen, was ich zu meiner Überzeugung erklärt habe, daß es einen personalen göttlichen Zielpunkt der universellen Evolution gibt, könnte man annehmen, daß für mein Leben nach vorn die Zukunft sich friedlich und hell darstellt. Mir erscheint der Tod gewiß wie ein tiefer Schlaf, bei dem wir nicht daran zweifeln, daß nach ihm ein glorreicher Morgen anhebt.

Das stimmt nicht.

Wenn ich auch sicher, immer sicherer bin, daß ich so durch die Existenz schreiten muß, als ob mich am Zielpunkt des Universums Christus erwartete, so verspüre ich dennoch keinerlei besondere Gewißheit über seine Existenz. Glauben heißt nicht sehen. Ebenso wie jeder andere, nehme ich an, schreite ich durch die Schatten des Glaubens.

Die Schatten des Glaubens... Um diese so seltsam mit dem göttlichen Licht unvereinbare Dunkelheit zu rechtfertigen, erklären uns die Doctores, daß der Herr sich willentlich verbirgt, um unsere Liebe zu erproben. Man muß sich unheilbar in die Spielereien des Geistes verloren haben, man darf niemals bei sich selbst und bei anderen dem Leiden des Zweifels begegnet sein, wenn man nicht spüren will, daß diese Lösung hassenswert ist. Wir, mein Gott, deine Geschöpfe stünden vor dir, verloren und angsterfüllt, um Hilfe rufend. Du müßtest nur, um sie auf dich zustürzen zu lassen, einen Strahl deiner Augen, den Saum deines Mantels zeigen – und du würdest es nicht tun?

Die Dunkelheit des Glaubens ist meines Ermessens nur ein Sonderfall des Problems des Übels. Und um dessen tödliches Ärgernis zu überwinden, sehe ich nur einen möglichen Weg: nämlich anzuerkennen, daß Gott uns deshalb leiden, sündigen, zweifeln läßt, weil er uns *nicht* jetzt und mit einem Schlag heilen und sich zeigen *kann*. Und wenn er es

MEIN GLAUBE

nicht kann, so einzig deshalb, weil wir infolge des Stadiums, in dem das Universum sich befindet, einer größeren Organisation und eines helleren Lichtes noch *nicht fähig* sind.

Im Laufe einer Schöpfung, die sich in der Zeit entwickelt, ist das Übel unvermeidlich. Auch hier wiederum wird uns die befreiende Lösung durch die Evolution gegeben.

Nein, Gott verbirgt sich nicht, dessen bin ich sicher, sofern wir ihn nur suchen – ebensowenig wie er uns leiden läßt, um unsere Verdienste zu mehren. Ganz im Gegenteil, über seine Schöpfung gebeugt, die zu ihm aufsteigt, arbeitet er mit allen seinen Kräften daran, sie zu beseligen und zu erhellen. Wie eine Mutter betrachtet er sein Neugeborenes.

Doch meine Augen vermögen ihn noch nicht wahrzunehmen. Braucht es nicht gerade eben die ganze Dauer der Jahrhunderte, damit unser Blick sich dem Lichte öffne?

Unsere Zweifel sind wie unsere Übel der Preis und sogar die Bedingung einer universellen Vollendung. Unter diesen Bedingungen nehme ich es auf mich, bis ans Ende einer Straße zu marschieren, deren ich immer gewisser bin, in Richtung von immer mehr in Nebel eingetauchten Horizonten [13].

Das ist mein Glaube.

[13] Die damals in Nebel eingetauchten Horizonte sollten sich aufhellen: «Seit vier Monaten ist die Sonne der christischen Energie unaufhörlich senkrecht an meinem [intellektuellen und mystischen] Himmel aufgestiegen», schrieb P. Teilhard 1947 an seinen Freund Abbé Gâte. Und seine letzten Schriften zeugen von höchster Erleuchtung: «Ich werde das Glück haben, im blendenden Strahl einer universellen Transparenz und eines universellen Feuers die Augen zu schließen» [*Das Herz der Materie*, 1950]. «Die Energie wird Gegenwart... Es möchte scheinen, ein einziger Strahl solchen Lichtes, der auf die Noosphäre fiele, müßte eine genügend starke Explosion hervorrufen, um augenblicklich das Antlitz der Erde zu entzünden und zu erneuern...» [*Das Christische*, März 1955]. [Anmerkung der Herausgeber.]

Ineditum, Peking, 28. Oktober 1934.

EINIGE ALLGEMEINE ANSICHTEN ÜBER DAS WESEN DES CHRISTENTUMS

1. Das Christentum besteht wesentlich darin, die Geschichte der Welt so zu betrachten, als entspreche sie folgendem Prozeß: ein höchstes Ich [oder Ego], [der hyperpersonale Gott], gliedert sich, ohne sie zu verschmelzen, die menschlichen «Iche» ein, und zwar in und durch das «Christische» «Ich».
2. Die in dieser Anschauung *praktisch* zum Ausdruck kommende *Haltung* ist klar und erweist sich historisch von einem bevorzugten und gewissermaßen unbestimmten mystischen evolutiven Wert.
3. Das Problem der Konstruktion eines *rationalen statischen Schemas*, das die relative Unabhängigkeit und doch auch die organische Interdependenz dieser drei Kategorien von «Ich» wahrt, hat eine komplizierte metaphysische Theologie entstehen lassen [Theorie der Personen, der Natur in Gott und in Christus].
4. In einer *dynamischen Gestalt* läßt sich die christliche Sehweise recht deutlich in der nebenstehenden symbolischen Form ausdrücken. Das [geschaffene] Viele konvergiert Schritt um Schritt in Richtung Einheit [in Gott], wobei die Spitze des Kegels durch Christus gebildet wird, in dem der einsgewordene Plural [die organisierte Summe der geschaffenen Bewußtseinszentren] sich mit dem aktiven Zentrum der Einswerdung verbindet.
N.B. An Einzelheiten wäre innerhalb des symbolischen «Kegels» der Abschnitt oberhalb der Oberfläche der «Hominisation» festzuhalten, in dem das Viele den Zustand des reflektierten Bewußtseins erreicht. Von dieser kritischen Oberfläche [dem Auftreten des Menschen] an kön-

nen die Bewußtseinszentren oder -Körner als endgültig konstituiert angesehen werden [denn erst von da an sind die geschaffenen «Ich» konstituiert].

5. Innerhalb dieser dynamischen Sicht [die zum Ausdruck bringt, daß sich die Schöpfung uns wesentlich in evolutiver Gestalt darstellt] läßt sich interessanterweise feststellen, daß *derselbe* Grundprozeß Schöpfung, Inkarnation oder Erlösung heißen kann, je nachdem von welcher Seite man ihn betrachtet:

a] Schöpfung in dem Maße, wie die sekundären [menschlichen] «Iche» sich unter der Anziehung des Göttlichen Ich konstituieren.

b] Inkarnation in dem Maße, wie das Göttliche Ich, da sein Werk durch Einswerdung geschieht, dahin gelangt, aufgrund eben seines Wirkens in sein Werk «einzutauchen».

c] Erlösung in dem Maße, wie das Geschaffene, an welchem Punkt man es auch *im Laufe* der Einswerdung betrachtet, einen Teil residueller Unorganisation oder [aktueller oder virtueller] Entorganisation aufweist, die das Übel in allen seinen Formen bestimmt. In einem gewissen Sinne kann Gott, wenn Schaffen [evolutiv, Schritt um Schritt] einsmachen heißt, nicht schaffen, ohne daß als ein Schatten das Übel auftritt – auszugleichendes und zu überwindendes Übel. Dies ist keine Begrenzung der Macht Gottes, sondern der Ausdruck eines ontologischen Naturgesetzes, bei dem es absurd wäre anzunehmen, Gott könne gegen es handeln.

N.B. Dies vergrößert, das sei nebenbei gesagt, in einzigartiger Weise, ohne ihn zu verfälschen, den «Sinn des Kreuzes». Das Kreuz ist das Symbol und die Geste des Christen, der die Welt mit der ganzen Last ihrer Trägheit, aber auch mit ihrem ganzen Elan emporhebt: Geste der Sühne, aber auch des Durchgangs und der Eroberung. Die Schöpfung fällt unter die Kategorie eines «Bemühens».

ÜBER DAS WESEN DES CHRISTENTUMS

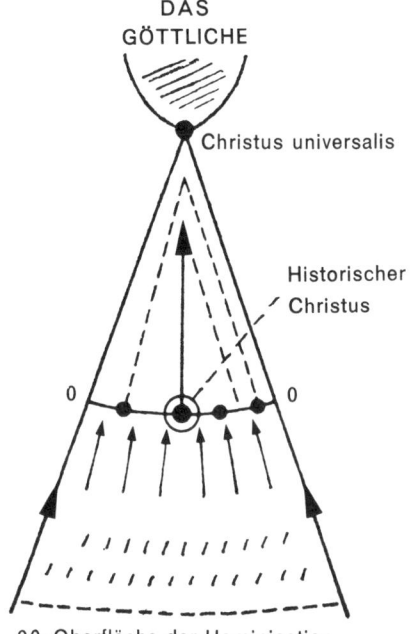

6. Hieraus ergibt sich, daß Schöpfung, Inkarnation und Erlösung, werden sie im Vollsinne begriffen, keine an einem bestimmten Punkt der Zeit und des Raumes *lokalisierbaren* Fakten sind, sondern wahrhafte Dimensionen der Welt [keine Wahrnehmungsobjekte, sondern Bedingung aller Wahrnehmungen].

Es bleibt deshalb um nichts weniger wahr, daß alle drei in besonders *aussagekräftigen* Einzelfakten ihren Ausdruck finden können, wie: das historische Auftreten des menschlichen Typs [Schöpfung], die Geburt Christi [Inkarnation], sein Tod [Erlösung]. Doch diese historischen Fakten sind lediglich der privilegierte Ausdruck des Prozesses, der «kosmische» Dimensionen hat.

Im selben Sinne habe ich nichts dagegen einzuwenden, anzuerkennen, das der Welt inhärente Übel könne kraft ihres Schöpfungsmodus so gesehen werden, als habe es sich besonders individualisiert auf Erden zu dem Zeitpunkt des Auftretens der verantwortlichen menschlichen «Ich». Das wäre *im strikten Sinne des Wortes* die Erbsünde der Theologen[1]. In einem anderen Sinne könnte man sich fragen, ob die wahre menschliche Sünde nicht die des später zu einer Art von Fülle seines Bewußtseins und seiner Verantwortlichkeit gelangten Menschen wäre[2]...

7. Seine besondere Wirksamkeit und Tonalität erhält das Christentum durch die grundlegende Idee, daß das höchste Zentrum der Einheit sich nicht nur in jedem Bewußtseinselement reflektiert, das es anzieht, sondern daß es, um die endgültige Einswerdung zu erreichen, sich in Gestalt eines Bewußtseinselements «materialisieren» mußte [das historische, christische «Ich»]. Um wirksam zu handeln, hat sich das Zentrum der Zentren in der Welt in Gestalt eines Zentrums [= Jesus] reflektiert.

Diese Konzeption von Christus, der nicht nur Prophet und außergewöhnlich gottbewußter Mensch ist, sondern «göttlicher Funke», schockiert auf den ersten Blick einen «modernen» Geist als ein überholter Anthropomorphismus. Doch ist zu bemerken:

a] Die moderne Reaktion gegen den Anthropomorphismus ist zu weit gegangen, so weit, daß sie uns an einer göttlichen Ultra-Personalität zweifeln läßt. Wenn man anerkennt,

[1] Vom theologischen Gesichtspunkt aus sollte die entscheidende Bedeutung einer solchen Aussage nicht vernachlässigt werden [Anmerkung der Herausgeber].

[2] Vgl. oben: *Über einige mögliche historische Darstellungen der Erbsünde*, Anm. 5, S. 68 [Anmerkung der Herausgeber].

daß das wahrhaft Universelle [Zentrum des Universums] nur hyper-personaler Natur sein kann, wird seine historische Manifestation in einer personalen Gestalt theoretisch denkbar, sofern wir bereit sind, gewisse unserer Detailvorstellungen zu korrigieren.

b] Ebenfalls ist psychologisch, faktisch das erstaunliche mystische Entwicklungsvermögen, welches das Christentum bekundet, unlösbar mit der Idee verbunden, daß Christus historisch ist. Wird dieser Kern unterdrückt, ist das Christentum nichts anderes denn eine «Philosophie» wie die anderen: Es verliert all seine Kraft, all seine Vitalität.

8. Von dem Standpunkt aus, auf den wir uns hier gestellt haben, scheint das Christentum am besten die grundlegende religiöse Tendenz zu befriedigen, die den Menschen in Richtung einer Art von «Pantheismus» drängt.

Es gibt zwei Arten von Pantheismen:

a] diejenigen, für die die Einheit des Ganzen aus der Verschmelzung der Elemente entsteht – letztere verschwinden in dem Maße, wie ersteres erscheint.

b] diejenigen, für die die Elemente sich durch den Zugang zu einem tieferen Zentrum *vollenden*, das sie überragt und sie in sich selbst überzentriert. Kraft des [theoretischen und erfahrungsmäßigen Prinzips, daß die Vereinigung die Glieder nicht verschmilzt, die sie vereint, sondern differenziert, ist die zweite Form von «Pantheismus» die einzige intellektuell legitime und die einzige mystisch befriedigende.

Und genau sie findet ihren Ausdruck in der christlichen Haltung.

9. Man wirft im allgemeinen dem Christentum vor, es sei überholt, weil es seine Grundlage in einem Anthropomorphismus [Gottes] und einer Anthropozentrik [des Menschen] habe.

ÜBER DAS WESEN DES CHRISTENTUMS

Es ist unbestreitbar, daß man in einem bestimmten historischen Zeitabschnitt aus offensichtlichen Gründen dazu neigte, sich die Natur des göttlichen Ich und die signifikative [privilegierte] Position des Menschen in einer allzu simplistischen oder allzu menschlichen Weise vorzustellen; doch diese allzu oberflächlichen Vorstellungen überdeckten einen dauerhaften Wahrheitskern.

Wenn man nämlich Gott nicht mehr als ein gewöhnliches Bewußtseinszentrum [vom menschlichen Typus] ansieht, sondern als ein *Zentrum der Zentren;* und wenn man den Menschen nicht mehr als das Zentrum der Welt, sondern als eine Achse [oder einen Pfeil] ansieht, der uns durch seine Richtung anzeigt, in welchem Sinne die Welt voranschreitet [in Richtung von immer mehr Bewußtsein und Personalität]: dann vermeidet man die Schwächen des Anthropomorphismus und der Anthropozentrik und bewahrt doch alles, dessen das christliche Dogma bedarf. Einfach durch eine bereichernde Veränderung der Dimensionen.

Ineditum, Paris, Mai 1939.

CHRISTUS EVOLUTOR
ODER EINE LOGISCHE WEITERFÜHRUNG
DES BEGRIFFS DER ERLÖSUNG[1]

Ein Kreuz, das zugleich Zeichen des Wachstums und des Loskaufs ist, ist in Zukunft das einzige, mit dem die Welt sich bekreuzigen könnte.

Hinweis
I. Eine neue wissenschaftliche Perspektive: die Humanisation.
II. Ein scheinbarer Konflikt im christlichen Denken: Heil und Evolution.
III. Ein in Aussicht stehender theologischer Fortschritt: die schöpferische Seite der Erlösung.
Schlußbemerkung.
Anhang: Erbsünde und Evolution.

Hinweis

Die folgenden Seiten sind nicht für die «Öffentlichkeit», sondern nur für die «Berufstheologen» bestimmt. Man hat mir in der Vergangenheit vorwerfen können, unvorsichtig Ansichten verbreitet zu haben, deren Neuigkeit gewisse Menschen zu verwirren oder fehlzuleiten drohte, die unzulänglich darauf vorbereitet waren, sie aufzunehmen oder

---

[1] Gedanken über die Natur des «formalen Wirkens» Christi in der Welt.
Cf. Bonsirven: Rap. [historisch-jüdische Vorstellung] = Konstituierung der *messianischen Ära* [eine *nach* Ägypten auftauchende Vorstellung]. [Anmerkung des Autors.]

CHRISTUS EVOLUTOR

sie zu kritisieren. Hier nun will ich nicht zur gläubigen oder ungläubigen Masse sprechen, um zu versuchen, ihr ein vergrößertes, endloses Feld der Anbetung aufzudecken; vielmehr wende ich mich an meinesgleichen unter den Philosophen und Theologen in der Hoffnung, ihnen eine Lage der Dinge bewußt zu machen, der sie sicher besser zu begegnen vermögen als ich selbst – die ich aber aus verschiedenen Gründen vielleicht klarer erkenne als sie:
Ich meine die wachsende Notwendigkeit, vor der wir heute stehen, die Grundlinien unserer Christologie mit einem erneuerten Universum in Einklang zu bringen.

1. Eine neue wissenschaftliche Perspektive: Die Humanisation

Wenn die Theoretiker des Christentums in einer verständlichen und, mehr noch, in einer überzeugenden Sprache zu unseren Zeitgenossen sprechen wollen, ist es vor allem unentbehrlich, daß sie die neue Idee von sich selbst, zu der der moderne Mensch *wissenschaftlich* geführt wurde, begreifen, annehmen und lieben.

Auf einer ersten Stufe ist diese Idee die einer organischen und genetischen Abhängigkeit, die die Menschheit innig mit der übrigen Welt verbindet. *Der Mensch ist geboren, und er wächst geschichtlich in Abhängigkeit von der ganzen Materie und dem ganzen Leben.* Daß dieser Punkt von der traditionellen Philosophie und Theologie erst unvollständig assimiliert worden ist, räume ich ein. Doch ändern diese [jeder Wandlung im Denken inhärenten] Schwierigkeiten und Langsamkeiten nichts an einer Situation, über deren Endgültigkeit die «Lehrer in Israel» sich in ihren Köpfen klar werden müßten. Heute gibt es über den Ursprung des Menschen auf evolutivem Wege [wobei der Begriff «Evolution» in seinem allgemeinsten Sinne und auf der streng erfahrungsmäßigen Ebene verstanden wird], über diesen evolutiven Ursprung, sage ich, für die Wissenschaft *nicht den geringsten Zweifel* mehr. Man sage sich das ein für allemal: die Frage ist bereits geklärt – so gut geklärt, daß jede weitere Diskussion darüber in den [theologischen] Schulen ebenso verlorene Zeit ist, wie wenn man noch über die Unmöglichkeit für die Erde, sich zu drehen, Überlegungen anstellen wollte.

Doch während wir so zurückbleiben, um uns gegen nunmehr feststehende Fakten zu schlagen, läuft das wissenschaftliche Problem des Menschen weiter; und ohne auf uns zu warten, ist es bereits in eine zweite Phase eingetreten, in der die erste ihre natürliche Entfaltung und ihre Vollendung findet.

Das 19. Jahrhundert und das 20. [in seinen Anfängen] waren vor allem darum bemüht, *die Vergangenheit* des Menschen zu erhellen – wobei als Ergebnis ihrer Forschungen mit Evidenz aufgezeigt wurde, daß das Auftreten des Denkens auf der Erde biologisch *einer «Hominisation» des Lebens* entsprach. Nunmehr ist das *nach vorn* auf die Weiterführungen des «menschlichen Phänomens» gerichtete Strahlenbündel der wissenschaftlichen Forschungen dabei, in dieser Richtung eine noch erstaunlichere Perspektive sichtbar zu machen: die *einer fortschreitenden «Humanisation» der Menschheit*.

Das muß ich erläutern.

Bisher neigten wir instinktiv dazu, uns die Menschheit als nach oben durch eine Art von Verdampfungsoberfläche [den Tod] begrenzt vorzustellen, durch die hindurch die Seelen, aufeinanderfolgende Produkte der Generationen, eine um die andere entrinnen – und verschwinden. In dieser im Gleichgewichtszustand befindlichen Ordnung gibt es keinen Zyklus mit einem größeren Umfang als den des individuellen Lebens. So begriffen würde die Menschheit auf der Erde fortdauern, sie würde sich sogar auf ihr ausbreiten, ohne jedoch im Laufe der Zeitalter ihr Niveau zu ändern.

Eine ganz andere Gestalt beginnen unsere Augen in der Vielfalt zu sehen, nachdem sie sich an die Gewaltigkeit und die Langsamkeit kosmischer Bewegungen gewöhnt haben. In der Sicht der modernen Anthropologie bildet die menschliche Gruppe kein statisches Aggregat nebeneinander gestellter Elemente mehr, vielmehr stellt sie eine Art Superorganismus dar, der einem bestimmten und umfassenden Wachstumsgesetz gehorcht. Hierin jedem anderen Lebewesen ähnlich, ist der Mensch nicht nur als ein Individuum geboren. Sondern *als eine Art.* Es ist also angebracht, jenseits des Zyklus des Individuums in ihm den *Zyklus der Art* zu erkennen und zu studieren.

Über die besondere Natur dieses früheren Zyklus sind die Gelehrten sich noch bei weitem nicht einig. Doch glaube ich mich nicht zu täuschen, wenn ich behaupte, daß bei ihnen die Vorstellung wächst und zu siegen sich anschickt, daß der gegenwärtig in der Menschheit ablaufende biologische Prozeß, spezifisch und wesentlich, in der fortschreitenden Erarbeitung eines kollektiven menschlichen Bewußtseins besteht. Immer deutlicher läßt sich das allgemeine Phänomen des Lebens biochemisch auf den schrittweisen Aufbau ultra-komplizierter und folglich ultra-organisierter molekularer Gruppen zurückführen. *Mit seinem axialen, lebenden Teil triftet das Universum gleichzeitig und identisch in Richtung des Super-Komplexen, des Super-Zentrierten, des Super-Bewußten.*

Unter diesem Gesichtspunkt [in dem die ganze moderne Physik, Chemie und Biologie konvergieren und sich zusammenfassen lassen] gewinnt das menschliche Phänomen zum ersten Mal in der Natur einen bestimmten und kohärenten Sinn. An der Spitze des tierischen Lebens, in der Vergangenheit, das menschliche Individuum mit der höchsten Komplexität und der vollkommenen Zentriertheit seines Nervensystems. Und an der Spitze des hominisierten Lebens, in der Zukunft, die erwartete Bildung einer höheren Gruppierung [von auf der Erde noch unbekanntem Typ], in der alle menschlichen Individuen zugleich vollendet und synthetisiert würden.

Jede einzelne unserer gesonderten «Ontogenesen» in eine allgemeine Anthropogenese hineingenommen, in der wahrscheinlich das Wesen der Kosmogenese zum Ausdruck kommt...

Diese Schau wird denjenigen meiner Leser verrückt erscheinen, die nicht mit der heute unbestrittenen Unermeßlichkeit der Abgründe vertraut sind, zwischen denen sich, ohne schwindelig zu werden, das moderne wissenschaftliche Denken entwickelt.

Ich wiederhole und halte fest, sie sagt grundsätzlich einfach nur das aus, was alle Welt zu ahnen beginnt und was alle Welt morgen denken wird – zur größten Gefahr [meinen die einen] oder zum Besten [denken die anderen, zu denen ich gehöre] unserer Religion.

II. Ein scheinbarer Konflikt im christlichen Denken: Heil und Evolution

Solange es sich nur um die Struktur der Materie oder die Gewaltigkeit des Raumes handelte, konnten die jüngsten Fortschritte der Wissenschaft sich vollziehen, ohne sich

besonders auf den Seelenfrieden der Gläubigen auszuwirken. Die Beziehungen zwischen diesen sensationellen Offenbarungen des Unermeßlichen und des Winzigen und dem evangelischen Dogma waren nicht unmittelbar genug, um sofort gespürt zu werden. – Im Falle der «Humanisation» ist es etwas ganz anderes. Ein neues Abteil, oder genauer gesagt, eine neue Dimension weiten hier plötzlich das menschliche Schicksal fast grenzenlos aus – eine Abteilung oder Dimension, die im Evangelium nicht ausdrücklich genannt ist[2]. Bisher hatte der Gläubige gelernt, *in der Größenordnung seines individuellen Lebens und Todes* zu denken, zu handeln, zu fürchten und anzubeten. Wie wird er, wie kann er, ohne die traditionellen Rahmen zu zerbrechen, seinen Glauben, seine Hoffnung, seine Liebe nach dem Maße einer irdischen Organisation ausweiten, die dazu bestimmt ist, über Jahrmillionen weiterzugehen?...
Ein Mißverständnis zwischen der kleinen Menschheit, die sich unsere Katechismen noch vorstellen, und der großen Menschheit, von der uns die Wissenschaft spricht; – ein Mißverhältnis zwischen dem Streben, den Nöten, den greifbaren Verantwortlichkeiten der Existenz, je nachdem ob sie in einem profanen Werk oder in einem religiösen Traktat ausgesagt werden... Man braucht nirgendwo anders denn in diesem [mehr oder weniger ausdrücklich gespürten] Ungleichgewicht die tiefe Quelle des Unbehagens zu suchen, das heute bei so vielen Christen den Verstand und das Lebensgefühl bedrückt. Im Gegensatz zu einer verbreiteten Meinung verwirrt nicht die wissenschaftliche Entdeckung der bescheidenen menschlichen Ursprünge, sondern weit mehr die gleichfalls wissenschaftliche Ent-

---

[2] Jesus hatte das angekündigt: «Ich habe euch noch viele Dinge zu sagen, aber ihr könnt sie jetzt noch nicht tragen. Wenn er kommen wird, er, der Geist der Wahrheit, wird er euch zur ganzen Wahrheit führen...», Jo 21, 12–13 [Anmerkung der Herausgeber].

deckung einer großartigen menschlichen Zukunft heute die Herzen, und sie müßte folglich vor allem unsere modernen Apologeten beschäftigen.

Wie aber stellt sich die Frage fachlich für die Theologie? Insgesamt, so darf man sagen, zeichnet sich für die Überwindung der Anpassungskrise, durch die wir hindurchgehen, bereits ein siegreicher Ausgang ab. Werden die wissenschaftlichen Perspektiven der Humanisation logisch zu Ende gedacht, bestimmen sie auf dem Gipfel der Anthropogenese die Existenz eines letzten Zentrums oder Brennpunkts der Personalität und des Bewußtseins, der notwendig ist, um die historische Genese des Geistes zu lenken und zu synthetisieren. – Ist nun nicht dieser «Punkt Omega» [wie ich ihn genannt habe] der ideale Ort, von dem der Christus ausstrahlen kann, den wir anbeten – ein Christus, dessen übernatürliche Herrschaft, wie wir wissen, mit einer auf die natürlichen Sphären der Welt entscheidend einwirkenden physischen Kraft einhergeht? «In quo omnia constant»[3] – Wirklich, ein außerordentliches Zusammentreffen der Gegebenheiten des Glaubens mit den Wegen der Vernunft! Was als Bedrohung erschien, wird zur großartigen Bestätigung. Weit davon entfernt, mit dem christlichen Dogma in Widerspruch zu geraten, würden die maßlosen Ausweitungen, die der Mensch in der Natur erfährt, das Ergebnis zeitigen [sofern man sie zu Ende denkt], der traditionellen Christologie einen Zuwachs an Aktualität und Vitalität zu verleihen.

An dieser Stelle wird allerdings eine grundlegende Schwierigkeit sichtbar, die genau den Punkt ausmacht, über den die Berufstheologen, an die ich mich wende, bitte nachdenken möchten.

---

[3] «In dem alles Bestand hat», Kol 1, 17 [Anmerkung der Herausgeber].

Materiell in ihrer Natur als «universelle Zentren» begriffen, fallen der Punkt Omega der Wissenschaft und der offenbarte Christus zusammen – das sagte ich eben. Sind sie aber *formal*, in ihrer Wirkweise betrachtet, wirklich einander assimilierbar? Einerseits macht es die spezifische Funktion Omegas aus, die bewußten Partikeln des Universums auf sich hin konvergieren zu lassen, um sie zu ultrasynthetisieren. Andererseits besteht die christische Funktion [in ihrer traditionellen Gestalt] wesentlich darin, den Menschen aus einem Abgrund zu erheben, wiederherzustellen, zu retten. Hier ein Heil durch erhaltene Vergebung. Dort eine Vollendung durch das Gelingen eines verwirklichten Werkes. *Hier ein Loskauf. Dort eine Genese.* Lassen sich diese beiden Gesichtspunkte für das Denken und für das Tun transponieren? – Mit anderen Worten, kann man, *ohne die christliche Haltung zu entstellen,* von dem Begriff der «*Humanisation durch Erlösung*» zu dem der «*Humanisation durch Evolution*» übergehen?

Dies ist, wenn ich mich nicht täusche, der Kern des modernen religiösen Problems und vielleicht der Ausgangspunkt einer neuen Theologie.

III. Ein in Aussicht stehender theologischer Fortschritt: die schöpferische Seite der Erlösung

An dieser Stelle müssen wir, bevor wir weitergehen, nachdrücklich eine Vorbemerkung machen.

Es ist evident und anerkannt, daß sich in der Geschichte der Kirche die dogmatischen und moralischen Anschauungen durch die Explizitierung und Integration gewisser Elemente beständig vervollkommnen, die zunächst nebensächlich erscheinen, dann Schritt um Schritt wesentlich oder sogar entscheidend werden. – In der Analyse des Glaubensaktes wird der intellektuelle Mechanismus der Bekehrung, der früher von der Vorstellung des Wunders beherrscht war, heute hauptsächlich durch das Zusammenspiel allgemeinerer – und nicht mehr so sehr syllogistischer – Faktoren erklärt, wie etwa mit der wunderbaren Kohärenz, die durch die Offenbarung in dem gesamten System unsers Denkens und unseres Tuns geschaffen wird. In sexuellen Fragen tendiert die Theorie der Ehe, die früher auf die Pflicht zur Fortpflanzung zentriert war, heute dahin, der gegenseitigen geistigen Ergänzung der beiden Gatten eine immer größere Bedeutung einzuräumen. In Fragen der Gerechtigkeit wendet sich das Interesse der Moralisten, das bisher hauptsächlich von den Problemen des Individualrechtes in Anspruch genommen wurde, mit wachsender Vorliebe den Verpflichtungen kollektiver und sozialer Natur zu. In diesen verschiedenen und auch anderen Fällen evolviert die Theologie nicht durch Hinzufügung oder Minderung ihres Inhalts, sondern durch relative Akzentuierung und Abschwächung ihrer Züge – faktisch führt der Prozeß jedesmal zur «Emergenz» einer in höherem Maße synthetischen Vorstellung oder Haltung.

Kehren wir nunmehr zu der besonderen Frage zurück, die uns beschäftigt.

Beim Dogma der Erlösung haben das christliche Denken und die christliche Frömmigkeit bisher [aus offensichtlichen historischen Gründen] *vor allem* die Vorstellung von der sühnenden Wiederherstellung bedacht. Christus wurde *vor allem* als das Lamm gesehen, das mit den Sünden der Welt beladen ist, und die Welt *vor allem* als eine gefallene Masse. Doch das Bild enthielt von Anfang an *auch* ein anderes [diesmal positives] Element des Wiederaufbaus

CHRISTUS EVOLUTOR

oder der Neuschöpfung. Neue Himmel, eine neue Erde: das waren selbst für einen Augustinus die Frucht und der Lohn für das Opfer.

Ist es nicht vorstellbar – mehr noch, geschieht es nicht bereits –, daß [in Übereinstimmung mit dem oben in Erinnerung gerufenen Mechanismus der Evolution der Dogmen] diese beiden Elemente, das positive und das negative, des christischen Einflusses ihre jeweiligen Werte oder sogar ihre natürliche Ordnung in der Sicht und der Frömmigkeit der vom Geiste Gottes geleiteten Gläubigen umkehren?

Unter dem Druck der Ereignisse und der modernen Evidenzen gewinnen die greifbare Welt und ihre Weiterführungen in unseren Tagen gewiß eine wachsende Bedeutung für die Jünger des Evangeliums. Deshalb in der Religion eine «humanistische» Erneuerung, die, ohne irgendwie die Schatten zu leugnen, es nichtsdestoweniger vorzieht, die lichte Seite der Schöpfung zu preisen. Derzeit erleben wir und haben wir teil an dem unwiderstehlichen Aufstieg eines christlichen Optimismus.

Wie aber wirkt sich dieser Optimismus auf die Form unserer Anbetung aus?

Zunächst, auf einer ersten Stufe, will Christus uns in wachsendem Maße als Lenker und als König genauso und ebensosehr wie als Wiederhersteller der Welt anziehen. Reinigen, gewiß; aber zur selben Zeit beleben [vitalisieren]: die beiden, wenn auch noch als voneinander unabhängig begriffenen Funktionen, stellen sich unserem Herzen bereits als gleichwertig und zusammengehörig dar.

Doch diese mittlere Position scheint selbst bereits überholt zu sein.

Befragen wir die Massen junger Christen, die aufsteigen. Befragen wir uns selbst. Muß das Aufblühen, der religiöse Aufbruch, den wir alle mehr oder weniger bewußt suchen und erwarten, nicht von einer erneuerten Christologie aus-

CHRISTUS EVOLUTOR

gehen, in der die Wiedergutmachung [sosehr sie auch voll und ganz beibehalten wird] im Heilswirken des Wortes doch an die zweite Stelle [«in ordine naturae»] rückt...
«Primario» die Schöpfung in der göttlichen Vereinigung vollenden; und deshalb «secundario» die bösen Kräfte der Rückkehr nach hinten und der Zerstreuung ausscheiden. Nicht mehr *zuerst* sühnen und *darüber hinaus* wiederherstellen; sondern *zuerst* schaffen [oder über-erschaffen] und deshalb [unausweichlich, aber nebenbei] gegen das Übel kämpfen und für es bezahlen. – Ist nicht das die neue Ordnung, in die unbezwinglich für unseren Glauben die alten Faktoren eintreten?

Unter diesem Winkel angegangen, scheint der Übergang, die Transformation zwischen Erlösung und Evolution möglich, nach der wir suchten.

Eine Taufe, in der die Reinigung ein untergeordnetes Element in der totalen göttlichen Geste wird, die Welt zu erheben.

Ein Kreuz, das, weit mehr als den gesühnten Fehler, den Aufstieg der Schöpfung durch Anstrengung symbolisiert.

Ein Blut, das weit mehr zirkuliert und belebt als ausgegossen wird.

Das Lamm Gottes, das mit den Sünden das Gewicht der Fortschritte der Welt trägt.

Die Vorstellung von Vergebung und Opfer verwandelt sich durch Reicherwerden ihrer selbst in die Vorstellung der Vollendung und Eroberung.

Mit anderen Worten, der Christus-Redemptor vollendet sich, ohne irgendwie sein leidendes Antlitz abzuschwächen, in der dynamischen Fülle eines CHRISTUS-EVOLUTOR. Diese Perspektive eröffnet sich gewiß über unserem Horizont.

CHRISTUS EVOLUTOR

Schlußbemerkung

Es ist gewiß nicht meine Sache – es ist tatsächlich niemandes Sache –, mit Gewißheit eine Prognose darüber aufzustellen, bis wohin auf diesem bereits offenstehenden Weg das Christentum von morgen vordringen wird.
Immerhin zeigt sich meinem Geist eine Möglichkeit, die ich abschließend herausstellen möchte.
So göttlich und unsterblich die Kirche auch sein mag, sie vermag nicht gänzlich der universellen Notwendigkeit zu entrinnen, die für alle Organismen, welche auch immer, gilt, nämlich sich periodisch zu verjüngen. Nach einer jugendlichen Phase der Expansion läßt bei jeglichem Wachstum die Spannung nach, und es kommt zum Stillstand. Unnütz, sonstwo den Grund für die Verlangsamung zu suchen, über die sich die Enzykliken beklagen, wenn sie uns von diesen letzten Jahrhunderten sprechen, «in denen der Glaube erkaltete». Der Grund ist, daß das Christentum bereits 2000 Jahre Existenz hinter sich hat und daß folglich [wie für jegliche andere physische Wirklichkeit] der Augenblick einer notwendigen Verjüngung durch Eingießung neuer Elemente gekommen ist.
Wo aber das Prinzip dieser Verjüngung suchen?
Meines Erachtens nicht anderswo denn in den gerade geöffneten brodelnden Quellen der «Humanisation».
Der beharrliche Aufstieg der Humanität am Himmel des modernen Denkens hat seit einem Jahrhundert die Verteidiger der Religion unaufhörlich beschäftigt und verwirrt. Sie haben sich beständig bemüht, die Wirklichkeit dieses neuen Sternes, in dem sie einen Rivalen Gottes zu sehen glaubten, zu bestreiten oder seinen Glanz herabzusetzen.
Dem Phänomen kommt, wenn ich mich nicht täusche, eine

ganz andere Bedeutung zu; und folglich muß unsere Reaktion ihm gegenüber ganz anders sein.

Menschlicher Fortschritt und Reich Gottes widersprechen einander nicht nur nicht, sage ich; – die beiden Anziehungskräfte können sich nicht nur aufeinander ausrichten, ohne sich zu stören; – vielmehr will wahrscheinlich aus dieser hierarchisierten Konjunktion die christliche Renaissance hervorgehen, deren Stunde biologisch gekommen zu sein scheint.

Daß in ein und demselben Universum der Glaube an die Welt und der Glaube an Christus, werden sie nebeneinander gestellt, miteinander vereinbar sind oder sogar verbunden werden können, wäre bereits viel. Doch dürfen wir noch etwas mehr erahnen und erstreben.

Sollte es nicht gerade das sich vorbereitende große Ereignis ausmachen – und sollten nicht wir gerade daran mitwirken –, daß diese beiden einander nährenden, vergrößernden und sich gegenseitig *befruchtenden* geistigen Strömungen *durch Synthese* das Christentum in eine neue Sphäre emergieren lassen: eben jene, in der, da sich in Ihm die Energien des Himmels und der Erde vereinen, der Erlöser übernatürlich für unseren Glauben in eben dem Zentrum seinen Platz findet, in dem natürlich für unsere Wissenschaft die Strahlen der Evolution konvergieren?

Anhang: Erbsünde und Evolution

Über die möglichen Beziehungen zwischen christlichem Heil und menschlichem Fortschritt nachdenken, heißt selbstverständlich im Grunde, das irritierende, aber nicht zu vermeidende Problem stellen, welche Beziehungen zwischen Erbsünde und Evolution bestehen.

CHRISTUS EVOLUTOR

In diesem heiklen Punkte, ich erkläre das nochmals ausdrücklich, will ich in keiner Weise den Entscheidungen der Kirche hier vorgreifen oder sie beeinflussen. Doch scheint es mir wesentlich, den Theologen gegenüber nachdrücklich zu betonen, daß sie ihre Aufmerksamkeit auf zwei Punkte richten, die sie in ihren Konstruktionen nicht mehr länger außer acht lassen dürfen.

1. An erster Stelle und aus einem ganzen Bündel von zugleich wissenschaftlichen und dogmatischen Gründen scheint es heute nicht mehr möglich zu sein, die Erbsünde als *ein einfaches Glied* in der Kette der historischen Fakten zu betrachten. Ob man nun die heute von der Wissenschaft dem physischen Universum zuerkannte organische Homogenität berücksichtigt oder ob man über die durch das Dogma der Erlösung gegebenen kosmischen Ausweitungen nachdenkt – ein und dieselbe Schlußfolgerung zwingt sich auf. Um sowohl den Gegebenheiten der Erfahrung als auch den Erfordernissen des Glaubens zu genügen, ist der Sündenfall *weder* in einem bestimmten Augenblick *noch* an einem bestimmten Ort *lokalisierbar*. Er schreibt sich in unsere Vergangenheit nicht als bestimmtes «Ereignis» ein. Vielmehr «qualifiziert» er, indem er die Grenzen der Zeit und des Raumes transzendiert [und auf ihre allgemeine Krümmung einwirkt], das Milieu, in dem sich die Totalität unserer Erfahrungen entwickelt [4].

Er erweist sich nicht als ein *Reihenelement*, sondern als *eine Seite* oder eine globale Modalität der Evolution.

---

[4] «Weil auf dem Niveau des Menschen die Sünde [das moralische Übel] unvermeidlich [mit statistischer Notwendigkeit, innerhalb einer ‹Population›] aufgetreten ist, bleibt doch um nichts weniger wahr, daß sie aufgetreten ist und daß dieses Auftreten als eine ‹Ansteckung› des menschlichen ‹Phylums› angesehen werden kann; und daß folglich jeder neue Mensch getauft werden muß...» Brief P.Teilhards vom 19.Juni 1953. Cf. Vues Ardentes, S. 112, Éd.du Seuil, Paris 1967.

2. An zweiter Stelle wird mit Evidenz deutlich, daß in einem Universum evolutiver Struktur der Ursprung des Übels nicht mehr dieselben Schwierigkeiten aufwirft [und nicht mehr dieselben Erklärungen erfordert] wie in einem statischen, anfänglich vollkommenen Universum. Es ist für die Vernunft in Zukunft nicht mehr nötig, «einen Schuldigen» zu vermuten und zu suchen. Entstehen physische und sittliche Unordnungen nicht spontan in einem System, das sich organisiert, solange eben dieses System noch nicht vollständig organisiert ist? «Necessarium est ut scandala eveniant.»[5] – Unter diesem Gesichtspunkt will die Erbsünde, in ihren kosmischen Grundlagen [wenn nicht in ihrer historischen Aktuierung bei den ersten Menschen] betrachtet, mit dem Mechanismus der Schöpfung selbst verschmelzen – wo sie das Wirken der negativen Kräfte der «Konter-Evolution» darstellt.

Ich will hier nicht das Wagnis auf mich nehmen, die Auswirkungen vorherzusagen, die diese Perspektiven sicher eines Tages [um sie zu bezeichnen und auszuweiten] auf die *Vorstellung* haben werden, die wir uns noch von der Urschuld machen[6]. Doch ist es recht bemerkenswert [und sogar «erhebend»], daß wir bereits folgende Bemerkung machen können:

«Zu welchem Schritt nach vorn sich auch immer das christliche Denken entscheidet, man darf sagen, daß er in die Richtung einer engeren organischen Verbindung [sowohl der Koextension als auch dem Zusammenhang nach] zwischen Kräften des Todes und Kräften des Lebens inner-

---

[5] «Es ist notwendig, daß Ärgernisse kommen.» Der genaue Text der Vulgata, Mt 18, 7, lautet: «Necesse est enim ut veniant scandala.» [Anmerkung der Herausgeber.]

[6] Bedingungen, denen in Zukunft die Erbsünde genügen muß:
1. daß sie Christus maximal herausstellt,
2. daß sie eine maximale «Aktivanz» ermöglicht, ausströmt.

halb des in Bewegung befindlichen Universums getan wird – das heißt letzten Endes einer Verbindung zwischen Erlösung und Evolution.»

Peking, 8. Oktober 1942 [7].

[7] Ineditum [mit Ausnahme des im Heft v der Association des Amis de P. Teilhard de Chardin: Le Christ Evoluteur, Éd. du Seuil, Paris 1966, veröffentlichten Teiles].

EINFÜHRUNG
ZUM CHRISTLICHEN LEBEN

Einführung in das Christentum [1]

I. Das Wesen des Christentums: «ein personalistisches Universum [2]»
II. Die Glaubwürdigkeit des Christentums: Christentum und Evolution
III. Starke und schwache Punkte des Christentums: ein Überblick
1. Trinität − 2. Gottheit des historischen Christus − 3. Offenbarung − 4. Wunder − 5. Erbsünde und Erlösung − 6. Hölle − 7. Eucharistie − 8. Katholizismus und Christentum − 9. Die christliche Heiligkeit.
Zusammenfassung: Christentum und Pantheismus.

1. Das Wesen des Christentums: ein personalistisches Universum

Vom realistischen und biologischen Standpunkt aus, der in überragender Weise der Standpunkt des katholischen Dogmas ist, stellt das Universum sich dar: 1. als mühsame und personalisierende Einswerdung-in-Gott eines Staubes von Seelen, die von Gott verschieden, aber an Ihm aufgehängt sind, 2. und zwar durch Einverleibung in Christus [inkar-

---

[1] P. Teilhard hat an diese Stelle einen vom ersten verschiedenen zweiten Titel gesetzt [Anmerkung der Herausgeber].
[2] Im Original englisch: «a personalistic universe» [Anmerkung des Übersetzers].

nierter Gott] und 3. durch den Aufbau der menschlich-christlichen kollektiven Einheit [Kirche] hindurch.

«Wenn Christus sich alles angeglichen haben wird, dann wird er sich dem unterwerfen, der ihm alles unterworfen hat, so daß Gott alles in allen Dingen sei» [1 Kor 15, 28]. Daraus folgt, daß ein dreifacher Glaube notwendig und zureichend ist, um die christliche Haltung zu begründen:

1. Der Glaube an die [personalisierende] Personalität Gottes, des Zentrums der Welt.

2. Der Glaube an die Gottheit des historischen Christus [nicht nur Prophet und vollkommener Mensch, sondern Gegenstand der Liebe und Anbetung].

3. Der Glaube an die Wirklichkeit des *Phylums* Kirche, in der und um die herum Christus seine totale Personalität in der Welt weiterentwickelt.

Außerhalb der drei genannten grundlegenden Artikel ist im Grunde in der christlichen Lehre alles nur sekundäre [historische, theologische oder rituelle] Entwicklung oder Erklärung.

Wir werden gleich sichtbar zu machen versuchen, wie sehr dieser dreifache, häufig als überjährt angesehene Glaube in Wirklichkeit den charakteristischsten Strebungen und Ansichten der modernen Welt entspricht. Doch bevor wir uns dieser wichtigen Frage zuwenden, muß ich sogleich auf drei andere Punkte hinweisen, die, weil sie sich unmittelbar aus der christlichen Grundschau ergeben, ihrerseits auch die ganze Struktur des christlichen Dogmas mitbestimmen. Es handelt sich um folgende Punkte:

1. Primat der Liebe [Caritas]. Da das christliche Universum seiner Struktur nach in der Einswerdung der elementaren Personen in einer höchsten Personalität [der Gottes] besteht, kann die beherrschende und endgültige Energie des totalen Systems nur eine Anziehung von Person zu Person, d. h. Liebe sein. Die Liebe Gottes zur Welt und jedem Element der Welt wie auch die Liebe der Elemente der Welt zueinander und für Gott sind also nicht nur ein sekundärer, nachträglich zum Schöpfungsprozeß hinzugefügter Effekt, vielmehr sind sie Ausdruck sowohl des Wirkfaktors als auch der Grunddynamik dieses Prozesses.

2. Organische Natur der Gnade. Unter der einsmachenden Wirkung der göttlichen Liebe erheben sich die geistigen Elemente der Welt [die «Seelen»] zu einem Zustand höheren Lebens. Sie «super-humanisieren» sich. Der Zustand der Vereinigung mit Gott ist folglich weit mehr als eine bloße juridische Rechtfertigung, die an ein äußerliches Anwachsen des göttlichen Wohlwollens gebunden wäre. Vom christlichen, katholischen und realistischen, Standpunkt aus stellt die Gnade eine physische Über-Schöpfung dar. Sie läßt uns in der kosmischen evolutiven Leiter um eine Stufe höher steigen. Mit anderen Worten, sie ist von eigentlich biologischem Stoff. Dies hat, wie wir weiter unten sehen werden, seine praktische Bedeutung für die Theorie der Eucharistie und allgemeiner aller Sakramente.

3. Unfehlbarkeit der Kirche. Dieses Attribut wird häufig schlecht begriffen, als ob es eine bestimmte menschliche Gruppe mit einer Eigenschaft ausstatten möchte, die in einem monströsen Mißverhältnis zu dem wesentlich mühsamen und zögernden Funktionieren unserer Vernunft stünde. – In Wirklichkeit bedeutet die Aussage, die Kirche sei unfehlbar, einfach die Anerkennung, daß die christliche Gruppe in ihrer Qualität als lebendiger Organismus in sich und in einem höheren Grade die Sinnrichtung und die verborgenen Möglichkeiten besitze, die ihr erlauben, durch zahllose tastende Versuche hindurch ihren Weg zur Reife und Vollendung zu finden. Mit anderen Worten, das heißt einfach in anderen Begriffen sagen, daß die Kirche ein in höchster Weise lebendiges «Phylum» darstellt. – Wenn dies gilt, dann ist die Lokalisation des permanenten

Organs dieser phyletischen Unfehlbarkeit in den Konzilien
– oder, durch eine noch weiter vorangetriebene Konzentration des christlichen Bewußtseins, im Papst [der nicht seine eigenen Ideen, sondern das Denken der Kirche formuliert und aussagt], so wie die Katholiken es tun, im Grunde durchaus entsprechend dem großen Gesetz der «Kephalisation», das die ganze biologische Evolution beherrscht.

II. Die Glaubwürdigkeit des Christentums: Christentum und Evolution

Anfänglich scheinen die ersten Bekehrungen zum Christentum weithin durch die Wunder ausgelöst worden zu sein, die die Verkündigung des Evangeliums begleiteten. Was man auch immer zu der Funktion des Wunders in der christlichen Heilsökonomie meint [siehe weiter unten], es ist nicht zu leugnen, daß heute unser Denken zögert, seine Bejahung des Glaubens einzig von ihm abhängig zu machen. In unseren Augen kann das letzten Endes entscheidende Kriterium für die Wahrheit einer Religion nur die durch diese Religion bekundete Fähigkeit sein, dem Universum, das um uns herum fortschreitend entdeckt wird, einen totalen «Sinn» zu geben. Wenn es «wahre» Religion gibt, muss sie, so glauben wir, nicht an dem Glanz irgendeines besonderen ungewöhnlichen Ereignisses, sondern an dem Zeichen erkannt werden, daß unter ihrem Einfluß und ihrem Licht die Welt in ihrer Gesamtheit ein Maximum an Kohärenz für unsere Intelligenz und ein Maximum an Interesse für unsere Lust am Tun gewinnt.

Unter diesem Gesichtspunkt ist es wesentlich, in aller Objektivität zu prüfen, wie derzeit der traditionelle christliche

EINFÜHRUNG ZUM CHRISTLICHEN LEBEN

Glaube an Christus und der junge moderne Glaube an die Evolution aufeinander reagieren. Das Universum hat sich definitiv, und, so darf man glauben, für immer, unserer Generation als ein organisches Ganzes auf dem Wege in Richtung von immer größerer Freiheit und Personalität offenbart. Aufgrund eben dieser Tatsache ist die einzige Religion, nach welcher die Menschheit verlangt und die sie in Zukunft anzunehmen vermag, eine Religion, die fähig ist, den kosmischen Fortschritt so zu rechtfertigen, zu assimilieren und zu beseelen, wie er sich im Aufstieg der Menschheit abzeichnet. – Ja oder nein, hat das Christentum den zulänglichen Stoff, um *die* von der Welt heute erwartete Religion des Fortschritts zu sein? Von der Antwort auf diese Frage hängt restlos sein Vermögen ab, unsere Seelen anzuziehen und zu bekehren.

Wo aber stehen wir in diesem Punkt heute?

Unleugbar hat die Kirche zunächst mit Unruhe die unwiderstehliche Änderung der Weltschau sich entwickeln sehen, die seit dem 18. Jahrhundert [ja sogar seit der Renaissance] unaufhörlich für uns an die Stelle des klar umschriebenen, klar zentrierten und gut ausgeglichenen Kosmos der Alten ein im Raum, in der Zeit und in der Zahl maßloses und in voller Genese befindliches Universum gesetzt hat. In unseren Tagen aber sind viele Voreingenommenheiten gefallen, und die rechtgläubigsten Christen sind dabei, drei Dinge zu bemerken:

1. Erstens, betrachtet man Evolutionismus und Christentum in dem wesentlichen Gehalt der durch sie vertretenen Weltschau, so *decken sie sich* im Grunde. Einerseits hat der moderne Evolutionismus aufgehört, seiner Tendenz und Definition nach materialistisch und deterministisch zu sein. Nach dem Bekenntnis der zuständigsten Gelehrten [Haldane, J. Huxley etc.] triftet das Universum, so wie die Fakten es uns heute offenbaren, in Richtung höherer Zu-

stände des Bewußtseins und der Geistigkeit – genau wie in der christlichen «Weltanschauung». Und andererseits wird das durch die Errungenschaften des modernen Denkens sensibiliserte Christentum schließlich auf die Tatsache aufmerksam, daß seine drei grundlegenden personalistischen Geheimnisse in Wirklichkeit nur die drei Seiten ein und desselben Prozesses [der Christogenese] sind, der entweder in seinem Bewegungsprinzip [Schöpfung] oder in seinem Einswerdungsmechanismus [Inkarnation] oder aber in seinem Aufstiegsbemühen [Erlösung][3] betrachtet wird: das wirft uns mitten in die Evolution.

2. Zweitens, Evolutionismus und Christentum, werden sie in der jeweiligen Ausformung ihres evolutiven Personalismus betrachtet, *brauchen einander*, um sich gegenseitig zu stützen und zu vollenden. Einerseits [und das wird nicht genügend bemerkt] wäre der christliche Christus-Universalis nicht vorstellbar, wenn das Universum, das in sich zu sammeln seine Funktion ausmacht, nicht [kraft einer evolutiven Struktur] ein natürliches Zentrum der Konvergenz besäße, von dem aus das Wort, indem es sich dort inkarniert, auf die Totalität des Universums ausstrahlen und einströmen kann. Andererseits würde, wenn sich nicht ein Christus-Universalis positiv und konkret am Zielpunkt der Evolution bekundete, wie sie derzeit vom menschlichen Denken entdeckt wird, diese Evolution nebelhaft, ungewiß bleiben, und wir hätten keine Lust, uns voll ihren Strebungen und ihren Forderungen hinzugeben. Die Evolution, so könnte man sagen, rettet Christus [indem sie ihn möglich macht]; und zur gleichen Zeit rettet Christus die Evolution [indem er sie konkret und begehrenswert macht].

3. Drittens verlangen Evolutionismus und Christentum, betrachtet man sie nunmehr in ihren komplementären

---

[3] Siehe unten, «Erbsünde und Erlösung» [Anmerkung des Autors].

EINFÜHRUNG ZUM CHRISTLICHEN LEBEN

Werten, nichts anderes, als einander zu befruchten und sich zu *synthetisieren*. – Voneinander getrennt vegetieren die beiden großen psychologischen Strömungen, die heute die Welt unter sich aufteilen – ich meine die Leidenschaft für die aufzubauende Erde und die Leidenschaft für den zu erreichenden Himmel –, dahin und sie sind die Quelle zahlloser Konflikte im Inneren eines jeden von uns. Welches Übermaß an Energie dagegen, wenn es, da Christus den ihm zukommenden und ihm [kraft eben seiner höchst theologischen Attribute] zustehenden Platz an der Spitze des sich in Bewegung befindenden Universums einnimmt, gelänge, die Verbindung zwischen der Mystik des menschlichen Fortschritts und der Mystik der Liebe zu verwirklichen!

Wirklich, weit davon entfernt, dem modernen Streben in Richtung Zukunft zu widersprechen, stellt sich der christliche Glaube ganz im Gegenteil als die einzige Haltung dar, in der ein für die Eroberung der Welt leidenschaftlich entbrannter Geist die totale und volle Rechtfertigung seiner Überzeugung finden kann.

Hic et nunc[4] ist der Christ, weil es ihm gegeben ist, nicht nur ein verschwommenes und kaltes Etwas, sondern einen scharf umrissenen und warmen Jemand auf den Gipfel der Raum-Zeit zu setzen, allein auf der Welt in der Lage, *rückhaltlos* an die [nicht mehr nur personalisierende, sondern auch personalisierte] Evolution zu glauben und sich ihr [und das ist ein noch wichtigeres psychologisches Ereignis!] *mit Liebe* zu widmen.

Das Christentum ist die Religion, die gerade aufgrund ihrer Struktur genau auf eine zum Sinn für ihre organische Einheit und ihre Entwicklungen erwachte Erde zugeschnitten ist.

---

[4] Hier und jetzt [Anmerkung der Herausgeber].

Damit haben wir endgültig den großen Beweis für seine Wahrheit, das Geheimnis für seine Anziehungskraft und die Gewähr für eine Vitalität, die nur mehr in dem Maße zuzunehmen vermag, wie die Menschen sich ihres Menschseins bewußter werden.

III. Starke Punkte und scheinbar schwache Punkte des Christentums: ein Überblick

Nachdem das Wesen des Christentums klargestellt und sein wesentliches Zusammenstimmen mit dem modernen religiösen Streben erkannt worden ist, dürfte es nicht nutzlos sein, einige besonders bemerkenswerte oder kritische dogmatische Punkte in diesem Lichte durchzugehen und zu prüfen: – die einen, damit sie mit dem vollen Relief zutage treten, das sie verdienen –, die anderen, damit gewisse Schatten zerstreut werden, die sie in unseren Augen verdunkeln oder entstellen; die einen und die anderen, damit sie im Rahmen eines christlichen «Super-Evolutionismus» ihren natürlichen und funktionalen Platz einnehmen.

1. Trinität

Für einen «heutigen» Menschen hat der Begriff eines Gottes in drei Personen etwas Kompliziertes, Bizarres und Überflüssiges [«Drei Personen in Gott? Was soll das?...»]. Und dieser Eindruck könnte noch verstärkt werden durch die nicht gerade kluge Art, in der gewisse Gläubige aus dem Bedürfnis, ihre Frömmigkeit zu erneuern, in ihren Andachtsübungen bald die Trinität von

Christus, bald Christus von seinem Vater und von seinem Geist trennen. – In Wirklichkeit bewirkt die recht verstandene trinitare Konzeption nichts anderes als eine *Verstärkung* unserer Vorstellung von der göttlichen Einzigheit, indem sie dieser die *Struktur* [oder, genauer gesagt, den strukturellen, konstruktiven Charakter] verleiht, der in unserer Erfahrung das Merkmal jeder wirklichen und lebendigen Einheit ist. Wenn Gott nicht «trin» wäre [d. h. wenn er selbst nicht sich selbst innerlich gegenüberträte], wäre es für uns unvorstellbar, daß er in sich, unabhängig, und ohne die Reaktion einer ihn umgebenden Welt existieren könnte; – und weiter, wenn er nicht trin wäre, wäre es für uns ebensowenig vorstellbar, daß er erschaffen [folglich sich inkarnieren] könnte, ohne total in die Welt einzutauchen, die er hervorruft. Unter diesem Gesichtspunkt ist die trinitare Natur Gottes nicht eine Konzeption ohne spezifische Beziehung mit unseren aktuellsten religiösen Bedürfnissen. Vielmehr erweist sie sich als die wesentliche Voraussetzung der Gott inhärenten Fähigkeit, personaler [und trotz der Inkarnation transzendenter] Gipfel eines Universums zu sein, das sich auf dem Wege der Personalisation befindet.

2. Gottheit des historischen Christus

Die Idee eines totalen Christus, in dem sich ohne Absorption und ohne Verschmelzung die Pluralität der elementaren Bewußtheiten entwickelt und kulminiert, welche die Welt bilden, ist in jeder Weise, wie ich gezeigt habe, für unser modernes Denken höchst anziehend. Sehr viel schwieriger wird es uns einzuräumen, dieser kosmische Christus habe sich zu einem gegebenen Zeitpunkt der Geschichte in Gestalt einer menschlichen Person in Raum und Zeit lokalisieren können. – Um zumindest indirekt

EINFÜHRUNG ZUM CHRISTLICHEN LEBEN

diesen aufsteigenden Widerwillen gegen ein Mißverhältnis zu überwinden, das wir zwischen dem Christus-Universalis und dem Menschen Jesus zu spüren glauben, müssen wir folgendes sagen:

1. Abstrakt können wir vielleicht von einem Christus-Universalis träumen, dem es gelänge, durch sich selbst und nach vorn hin im christlichen Bewußtsein Bestand zu haben, ohne die Stütze und, wenn man so will, den Kern eines immer weiter in den wachsenden Dunkelheiten der Vergangenheit verlorenen und dort immer schwieriger zu «verifizierenden» Gottmenschen. Nichts aber beweist in der *Theorie*, daß eine solche Vorstellung biologisch mit der Struktur der Dinge übereinstimme. Sich in eine in Evolution befindliche Welt inkarnieren heißt für Gott, *dort geboren werden*. Wie aber dort geboren werden, wenn nicht aus einem Individuum?...

2. Konkret und historisch ist es unbestreitbar, daß die lebendige und erobernde Vorstellung des Christus-Universalis im christlichen Bewußtsein von dem als Gott anerkannten und angebeteten Menschen Jesus aus aufgetreten und gewachsen ist. Auch heute noch würde die Unterdrückung der Geschichtlichkeit Christi [d.h. der Gottheit des historischen Christus] dazu führen, daß sich augenblicklich die gesamte, seit mehr als 2000 Jahren im christlichen Phylum angesammelte mystische Energie ins Unwirkliche auflöst. Der aus der Jungfrau geborene Christus und der auferstandene Christus: sie bilden beide ein einziges, unauflösliches Ganzes.

Angesichts dieser *faktischen* Lage scheint es für den modernen Gläubigen eine legitime und «beruhigende» Haltung zu sein, sich folgendes zu sagen: «Bei allen Vorbehalten gegenüber der häufig wenig kritischen Weise, in der fromme Autoren versucht haben, die Psychologie des Gottmenschen zu beschreiben, glaube ich an die Gottheit des

Kindes von Bethlehem, *weil, in dem Maße und in der Form,* wie letzteres historisch und biologisch in die Wirklichkeit des Christus-Universalis eingeschlossen ist, dem sich mein Glaube und meine Anbetung unmittelbarer zuwenden.»
Eine vertrauensvolle und vernünftige Position, die alle Implikationen dessen, was sicher ist, respektiert und annimmt und zur gleichen Zeit in angemessener Weise den künftigen Fortschritten des menschlich-christlichen Denkens allen Raum und alle Freiheit einräumt.

3. Offenbarung

Ist einmal das Personsein Gottes anerkannt – dann bereitet die Möglichkeit und sogar die theoretische Wahrscheinlichkeit einer Offenbarung, d. h. eine Reflexion Gottes auf unser Bewußtsein, nicht nur keine Schwierigkeit, vielmehr steht sie in höchstem Maße mit der Struktur der Dinge im Einklang. Im Universum sind die Beziehungen zwischen Elementen überall der Natur dieser Elemente proportional: materiell zwischen materiellen Objekten, lebendig zwischen Lebewesen, personal zwischen reflektierten Lebewesen. Sobald also der Mensch personal ist, muß der personale Gott ihn auf einer personalen Stufe und in personaler Form beeinflussen – d. h. durch den Intellekt und das Herz; mit anderen Worten, Er muß zu ihm «sprechen». Zwischen Intelligenzwesen kann eine Gegenwärtigkeit nicht stumm sein.
Heikler ist es: 1. die historische Wirklichkeit dieses Einflusses und dieses «Wortes» zu beweisen und 2. seinen psychologischen Mechanismus zu erklären.
Die Theoretiker des Christentums sind in diesen beiden Punkten alles andere als einig. Zumindest scheint gewiß zu sein, daß [selbst im Falle Christi, der, um zu uns zu spre-

EINFÜHRUNG ZUM CHRISTLICHEN LEBEN

chen, Mensch werden *mußte*] Gott sich uns nicht von außen her durch einen Einbruch, sondern *von innen her*[5] durch Stimulierung, Steigerung und Bereicherung des menschlichen psychischen Stromes[6] offenbart, wobei der *Klang* seiner Stimme vor allen Dingen an der Fülle und der Kohärenz dessen erkennbar ist, was er unserem individuellen und kollektiven Sein bringt. Und dies führt uns zu einer eingehenderen Prüfung der Lehre vom «Wunder».

4. Wunder

Ich sagte es bereits. Während in der alten Apologetik das Wunder eine beherrschende Rolle spielte, weil es als göttliches *Siegel* dienen sollte, das dem Wort der Apostel und der Propheten Authentizität verlieh – tendiert es in unseren Tagen dahin, für das menschliche Denken etwas an Wert zu verlieren, und zwar aus den beiden folgenden Gründen:
1. Einerseits laufen gewisse früher einfach angenommene Wunder heute Gefahr, in dem Maße große Schwierigkeiten aufzuwerfen, wie sie, in der Redeweise des Thomas von Aquin, nicht nur *über,* sondern *wider* die Möglichkeiten der Natur zu sein scheinen könnten. 2. Andererseits erscheinen gewisse andere Wunder, die ehemals ganz klar ein göttliches Eingreifen anzuzeigen schienen [z. B. gewisse Heilun-

---

[5] Das heißt *evolutiv*. Recht angewandt, scheint dieses Grundprinzip, daß nämlich *Gott* in *allen* Bereichen [Schöpfung, Erlösung, Offenbarung, Heiligung...] *nur evolutiv wirkt,* dieses Prinzip, so sage ich, scheint mir notwendig und ausreichend zu sein, um das ganze Christentum zu modernisieren und «wieder in Schwung zu bringen» [Anmerkung des Autors].

[6] Das heißt durch gelenkte Anordnung [Super-Anordnung] von beim «inspirierten Autor» zuvor existierenden Elementen [Ideen und Tendenzen] [1947]. [Anmerkung des Autors.]

EINFÜHRUNG ZUM CHRISTLICHEN LEBEN

gen], uns heute nicht mehr derartig beweiskräftig, weil wir zu ahnen beginnen, daß die organischen Determinismen, die aus den Gewohnheiten entstanden und der Kontrolle des Lebens unterworfen sind, weit mehr, als wir es glaubten, den Kräften der «Seele» gehorchen.

Unter dem Einfluß dieser doppelten Feststellung tendiert das *christliche Wunder* [d.h. die Manifestation eines göttlichen personalen Einflusses im Christentum] ganz natürlich dahin, sich für unseren Blick aus dem Bereich der «Einzelwunder» in den Bereich des nunmehr sichtbaren «vitalen, allgemeinen Erfolgs» des Glaubens an Jesus zu verschieben. Heute läßt uns [wie ganz sicher schon gestern, aber weniger explizit] die vom Christentum gezeigte Fähigkeit, die menschliche Evolution [die Anthropogenese] im Gleichgewicht zu halten, zu lenken, zu beseelen und zur Fülle zu führen, gewiß stärker als irgendein besonderes außergewöhnliches Ereignis in der Welt den Finger Gottes spüren und erkennen.

Doch bleibt wahr, daß das Christentum nicht mehr das Christentum wäre, wenn wir nicht, und wäre es in einer undurchsichtigen und allgemeinen Weise, annehmen könnten, daß unter dem Einfluß Gottes die Determinismen und kosmischen Zufälle geschmeidig werden, final werden und sich um uns herum beseelen je nach dem Maße unserer Vereinigung mit Gott und unseres Gebetes. Doch welche inneren Evidenzen [die vielleicht viel sicherer sind als alles Urteilen] wir darüber auch haben mögen, wir müssen anerkennen, daß die Objektivität eines derartigen besonderen oder allgemeinen Eingreifens der Vorsehung in unser Leben weit mehr in den Bereich der persönlichen Intuition als des Beweisbaren gehört.

Füglich wird man immer dahin zurückkommen müssen, daß wir das Tun und die Stimme Gottes in der Welt ohne eine besondere Sensibilisierung der Augen und der Ohren unserer Seele [«Gnade»] nicht zu erkennen vermögen – d. h. ohne eine Art von besonderem Sinn oder Super-Sinn, dessen Existenz, das sei angemerkt – sofern die Vereinigung mit Gott tatsächlich einem höheren Grad des Lebens entspricht –, durchaus mit den Gesetzen der Biologie übereinstimmt.

N.B. In manchen Fällen [Jungfräulichkeit Mariens, materielle Auferstehung Christi, Himmelfahrt etc.] hat man den Eindruck, daß die Wunder des Evangeliums in greifbarer Weise [in der Weise der Genesis] zum Ausdruck bringen, was in derartig tiefen Ereignissen wie dem Eintauchen des Wortes in das menschliche Phylum oder dem Übergang Christi von seinem individuellen menschlichen in seinen «kosmischen» Zustand als Zentrum der Evolution an «Undarstellbarem» enthalten ist. Keine bloßen Symbole: sondern der bildhafte Ausdruck von etwas Unsagbarem. Daraus folgt, daß es ebenso vergeblich wäre, derartige Bilder einer wissenschaftlichen Kritik zu unterwerfen [weil sie nichts Fotografierbarem entsprechen], wie es zerstörerisch wäre, sie zu verwerfen [weil damit die Christogenese von ihrer transexperimentalen Essenz abgeschnitten würde].

5. Erbsünde und Erlösung

Das Zeichen des Christen ist das Kreuz; und die erste Bedeutung des Kreuzes ist die Sühne für eine «Ursünde», infolge deren die Menschheit plötzlich in einen Zustand der Sünde, des Leidens und des Todes gefallen wäre.

Auf den ersten Blick ist für einen modernen Geist nichts so verwirrend wie diese Darstellung des Sündenfalles, der nicht nur eine Paläontologie und eine Frühgeschichte zu widersprechen scheinen, die weder für das primitiv vorge-

EINFÜHRUNG ZUM CHRISTLICHEN LEBEN

stellte irdische Paradies noch für ein am Anfang vollendetes Menschenpaar einen Ort angeben können – sondern auch ein begründeter Optimismus, der gewohnt ist, die menschliche Evolution so zu sehen, daß sie sich auf einer kontinuierlichen Bahn vollzieht. Nichts ist verwirrender; und doch glücklicherweise nichts, in dem klarer das Vermögen der Erneuerung und der Anpassung deutlicher sichtbar würde, das dem christlichen Phylum eigen ist.

Welche Gestalt will denn in diesem Augenblick die Idee des «Heiles» durch die einfache Koexistenz und vitale Konfrontation des Glaubens an die Erlösung und des Glaubens an die Evolution in der Tiefe der Seele der Gläubigen annehmen?

Einerseits will die Erbsünde, wenn man sie in die Dimensionen des Universums transponiert, wie es uns heute in der organischen Totalität von Zeit und Raum erscheint, sich [zumindest in ihren Wurzeln] immer deutlicher mit dem Gesetz des in einer Welt im Zustand der Evolution immer möglichen Falles und immer gegenwärtigen Leidens verbinden. – Andererseits neigt die christliche Aufmerksamkeit, ohne den Aspekt der «Sühne» aus dem Auge zu verlieren, dahin, den Blick im Heilswirken Christi weit stärker nach vorn auf den Aspekt «Neuguß und Aufbau» zu richten.

Aus diesem doppelten Grunde glaube ich mich nicht zu täuschen, wenn ich sage, daß sich langsam, aber sicher eine geistige Transformation vollzieht, an deren Ende der leidende Christus, ohne aufzuhören, derjenige zu sein, «der die Sünden der Welt trägt» – und gerade als dieser –, für die Gläubigen immer mehr zu demjenigen wird, «der die Last der in Evolution befindlichen Welt trägt und erträgt».

Vor unseren Augen, in unseren Herzen, davon bin ich überzeugt, vollendet und entfaltet sich der Christus-Redemptor in der Gestalt eines Christus-Evolutor. Und gleichzeitig weitet und dynamisiert sich der Sinn des Kreuzes für unseren Blick: das Kreuz, Symbol nicht nur der dunklen, regressiven Seite – sondern auch und vor allem der erobernden und lichten Seite des in Genese befindlichen Universums; das Kreuz, Symbol des Fortschritts und des Sieges durch die Sünden, die Enttäuschungen und das Bemühen hindurch; das einzige Kreuz, wahrlich, das wir ehrlich, stolz und leidenschaftlich einer Welt zur Anbetung zeigen können, die sich dessen bewußt geworden ist, was sie gestern war und was sie morgen erwartet.

6. Hölle

Die Existenz einer Hölle ist neben dem Geheimnis des Kreuzes einer der verwirrendsten und am meisten kritisierten Aspekte des christlichen Credo. Und doch, wird dieses Dogma in seinem Wesenskern begriffen, ist nichts den Perspektiven eines in Evolution befindlichen Universums so angemessen. Alle Evolution [in den Grenzen unserer Erfahrung] bringt Auslese und Abfall mit sich. Damit können wir uns die Einswerdung der Welt in Gott in der Totalität ihres Prozesses unmöglich vorstellen, ohne einen [theoretischen, wenn nicht faktischen] Platz dem einzuräumen, was sich diesem beseligenden Prozeß unter Umständen entziehen würde. Kann das menschliche Heilsgeschehen, in dem die Schöpfung besteht, ein hundertprozentiges Ergebnis erbringen? Das Christentum sagt weder ja noch nein. Doch erinnert es uns daran, daß es Verluste geben kann – und daß in diesem Falle die «verworfenen» Elemente für immer eliminiert, d. h. zu den *Antipoden* Gottes verstoßen würden.

Unter diesem Gesichtspunkt heißt die Hölle setzen einfach in negativer Weise sagen, daß der Mensch aus physischer

EINFÜHRUNG ZUM CHRISTLICHEN LEBEN

und organischer Notwendigkeit sein Glück und seine Vollendung nur finden kann, indem er durch Treue zu der ihn mitreißenden Bewegung bis zum Zielpunkt seiner Evolution gelangt. Das höchste Leben [d.h. ein volles Bewußtsein von allem in allem] oder der höchste Tod [d.h. ein in sich selbst unendlich enteintes Bewußtsein]. Alles oder nichts. Vor diese Alternative stellt uns die Existenz der Hölle, und sie wird in der Idee der Hölle zum Ausdruck gebracht. Wer wagte zu sagen, daß diese Bedingung nicht mit dem in Einklang stünde, was wir wissen, und mit all dem harmonierte, was wir ahnen? Und wer vor allem wagte zu sagen, sie wahre nicht die Bedeutung des Lebens und die menschliche Würde?

An diesem Punkt wollen wir nicht versuchen, noch weiter zu gehen, d.h. wir wollen vermeiden, uns zu dem irreführenden Bemühen um *Vorstellung* oder *Imagination* hinreißen zu lassen. Die Hölle, das kann man nicht oft genug wiederholen, ist uns nur in dem Maße bekannt und sie hat nur in dem Maße Sinn, wie sie in unseren Anschauungen den gegenteiligen Platz des Himmels, als der Gott entgegengesetzte Pol, einnimmt. Mit anderen Worten, wir können sie nur negativ in bezug auf den Himmel definieren, der sie nicht ist. Alles Bemühen, sie zu «verdinglichen» und in sich selbst als ein isoliertes Ganzes zu beschreiben, läuft Gefahr, uns [wie wir im Übermaß erlebt haben] zum Absurden und Widerwärtigen zu führen.

Kurz, die Hölle ist eine «indirekte» Wirklichkeit, die wir intensiv spüren müssen, ohne daß es uns nützlich oder möglich wäre, sie unmittelbar wahrzunehmen und zu betrachten – genauso wie es sich beim Kletterer verhält, der sich ständig des Abgrunds unter ihm bewußt bleibt, dem den Rücken zuzukehren sein wesentliches Tun und seinen Sieg ausmacht.

Ich möchte nicht behaupten, die hier vorgetragenen Anschauungen seien schon allgemein von den Theoretikern des christlichen Glaubens anerkannt. Auf jeden Fall setzen sie sich in der Praxis der Gläubigen durch und gewinnen sie an Boden. Und folglich haben sie große Aussicht, die lebendige Orthodoxie von morgen zur Aussage zu bringen.

7. Eucharistie

Vom realistischen Standpunkt aus, der überall das katholische Christentum kennzeichnet, sind die Sakramente nicht nur ein symbolischer Ritus. Sie bewirken biologisch, im Bereich des Lebens der personalen Vereinigung mit Gott, was sie darstellen. – Nirgends tritt die Idee der organischen Funktion des Sakramentes mit größerer Deutlichkeit zutage als in der Eucharistie [Messe und Kommunion].

Wenn man die Katechismen liest, könnte man meinen, alle Sakramente seien gleich wichtig und die Eucharistie sei nur ein Sakrament wie die anderen und unter anderen. In Wirklichkeit gehört die Eucharistie unter den Sakramenten einer besonderen Ordnung an. Sie ist das erste der Sakramente; oder genauer, sie ist *das* einzige Sakrament, auf das alle anderen Bezug haben. Und zwar aus dem guten Grunde, weil durch sie unmittelbar die *Achse* der Inkarnation, d.h. der Schöpfung, hindurchgeht.

Was geschieht nämlich, immer noch vom christlich-katholischen Standpunkt aus gesehen, wenn wir kommunizieren?

An erster Stelle und unmittelbar treten wir persönlich in dem betreffenden Augenblick in einen physiologischen Kontakt mit dem Assimilationsvermögen des inkarnierten Wortes. Doch das ist nicht alles. Dieser besondere Kontakt unserer, sagen wir, *n-ten* Kommunion folgt nicht in diskon-

EINFÜHRUNG ZUM CHRISTLICHEN LEBEN

tinuierlicher Weise auf n Kommunionen, die ihr im Laufe unserer Existenz vorausgegangen sind; vielmehr verbindet sie sich organisch mit ihnen in der Einheit ein und derselben geistigen Entwicklung, die der ganzen Dauer unseres Lebens koextensiv ist. Alle Kommunionen unseres Lebens sind tatsächlich nur aufeinanderfolgende Augenblicke oder Episoden einer einzigen Kommunion, d.h. ein und desselben Prozesses der Christifikation.

Dies aber ist noch nicht alles. Was für mich gilt, gilt für jedweden anderen lebenden, vergangenen oder zukünftigen Christen; und alle diese Christen bilden im übrigen, wie wir durch die Vernunft und durch den Glauben wissen, in der Menschheit und in Gott nur ein einziges, in einem gemeinsamen Super-Leben organisch verknüpftes Ganzes. Wenn also alle meine Kommunionen nur eine einzige große Kommunion bilden, dann sind auch alle Kommunionen aller Menschen aller Zeiten, global genommen, ihrerseits in ihrer Summe auch nur eine einzige und noch umfassendere Kommunion, die dieses Mal der Geschichte der Menschheit koextensiv ist. Das läuft darauf hinaus zu sagen, die in ihrem gesamten Vollzug begriffene Eucharistie ist nichts anderes als der Ausdruck und die Manifestation der einheitschaffenden göttlichen Energie, die hier im einzelnen an jedem geistigen Atom des Universums ansetzt.

Kurz, Christus in der Eucharistie anhängen, heißt unausweichlich und *ipso facto,* uns jedes Mal etwas mehr einer Christogenese einverleiben, die ihrerseits [hierin liegt, wie wir gesehen haben, das Wesentliche des christlichen Glaubens] nichts anderes als die Seele der universellen Kosmogenese ist.

Für den Christen, der diese grundlegende Heilsökonomie begriffen hat und der zur gleichen Zeit von dem Gefühl der organischen Einheit des Universums durchdrungen ist, bedeutet kommunizieren also keinen sporadischen, lokalisierten Teilakt. Indem ein solcher Christ die Hostie kommuniziert, hat er das Bewußtsein, das Herz selbst der Evolution zu berühren. Und umgekehrt begreift er, daß es für ihn, um das Herz der Hostie zu berühren, unumgänglich ist, durch Annahme und Verwirklichung seines totalen Lebens mit der ganzen Oberfläche und Mächtigkeit, mit dem ganzen Körper der in Evolution befindlichen Welt zu kommunizieren.

Das Sakrament unseres erlittenen und eroberten Lebens in seinen individuellen Modalitäten wie auch in seiner kosmischen Weite!

Die «Super-Kommunion»...

8. Katholizismus und Christentum

Ein häufig von den anderen Christen an die Katholiken gerichteter Vorwurf lautet, sie wollten Christus zu ihrem Gebrauch monopolisieren – als ob es außerhalb des Katholizismus keine wahrhafte Religion gebe. – Nach dem, was oben über die lebendige und evolutive Natur des christlichen Glaubens gesagt wurde, ist leicht einzusehen, daß dieses von der römischen Kirche beanspruchte Vorrecht, der einzige authentische Ausdruck des Christentums zu sein, kein ungerechtfertigter Anspruch ist, sondern einem unvermeidlichen organischen Bedürfnis entspricht.

Wir haben es von Anfang an in allgemeiner Weise in Erinnerung gerufen; und die Analyse einer gewissen Zahl von dogmatischen, heute noch voll «in Evolution» befindlichen Punkten hat uns erlaubt, es im einzelnen historisch zu verifizieren: seinem Wesen nach ist das Christentum weit mehr als ein fixes und ein für allemal gegebenes System von anzuerkennenden und buchstäblich zu bewahrenden Wahrheiten. Sosehr es auch auf einem «offenbarten» Kern gegründet sein mag, es stellt tatsächlich eine geistige Haltung auf dem Wege dauernder Entwicklung dar: die Entwicklung eines christlichen Bewußtseins nach dem Maße und nach dem Verlangen des wachsenden Bewußtseins der Menschheit. Biologisch verhält es sich wie ein «Phylum». Mit biologischer Notwendigkeit muß es folglich die Struktur eines Phylums haben, d. h. ein kohärentes und progressives System kollektiv-verbundener geistiger Elemente bilden.

Unter dieser Voraussetzung ist klar, daß *hic et nunc* der Katholizismus innerhalb des Christentums allein derartige Charakteristika besitzt.

Außerhalb des Katholizismus erkennen und lieben zweifellos zahlreiche Einzelmenschen Christus, und sie sind folglich mit ihm ebensosehr [und sogar besser] vereint wie die Katholiken. Aber diese Einzelmenschen sind nicht insgesamt in der «kephalisierten» Einheit eines *Leibes* zusammengruppiert, der vital als ein organisches Ganzes auf die vereinten Kräfte Christi und der Menschheit reagiert. Sie nützen den Saft des Stammes, ohne an der Aufbereitung und an dem jugendlichen Aufquellen dieses Saftes im Herzen selbst des Baumes mitzuwirken. Die Erfahrung beweist: nicht nur theoretisch, sondern faktisch entstehen allein im Katholizismus kontinuierlich neue Dogmen – und bilden sich, allgemeiner, neue Haltungen, die durch die dauernd fortgewirkte Synthese des alten Credo und der in jüngster Zeit in das menschliche Bewußtsein emergierten Ansichten die Ankunft eines christlichen Humanismus um uns herum vorbereiten.

Mit aller Evidenz vermag das Christentum, wenn es ihm wirklich bestimmt ist, wie es bekennt und fühlt, die Religion von morgen zu sein, nur durch die lebendige und organisierte Achse seines römischen Katholizismus zu hoffen, die Kraft zu haben, sich mit den großen modernen humanistischen Strömungen zu messen und sie zu assimilieren.

Katholischsein ist die einzige Weise, voll und bis ans Ende Christ zu sein.

9. Die christliche Heiligkeit

Alle großen Religionen nehmen sich vor, den Menschen über die Materie zu erheben, d. h. ihn zu vergeistigen, d. h. ihn zu «heiligen». Doch von einer Religion zur anderen variiert die Definition des «Heiligen» zugleich mit den Begriffen Geist und Materie. Wie sieht in diesem wesentlichen Punkt die christliche Position aus?

Im Prinzip und in allgemeiner Weise kann man sagen, die christliche Askese habe von Anfang an als eigentümliches Merkmal das Bemühen gezeigt, das «menschliche Kompositum» in seiner Integrität von Leib und Seele zu respektieren. Während in den meisten östlichen Religionen die als schlecht betrachtete Materie im Laufe der Heiligung Schritt um Schritt verworfen werden muß – bewahrt das Christentum den Wert und die Rechte des Fleisches, denn das Wort hat Fleisch angenommen und wird es auferwecken. Christus rettet gleichzeitig mit dem Geist die Materie, in die er eingetaucht ist. Ebenso soll der Christ sich nicht bemühen, seinen Leib zu vernichten, sondern ihn zu heiligen und zu sublimieren.

Worin aber besteht genau diese Sublimation?

In diesem Punkte scheint die Kirche in Übereinstimmung mit ihrer lebendigen und progressiven Natur, aufgrund einer asketischen und mystischen, eng an die Ausfaltung ihres dogmatischen Denkens gebundenen Evolution dabei zu sein, ihre Anschauungen zu präzisieren.

EINFÜHRUNG ZUM CHRISTLICHEN LEBEN

Bis in die jüngste Zeit hinein [d. h. solange Materie und Geist noch als zwei statisch miteinander verknüpfte heterogene Elemente in der Welt betrachtet werden konnten] war der christliche Heilige jener, dem es in diesem dualistischen Komplex am besten gelang, die Ordnung herzustellen, indem er die körperlichen Energien auf die Rolle von Dienern im Vergleich zu den Bestrebungen des Geistes herabminderte. Von hier erklärt sich, ähnlich wie in den östlichen Religionen, ein ausgeprägter Primat der Abtötung.

Heute dagegen, da in einem, endlich in seiner evolutiven Struktur erkannten Universum Materie und Geist die Gestalt zweier miteinander in der Einheit ein und derselben Bewegung solidarischer Glieder annehmen [der Geist taucht für die Erfahrung in der Welt nur über einer immer höher synthetisierten Materie auf], stellt die Frage der Askese sich anders. Für den Christen von heute genügt es nicht, dafür zu sorgen, daß in seinem Leib Frieden und Schweigen herrscht, so daß seine Seele sich frei den göttlichen Angelegenheiten zuwenden kann. In seinen Augen kommt es, um vollkommen zu sein, vor allem darauf an, alles aus diesem Leib herauszuholen, was er an *geistiger Potenz* enthält; – und zwar nicht nur aus diesem eng begrenzten Leib seiner Glieder aus Fleisch, sondern aus dem unermeßlichen «kosmischen» Leib, der für jeden von uns von der umgebenden Masse des in Evolution befindlichen «Weltstoffes» gebildet wird.

In unseren heutigen Perspektiven, in denen alles heilig, weil vergeistigbar, wird, führt das «Verlaßt alles und folgt mir nach» des Evangeliums letzten Endes nur dahin, uns unter einem höheren Gesichtswinkel auf das «Alles» in dem Maße zurückzuwerfen, wie dieses «Alles» [das sehen wir jetzt] uns erlaubt, Christus in der Universalität seiner Inkarnation zu ergreifen und weiterzuführen. – Nicht

EINFÜHRUNG ZUM CHRISTLICHEN LEBEN

mehr vor allem die Abtötung – sondern die Vervollkommnung des menschlichen Bemühens dank der Abtötung. Der Heilige, der christliche Heilige, wie wir ihn jetzt begreifen und erwarten, ist nicht der Mensch, dem es gelingt, der Materie am besten zu entrinnen oder sie auf vollständigste Weise zu zähmen; sondern derjenige, der, indem er sie über sich selbst hinaus voranzutreiben versucht und die Integrität seiner Kräfte des Goldes, der Liebe und der Freiheit an der christlichen Vollendung mitwirken läßt, vor unseren Augen das Ideal des guten Dieners der Evolution verwirklicht[7].

Zusammenfassung: Christentum und Pantheismus

Aus der ganzen vorausgehenden Darlegung ergibt sich klar, daß das Christentum vor allem ein Glaube an die progressive Einswerdung der Welt in Gott ist; es ist wesentlich universalistisch, organisch und «monistisch».
Offensichtlich zeichnet sich dieser «pan-christische» Monismus durch etwas ganz Besonderes aus. Weil vom christlichen Standpunkt aus das Universum letzten Endes nur

---

[7] Da der von P. Teilhard beschrittene mystische Weg – die «Via Tertia», wie er ihn nannte – zu irrigen Interpretationen Anlaß gegeben hat, ist es angemessen, die Unterscheidung zu betonen, die Teilhard bis ans Ende seines Lebens traf, nämlich zwischen: *die Materie vollständig zähmen* und *sie über sich selbst hinaus vorantreiben*. In dieser «Sublimation», die die Aneignung ausschließt, hat der Ordensmann, ohne abzuweichen, die Linie verfolgt, die er sich zu eigen gemacht hatte, als er seine Gelübde aussprach: «In der Keuschheit, der Armut und im Gehorsam die in der Liebe, im Gold und in der Unabhängigkeit eingeschlossene Kraft heiligen.» [Le Prêtre, S. 44., Éd. du Seuil.] [Anmerkung der Herausgeber.]

eins wird mittels personaler Beziehungen, d.h. unter dem Einfluß der *Liebe*, ist es nicht möglich, sich die Einswerdung der Seienden in Gott als durch Fusion bewirkt vorzustellen [Gott entsteht durch die Verschmelzung der Elemente der Welt oder, im Gegenteil, indem er sie in sich absorbiert], sondern sie wird nur durch «differenzierende» Synthese vollzogen [die Elemente der Welt werden um so mehr sie selbst, wie sie stärker in Gott konvergieren]. Es ist nämlich der spezifische Effekt der Liebe, daß sie die Seienden in sich verstärkt, die sie untereinander näher bringt. Im totalisierten christlichen Universum [im «Pleroma», wie Paulus sagt] bleibt Gott letzten Endes nicht allein; vielmehr ist er alles in allen [«en pasi panta Theos»[8]]. Einheit in und durch die Pluralität.

Dies aber, das wird man leicht feststellen, ist keine Einschränkung, keine Abschwächung, sondern im Gegenteil eine Vervollkommnung und Betonung der Idee der Einheit. *Allein* nämlich der «Pantheismus» der Liebe oder christliche «Pantheismus» [der, in dem jedes Sein durch die Vereinigung mit Christus, dem göttlichen Super-Zentrum, super-personalisiert, super-zentriert wird] – allein ein solcher Pantheismus interpretiert genau das menschliche religiöse Streben, dessen Traum es letzten Endes ist, sich bewußt in der Einheit zu verlieren, und er allein befriedigt es voll und ganz. Er allein stimmt mit der Erfahrung überein, die uns überall zeigt, daß die *Vereinigung differenziert*. Er allein schließlich führt die Kurve der Evolution legitim weiter, in der die Zentrierung des Universums in sich selbst nur kraft organisierter Komplexität voranschreitet.

Im Gegensatz zu einem weitverbreiteten Vorurteil kann im Christentum [vorausgesetzt, daß man es in der Integri-

---

[8] «Gott alles in allen» [Anmerkung der Herausgeber].

EINFÜHRUNG ZUM CHRISTLICHEN LEBEN

tät seines katholischen Realismus begreift] die pantheistische Mystik aller Zeiten und insbesondere die ganz vom «schöpferischen Evolutionismus» durchdrungene unserer Zeit ihre höchste und kohärenteste, ihre dynamischste und vollends anbetende Gestalt gewinnen.

Und deshalb, ich wiederhole das, hat das Christentum alle Aussichten, die wahre und einzige Religion von morgen zu sein.

Ineditum. Peking, 29.Juni 1944.

CHRISTENTUM UND EVOLUTION

Anregungen für eine neue Theologie

Vorbemerkung

Im Laufe der letzten 20 Jahre habe ich in einer langen Reihe von Essays die Anschauungen dargelegt, die sich Schritt für Schritt in meinem Geist im Blick auf die Emersion eines christlichen Evolutionismus im modernen menschlichen Denken herausbildeten. Leider oder glücklicherweise sind viele dieser Arbeiten nicht veröffentlicht worden. Zudem bot in den meisten Fällen jede einzelne nur vorläufige oder teilweise knappe Skizzen und Einblicke zu dem Thema. Heute, da meine Ideen gereift sind, erscheint es mir interessant – und zwar in dem Maße, wie sie dem christlichen Bemühen eine nützliche Hilfe zu leisten vermögen –, sie endlich in ihrer Gesamtheit und in ihrer Essenz darzustellen, d.h. zusammengefaßt im Rahmen einiger weniger grundlegender, organisch miteinander verbundener Sätze. In dieser schematischen und handlichen Gestalt wird das, was an Fruchtbarem oder im Gegenteil an Kritisierbarem in meinem Denken sein mag, deutlicher zutage treten. Was lebendig ist, wird seine Chance finden, zu überleben und zu wachsen. Und damit wird meine Aufgabe erfüllt sein.

Wie der Titel dieser Abhandlung anzeigt, schreibe ich diese Zeilen nur, um zu der gemeinsamen Arbeit des christlichen Bewußtseins einen individuellen Beitrag zu leisten, der den Anforderungen Ausdruck verleiht, die die «fides quaerens intellectum»[1] in meinem besonderen Fall stellt.

---

[1] Der Glaube sucht den Verstand [Anmerkung der Herausgeber].

Vorschläge und nicht Behauptung oder Lehre. Da ich aus Gründen, die ja gerade in der Struktur meiner Anschauungen wurzeln, zuinnerst davon überzeugt bin, daß das religiöse Denken sich nur traditionell, kollektiv, «phyletisch» entwickelt, habe ich auf diesen Seiten kein anderes Verlangen und keine andere Hoffnung als: *sentire* – oder, genauer, *praesentire* cum Ecclesia[2].

A. Die derzeitige religiöse Situation: Der Glaube an Gott und der Glaube an die Welt: eine notwendige Synthese

1. Man hört häufig sagen, religiös gesprochen sei die Erde am Erkalten. In Wirklichkeit ist sie niemals glutvoller gewesen. Nur beginnt sie mit einem neuen, noch schlecht individualisierten und schlecht identifizierten Feuer zu brennen. Unter der Einwirkung vielfältiger und konvergenter Ursachen [Entdeckung der organischen Zeit und des organischen Raums, Fortschritt der menschlichen Einswerdung oder «Planetisation» etc.] ist der Mensch seit einem Jahrhundert unzweifelhaft zu der Evidenz erwacht, daß er auf einer kosmischen Ebene und in kosmischen Dimensionen in einen umfassenden Prozeß der Anthropogenese hineingenommen ist. Das unmittelbare Ergebnis dieser Bewußtwerdung aber ist, daß es aus den jugendlichen, «magmatischen», Tiefen seines Seins einen noch ungestalten, aber machtvollen Strom unbegrenzten Strebens

---

[2] Mit der Kirche empfinden [...] vorausahnen [Anmerkung der Herausgeber]. [Das lateinische Wortspiel ist im Deutschen nicht so genau nachzuahmen.]

CHRISTENTUM UND EVOLUTION

und unbegrenzter Hoffnungen hervorwachsen ließ. Das Brausen der sozialen Wogen oder die Stimme der Presse und der Bücher: für ein aufhorchendes oder geübtes Ohr hallen all diese diskordanten Geräusche, die derzeit aus der menschlichen Masse aufsteigen, im Klange eines einzigen Grundtons wider – der Glaube und die Hoffnung an ein Heil, das an die evolutive Vollendung der Erde gebunden ist. Nein, die moderne Welt ist nicht unreligiös – ganz im Gegenteil. Vielmehr ist in ihr durch plötzlichen, massiven Zustrom eines neuen Saftes *der religiöse Geist*, in seiner Totalität und seinem Stoff selbst, zum Kochen gekommen und in Umwandlung geraten.

2. Infolge dieser «Eruption» zeigen sich innerhalb des Christentums unvermeidlich tiefgreifende Störungen. Die christliche Dogmatik, die nach dem Maße und in den Dimensionen eines *früheren* [antezedenten] Zustands der menschlichen religiösen Energie formuliert und in sich gefügt worden ist, funktioniert heute nicht mehr genau nach den Erfordernissen einer «anima naturaliter christiana»[3] des *neuen Modells*. Offensichtlich von daher erklärt sich diese charakteristische Indifferenz unserer Generation den Lehren der Kirche gegenüber. Wie Nietzsche bemerkt hat, gehen nicht die Argumente, sondern die *Lust* am Evangelium verloren, unwiderstehlich von einer höheren Lust aufgesogen, und dies auch [und zwar trotz ihrer verzweifelten Anstrengungen, sie zu bewahren] bei einer überraschenden Zahl von Ordensleuten und Priestern. Und doch, ist das Christentum heute nicht *die einzige* menschliche Strömung in unserem Gesichtskreis, in der mit einer Überlebenschance der [für die Zukunft der ganzen Anthropogenese wesentliche] Glaube an ein personales und das Universum personalisierendes Zentrum lebt?

---

[3] Eine natürlich christliche Seele [Anmerkung der Herausgeber].

3. Unter diesem Gesichtspunkt zeigt sich die psychologische Situation der heutigen Welt wie folgt. Hier, aus den Tiefen des menschlichen Bewußtseins auftauchend, ein ursprünglicher, stürmischer Aufstieg kosmischen und humanistischen Strebens – unwiderstehlich in seinem Aufstieg, aber gefährlich ungenau und noch gefährlicher «unpersonal» in seiner Ausdrucksform: der neue Glaube an die Welt. Und dort, unbeugsam vom christlichen Dogma bewahrt, aber immer mehr [dem Anschein nach] von der religiösen Flut verlassen, die Schau und die Erwartung eines transzendenten und liebenden Pols des Universums: der alte Glaube an Gott. – Was bedeutet dieser Konflikt? Und wie wird er sich entwickeln? – Das Problem so stellen, wie wir es getan haben, heißt meines Ermessens es lösen. Glaube an die Welt und Glaube an Gott: sind nicht die beiden Positionen alles andere als antagonistisch, sondern ihrer Struktur nach komplementär? – Hier, durch den modernen Humanismus repräsentiert, eine Art Neuheidentum, mit Leben geschwellt, aber noch kopflos. Dort, durch das Christentum dargestellt, ein Kopf, in dem das Blut nur noch verlangsamt zirkuliert. Hier die Schichten eines wunderbar ausgeweiteten Kegels, die aber unfähig sind, sich in sich selbst zu schließen: ein Kegel ohne Spitze. Dort eine Spitze, die ihre Basis verloren hat. – Wie könnte man nicht sehen, daß die beiden Fragmente dazu geschaffen sind, sich miteinander zu verbinden?

4. Kurz, ist nach 2000 Jahren der Existenz und in Übereinstimmung mit einem organischen Rhythmus, dem nichts in der Natur zu entrinnen scheint, das Christentum, gerade weil es unsterblich ist, nicht an den Zeitpunkt gelangt, wo es, um weiter zu bestehen, sich [nicht durch Veränderung seiner Struktur, sondern durch Assimilation neuer Elemente] verjüngen und erneuern muß? Mit anderen Worten, muß man nicht in der gegenwärtigen Krise, in der vor

unseren Augen und in unseren Herzen die traditionellen christlichen Kräfte und die modernen Kräfte der Evolution einander gegenübertreten, ganz einfach den Wendepunkt einer providentiellen und notwendigen Befruchtung erkennen?... Ich glaube es. Dann aber ist klar, damit diese Synthese zustande komme, muß das Christentum, ohne den Standort seines Gipfels zu ändern, seine Achsen so weit öffnen, bis es in ihrer Totalität die neue Stoßwelle religiöser Energie umfaßt, die von unten her aufsteigt, um sublimiert zu werden.

Wie man in dem doppelten Bereich der Theologie und der Mystik sich diese Ausweitung der christlichen Leitlinien [ohne sie zu entstellen] nach den Dimensionen eines durch das moderne wissenschaftliche Denken wunderbar vergrößerten und solidarisierten Universums vorstellen soll, bleibt mir noch zu untersuchen.

B. Eine theologische Neuorientierung: der Christus-Universalis

5. In allgemeiner Weise darf man sagen, wenn es während der ersten Jahrhunderte der Kirche das vorherrschende Anliegen der Theologie war, die Stellung Christi in bezug auf die Trinität intellektuell und mystisch zu bestimmen, so ist in unseren Tagen für sie folgendes von vitalem Interesse geworden: die Existenz- und Einfluß-Beziehungen zu analysieren und zu präzisieren, die Christus und das Universum miteinander verbinden.

6. Was die Natur des Universums angeht, erscheint es immer evidenter, daß *der Eigenwert* des «teilhabenden Seins» zu dem Grundproblem wird, das sich heute dem

christlichen Philosophen stellt. So wie die klassische Ontologie sie logisch definieren muß – d. h. als durch und durch kontingent und Gegenstand reiner Barmherzigkeit –, erweist sich die geschaffene Welt, ob man sie nur vom modernen menschlichen Standpunkt aus betrachtet oder ob man sie vom christlichen Standpunkt aus sieht, als in gleicher Weise *unbefriedigend*. Vom menschlichen Standpunkt aus fühlen wir uns nicht nur entrüstet aufgrund unserer intellektuellen Evidenzen, sondern auch bedroht in den Triebfedern unseres Handelns selbst durch eine Lehre, die *in unseren Augen weder* die Gewaltigkeit *noch* die Mühsale der Evolution *weiterhin rechtfertigt*, in die wir uns heute hineingenommen *sehen*. Was nützt es uns, «beseligt» zu werden, wenn wir letzten Endes durch unser Leben nichts «Absolutes» zur Totalität des Seins hinzufügen? – Und gleichzeitig begreifen wir vom christlichen Standpunkt her nicht mehr, weshalb ein Gott durch bloßes «Wohlwollen» sich auf eine derartige Entfesselung von Leiden und Abenteuern hat einlassen können. Bedrängen Sie unsere Vernunft mit einer Dialektik des reinen Aktes: Sie werden unser Herz nicht mehr davon überzeugen, daß die unermeßliche kosmische Sache, *so wie sie sich uns heute offenbart,* nur ein Geschenk und ein göttliches Spiel sei. Und weshalb im übrigen, wenn es sich so verhielte, weshalb wird von den sichersten Schrifttexten der Vervollständigung des geheimnisvollen Pleroma eine so außerordentliche Bedeutung beigemessen? – Gott genügt sich durchaus selbst; und doch bringt ihm das Universum *etwas vital Notwendiges:* das sind die beiden scheinbar einander widersprechenden Bedingungen, denen von nun an das teilhabende Sein *explizit* genügen muß [um seine doppelte Funktion zu erfüllen: unseren Willen zu «aktivieren» und Gott zu «pleromisieren»]. Alt wie das religiöse Denken selbst, aber verjüngt und neu belebt durch die Entdeckung der Evolution, erscheint der Gegensatz immer noch ebenso unüberwindlich. Doch sollte es nicht einfach daran liegen, daß wir, um ihn aufzulösen, uns endlich [hierin die Physik nachahmend, die unter dem Druck der Tatsachen nicht gezögert hat, ihre Geometrie zu verändern] entschließen müssen, eine höhere Metaphysik zu schaffen, in der eine weitere Dimension vorkommt?

Stellen wir z. B. an die Stelle einer Metaphysik des *Esse* eine Metaphysik des *Unire* [was darauf hinausläuft, daß wir auch hier wiederum der Physik folgen, da sie unter dem Druck der Erfahrung die Bewegung an die Stelle des Bewegten in den Phänomenen gesetzt hat]. Was geschieht? – In der Metaphysik des *Esse* erschöpft der einmal gesetzte reine Akt alles, was es an Absolutem und Notwendigem im Sein gibt; und nichts mehr rechtfertigt, was man auch versuche, die Existenz des teilhabenden Seins. In einer Metaphysik der Vereinigung dagegen zeigt sich, daß, ist die immanente göttliche Einheit einmal vollendet, noch ein weiterer Grad absoluter *Einswerdung* möglich ist: jene Einswerdung, die zu dem göttlichen Zentrum eine «antipodiale» Aureole reiner Vielheit heranholen würde. Wird es als zu einem Endzustand maximaler Einswerdung hin tendierend definiert, enthält das universelle System eine «Freiheit» mehr. «Unnütz», überflüssig auf der Ebene des Seins, wird das Geschaffene wesentlich auf der Ebene der Vereinigung. – Weshalb nicht in dieser Richtung forschen?[4]

---

[4] Von diesem Standpunkt aus könnte man sagen, für unsere diskursive Vernunft verlaufe alles so, als gebe es in der «Theogenese» *zwei Phasen*. Im Laufe der ersten Phase setzt Gott sich in seiner trinitaren Struktur [das sich in sich selbst reflektierende, sich selbst genügende fontale Sein]: «*Trinisation*». Im Laufe der zweiten Phase umgibt Er sich mit teilhabendem Sein durch evolutive Einswerdung des reinen Vielen [«positives Nichts»], das – im Zustand absoluter Potentialität – durch Antithese zur einmal gesetzten trinitaren Einheit entstanden ist: *Schöpfung*. [Anmerkung des Autors.]

6bis. Welche Lösung auch angenommen wird, die organische Unermeßlichkeit des Universums verpflichtet uns, den Begriff der göttlichen *All-Genügsamkeit [Omni-Sufficientia]* neu zu denken: Gott vollendet sich, Er vervollständigt sich in gewisser Weise im Pleroma. Immer noch unter demselben Gesichtswinkel drängt sich unserem Denken eine weitere Neuanpassung in bezug auf die Idee der *Allmacht [Omnipotentia]* auf. In der alten Konzeption konnte Gott 1. augenblickshaft, 2. isolierte Wesen und 3. so häufig schaffen, wie es ihm gefiel. Jetzt ersehen wir, daß die Schöpfung nur einen Gegenstand haben kann: *ein Universum,* daß sie sich nur [ab intra beobachtet] gemäß einem *evolutivem Prozeß* [einer personalisierenden Synthese] vollziehen kann – und daß sie nur *ein einziges Mal* ablaufen kann: wenn das «absolute» [in der Antithese zur trinitaren Einheit entstandene] Viele verwandelt ist, bleibt nichts mehr, weder in Gott, noch «außerhalb» von Gott, eins zu machen.

Anerkennen, daß «Gott nur evolutiv erschaffen kann», löst für die Vernunft radikal das Problem des Übels [dieses ist ein direkter «Evolutionseffekt»] – und erklärt zur selben Zeit die offensichtliche und geheimnisvolle Verbindung von Materie und Geist.

7. Was die Beziehungen zwischen Christus und der Welt angeht, scheint sich das derzeitige theologische Problem auf den Aufstieg des, wie man ihn nennen könnte, *Christus-Universalis* im christlichen Bewußtsein zu konzentrieren. Begreifen wir diesen entscheidenden Punkt recht.

Bisher *unterschied* das Denken der Gläubigen explizit in der Praxis kaum mehr als zwei Aspekte Christi: Jesus-Mensch und Wort-Gott. Es ist aber evident, daß eine dritte Seite des theandrischen Komplexes im dunkeln blieb; ich meine, die geheimnisvolle super-humane Gestalt, die überall den grundlegendsten Institutionen und den feierlichsten dogmatischen Aussagen der Kirche zugrunde liegt: Der, in dem alles geschaffen ist – Der, «in quo omnia constant»[5] – Der, der durch seine Geburt und seinen Tod alle Schöpfung zu seinem Vater heranholt; der Christus der Eucharistie und der Parusie, der kosmische und vollendende Christus des heiligen Paulus. Bisher, ich sage das noch einmal, ist dieser dritte Aspekt des *inkarnierten* Wortes unzulänglich von den beiden anderen unterschieden worden: und zwar offensichtlich mangels eines konkreten, «phänomenalen» Substrats, um im christlichen Denken und in der christlichen Frömmigkeit materialisiert zu werden. Was aber geschieht in unseren Tagen? Aufgrund des vereinten Bemühens der Reflexion und des menschlichen Strebens verbindet sich das Universum um uns herum, und es bricht vor unseren Augen in einer umfassenden Konvergenz-Bewegung auf. Nicht nur spekulativ, sondern in der Erfahrung nimmt unsere moderne Kosmogonie die Gestalt einer Kosmogenese an [oder, genauer, einer Psycho- oder Noogenese], an deren Ende sich ein höchster Brennpunkt personalisierender Personalität abzeichnet. Wer sieht nicht, welche Stütze, welche Verstärkung, welche Kraft der Erweckung die Entdeckung dieses physischen Poles der universellen Synthese den Anschauungen der Offenbarung bringt? – *Identifizieren* wir doch einmal [zumindest seiner «natürlichen» Seite nach] den kosmischen Christus des Glaubens mit dem Punkt Omega der Wissenschaft. In unseren Anschauungen wird alles hell, weitet sich alles aus, wird alles harmonisch. Einerseits ist die physikalisch-biologische Evolution der Welt für die Vernunft in ihrem Zielpunkt nicht mehr indeterminiert: sie hat einen konkreten Gipfel, ein Herz, ein Gesicht gefunden. Andererseits verlassen für den Glauben die extravaganten Eigenschaften, welche die Tradition dem inkarnierten Wort zulegte, den

[5] In dem alles Bestand hat, Kol 1, 16 [Anmerkung der Herausgeber].

Bereich des Metaphysischen und Juridischen, um realistisch und gewaltlos ihren Platz unter der Zahl und an der Spitze der grundlegendsten Strömungen einzunehmen, welche heute die Wissenschaft im Universum erkennt. Tatsächlich, das muß man bekennen, die Stellung Christi ist phantastisch: aber gerade, weil sie phantastisch ist, in der wahren Größenordnung der Dinge. Wirklich, wir halten hier den Schlußstein des zu bauenden Gewölbes in unseren Händen. Um die von unserer Generation erwartete Synthese zwischen dem Glauben an Gott und dem Glauben an die Welt zu bewirken, brauchen wir nichts anderes und können wir nichts Besseres tun, als in der Person Christi das kosmische Antlitz und die kosmische Funktion dogmatisch herauszustellen, die ihn, organisch, als ersten Beweger und Lenker, als «Seele» der Evolution konstituieren.

Im ersten Jahrhundert der Kirche ist das Christentum endgültig in das menschliche Denken eingetreten, indem es kühn den Jesus des Evangeliums dem alexandrinischen Logos assimilierte. Wie soll man nicht die logische Weiterführung desselben Tuns und das Vorspiel desselben Erfolges in dem Instinkt erkennen, der heute die Gläubigen nach 2000 Jahren dahin drängt, dieselbe Taktik wieder aufzugreifen, diesmal nicht mehr mit dem Ordnungsprinzip des beständigen griechischen Kosmos, sondern mit dem Neo-Logos der modernen Philosophie – dem Evolutor-Prinzip eines in Bewegung befindlichen Universums?

8. Dieser allgemeinen Ausweitung des Christus-Redemptor zu einem wahrhaften «Christus-Evolutor» [Der mit den Sünden das ganze Gewicht einer Welt auf dem Wege des Fortschritts trägt]; dieser Erhebung des historischen Christus zu einer universellen physischen Funktion; dieser letzten Identifizierung der Kosmogenese mit einer Christogenese hat man entgegenhalten können, sie liefen Gefahr, die menschliche Wirklichkeit Jesu im Übermenschlichen ver-

schwinden, im Kosmischen zerstäuben zu lassen. – Nichts scheint mir weniger begründet als dieses Bedenken. – Je mehr man nämlich über die Grundgesetze der Evolution nachdenkt, um so mehr gewinnt man die Überzeugung, daß der Christus-Universalis am Ende der Zeiten nur auf dem Gipfel der Welt zu erscheinen vermag, wenn er sich vorher unterwegs in sie, und zwar *durch Geburt,* in Gestalt eines *Elements* hineinbegeben hat. Wenn wirklich im Christus-Omega das in Bewegung befindliche Universum seinen Halt hat, so gewinnt umgekehrt Christus-Omega aus seinem konkreten Keim, dem Mann aus Nazareth, [theoretisch und historisch] für unsere Erfahrung all seine Konsistenz.

Die beiden Glieder sind miteinander zuinnerst und unauflöslich solidarisch, und sie können sich in einem wahrhaft totalen Christus nur gleichzeitig verändern.

9. Beim bisher Gesagten haben wir unsere Aufmerksamkeit auf die neuen Beziehungen konzentriert, die zwischen dem inkarnierten Wort und einem Universum emergieren, das von nun an in seiner Natur als unitarisch und evolutiv begriffen wird. Es ist aber evident, daß jede dogmatische Entwicklung, die die Theologie des «Sohnes als Gegenstand der Liebe» berührt, auf die Theologie vom Vater zurückwirken muß, in dem letzten Endes alles seinen Ursprung finden muß. – Die göttliche Vaterschaft, diese erste und grundlegende Botschaft des Evangeliums: wäre es ungerecht zu behaupten, dieses Mysterium sei bisher von den Christen vor allem auf einer noch «neolithischen» Ebene meditiert worden, d.h. unter seinem höchst juridischen und «familienhaften» Aspekt? Der Vater: der, der regiert, der ernährt, der verzeiht, der belohnt... Weshalb nicht weit mehr der, der bewegt und der zeugt? – Aufgepaßt. Unmerklich wandelt sich der spirituelle Wert der Worte in dem Maße, wie sich im Hintergrund das sie tragende Den-

ken wandelt. Der «pater familias»[6], der König – diese Symbole haben heute für uns ihr Prestige endgültig verloren. Unser Zeitalter will in Zukunft etwas Durchdringenderes, etwas Organischeres, etwas Umfassenderes über allem menschlichen Wert anbeten. Zeigt, wie das göttliche Zentrum, ohne im geringsten seine personale Wärme zu verschleiern, immer stärker aufstrahlt aus dem grundlegenden und unversieglichen Quellstrom des Schöpferaktes! Laßt es vor unseren Augen im trinitaren Zentrum des Punktes Omega aufleuchten. Und erst dann vermögen wir mit wirklich ganz ergriffenem und überzeugtem Herzen zu sagen: «Vater unser im Himmel.»

10. Schöpfung, Inkarnation, Erlösung. Bisher blieben diese drei grundlegenden Geheimnisse des christlichen Glaubens, die *faktisch* in der Geschichte der Welt unauflöslich miteinander verbunden sind, für die Vernunft *theoretisch* voneinander unabhängig. Gott konnte, so schien es, ohne irgendwelche Einschränkungen, ohne Universum auskommen. Er konnte erschaffen, ohne sich zu inkarnieren. Die Inkarnation ihrerseits brauchte weder mühselig noch leidvoll zu sein. – Werden sie aus dem alten Kosmos [statisch, begrenzt und in jedem Augenblick einer Umordnung fähig] in den modernen Kosmos [durch seine Raum-Zeit organisch zu einem einzigen evolutiven Block verbunden] transponiert, wollen die drei selben Geheimnisse nur mehr ein einziges bilden. Ohne Schöpfung würde zunächst, so scheint es, Gott etwas in der Fülle nicht seines Seins, sondern des Aktes der Vereinigung [cf. Nr. 5] fehlen. Schaffen heißt also für Gott per definitionem, sich mit seinem Werk vereinen, sich auf die eine oder andere Weise durch Inkarnation in die Welt hineinbegeben. Heißt aber «sich inkar-

---

[6] Familienvater [Familie im lateinischen Sinne des Wortes, d.h. der gesamte Haushalt]. [Anmerkung der Herausgeber.]

nieren» nicht *ipso facto* teilhaben an dem Leiden und Übel, das dem auf dem Wege mühsamer Sammlung befindlichen Vielen inhärent ist? Schöpfung, Inkarnation, Erlösung: In diesem Lichte werden in der neuen Christologie die drei Geheimnisse wirklich zu nichts anderem denn zu den drei Seiten ein und desselben Grundprozesses eines *vierten* Geheimnisses [des einzigen denkerisch letzten Endes absolut zu rechtfertigenden und in sich gültigen], dem man angemessenerweise, um es ausdrücklich von den drei anderen zu unterscheiden, einen Namen geben sollte: das Geheimnis der schöpferischen Vereinigung *[Unio Creatrix]* der Welt in Gott oder der *Pleromisation*[7]. Und ist all dies nicht zugleich äußerst christlich und äußerst kohärent? In der klassischen Theologie stellte sich das Dogma, so könnte man sagen, unserer Vernunft als eine Reihe von unabhängigen, über eine Fläche verteilten Kreisen dar. Heute will dieselbe Zeichnung, getragen durch eine weitere Dimension [die des Christus-Universalis], sich auf einer einzigen Kugel im Raum organisch entwickeln und gruppieren. – Ein einfacher und wunderbarer Effekt der *Hyper-Orthodoxie*...

C. Eine neue mystische Orientierung: die Liebe zur Evolution

11. Auf seine anfängliche, noch «rohe» Gestalt zusammengefaßt, in der er derzeit in die moderne Welt emergiert,

---

[7] «Das Pleroma *ist* [an absolutem Wert] mehr als ‹Gott allein›, bevor Christus nicht ‹mit der ihm einverleibten Welt› zu ihm zurückgekehrt ist. Die Pleromisation des Seins wird sich eines Tages mit der ‹Trinitisation in einer verallgemeinerten Ontologie› verbinden müssen.» [*Brief an P. J. M. Le Blond,* April 1953.] [Anmerkung der Herausgeber.]

stellt sich der neue religiöse Geist, wie wir gesagt haben [Nr. 1], als die leidenschaftliche Schau und Vorwegnahme einer Super-Menschheit dar. Doch weil diese Super-Menschheit [der höchste Zielpunkt, bis zu dem in unseren Perspektiven das kosmische Bemühen gelangen kann] in unseren Augen die noch recht verschwommenen Züge eines unpersönlichen Kollektivs annimmt, vermag sich die von ihr im menschlichen Bewußtsein geweckte Bewegung der «Anbetung» *in diesem Stadium* erst in Ausdrücken der nachdenkenden Intelligenz und des Willens auszusagen: die Existenz der Bewegung, die uns totalisiert, erkennen und uns ihr entsprechend verhalten. In diesem Zusammenwirken unserer Fähigkeiten bleibt das Herz mit alldem, was dieses Wort an energetischer und vitaler Fülle beinhaltet, unbefriedigt. – Was geschieht dagegen, wenn [in Übereinstimmung mit der oben analysierten theologischen Synthese Nr. 10] der Christus-Universalis den Platz des Punktes Omega einnimmt und seine Funktion erfüllt? Dann verbreitet sich von oben bis unten und durch den ganzen Querschnitt der kosmischen Schichten ein warmes Licht, das aus der Tiefe der Dinge aufsteigt. Da die Kosmogenese sich, wie wir gesagt haben, zur Christogenese wandelt, *personalisiert sich* der Stoff, der Fluß, das Sein selbst der Welt. Ein *Jemand* ist im Universum im Werden, und nicht mehr nur ein Etwas. – Glauben, Dienen, das war nicht genug: jetzt wird es nicht nur möglich, sondern Gebot, die Evolution [buchstäblich] zu *lieben*.

12. Vom christlichen Standpunkt aus analysiert, wie er sich spontan und notwendig aus dem Kontakt zwischen dem Glauben an Christus und dem Glauben an die Welt ergibt, ist die Liebe zur Evolution keine einfache Ausweitung der Liebe zu Gott auf einen weiteren Gegenstand. Vielmehr entspricht sie einer radikalen Erklärung [man könnte beinahe sagen, sie emergiert aus einem Neuguß] des Begriffs

Caritas. «Du sollst Gott lieben.» «Du sollst deinen Nächsten um der Gottesliebe willen lieben.» In seiner neuen Formulierung: «Du sollst Gott in und durch die Genese des Universums und der Menschheit hindurch lieben», wird dieses doppelte Gebot des Evangeliums zu einer einzigen Geste von unerhörter Anwendungs- und Erneuerungskraft synthetisiert. Und wirklich, dank dieser einfachen Transposition [die erst heute aufgrund eines entscheidenden Fortschritts der menschlichen Reflexion *möglich* geworden ist] wird die christliche Caritas mit einem Schlag und auf einmal dynamisiert, universalisiert und [man lasse mir diesen in seinem legitimsten Sinne verstandenen Terminus durchgehen] «pantheisiert».

a] *Dynamisiert:* Nicht mehr nur die Schmerzen lindern, die Wunden verbinden, den Schwachheiten zu Hilfe kommen – sondern aus Liebe mit aller Anstrengung und jeglicher Entdeckung die Kräfte der Menschheit bis an ihren höheren Zielpunkt vorantreiben.

b] *Universalisiert:* Nicht mehr nur unsere Aufmerksamkeit und unsere Sorge auf die in einem neutralen oder feindlichen Universum umhertreibenden Seelen richten – sondern mit leidenschaftlichem Elan das gesamte und totale Spiel der kosmischen Kräfte erfahren und vorantragen, inmitten deren der Christus-Universalis geboren wird und sich in jedem von uns vervollständigt.

c] «*Pantheisiert*»: Nicht mehr nur mit irgendeiner zentralen und privilegierten Spitze unseres Seins vital Gott anhängen, sondern mit Ihm [ohne Verschmelzung und ohne Verwirrung; denn die Liebe differenziert und personalisiert ihre Glieder, indem sie sie vereint] durch die ganze Höhe, die Breite, die Tiefen und die Mannigfaltigkeit der organischen Kräfte des Raumes und der Zeit kommunizieren, «super-kommunizieren».

13. Der zeitgenössische Humanismus wirft nicht grundlos

der evangelischen Haltung vor, sie erweise sich auf der Stufe der modernen Welt als unanwendbar, als unpraktikabel. Wie ließe sich die Welt, so wie wir sie heute sehen, mit dem Geist der Widerstandslosigkeit gegen das Übel und der irdischen Loslösung aufbauen, die von der Bergpredigt buchstäblich gefordert werden?... Man hat von christlichen Bankrotten oder bloßstellenden Kompromissen sprechen können. Diese Widersprüche verschwinden vor dem Glanz der vom Christus-Universalis ausgestrahlten Super-Liebe [Super-Caritas]. Gott in und durch das in Evolution befindliche Universum hindurch lieben: unmöglich, sich eine Aktionsformel von konstruktiverer, vollständigerer, mitreißenderer, auf jeden Fall genauerer Wirkung vorzustellen, die dennoch für alle unvorhersehbaren Erfordernisse der Zukunft offen ist. Eine theoretische Aktionsformel, so sage ich mit Bedacht. Mehr aber noch eine *heute lebendige* neue Mystik, in der sich unwiderstehlich in jedem modernen Bewußtsein, unter dem christlichen Zeichen, die beiden Grundanziehungen verbinden wollen, die bisher das menschliche Anbetungsvermögen so schmerzlich zwischen dem Himmel und der Erde, zwischen der Theo- und der Anthropozentrik hin und her rissen und vierteilten.

14. Von einem allgemeinen psychologischen Standpunkt aus betrachtet, stellt diese neue Haltung zugleich den komplexesten und den aufs höchste in sich geeinten Zustand dar, bis zu dem sich das menschliche Bewußtsein historisch bisher zu erheben vermochte. Es ist nicht ersichtlich, in welcher anderen Richtung sich dieses Bewußtsein weiterhin noch höher in sich zentrieren könnte. Im «Akt der Super-Liebe» erweisen sich nämlich alle möglichen Formen des Einsehens und des Wollens von vornherein als unendlich sublimierbar, synthetisierbar und, wenn ich so sagen darf, «amorisierbar». Deswegen erscheint die Liebe

durchaus als die höhere und einzige Form, in deren Richtung alle anderen Arten geistiger Energien, indem sie sich transformieren, konvergieren – wie man in einem nach dem Grundplan und durch die Kräfte der Vereinigung konstruierten Universum erwarten durfte.

Doch dieses große Phänomen, vergessen wir das nicht, ist innerlich von den Entwicklungen des Christus-Universalis in unseren Seelen abhängig. Deshalb gewinnt man, je mehr man die großen derzeitigen Bewegungen des menschlichen Denkens beobachtet, um so mehr die Überzeugung, daß sich um das Christentum [in seiner «phyletischen», d.h. katholischen Gestalt gesehen] immer mehr die Hauptachse der Hominisation zusammenzieht.

Ineditum, Peking, 11. November 1945.

GEDANKEN ÜBER DIE ERBSÜNDE

Den Theologen zur Kritik vorgelegt

1. Einführung

Im Laufe einiger Generationen sind mehrere wichtige und voneinander abhängige Veränderungen in unserer Weltschau eingetreten – Änderungen, die weit weniger auf die Einführung neuer Gegenstände zurückzuführen sind denn auf das Auftreten [das heißt die Wahrnehmung] gewisser neuer *Dimensionen* im Feld unserer Erfahrung. Nennen wir an erster Stelle:

a] die raum-zeitliche *Organizität* des Universums – kraft deren jedes Element und jedes Ereignis [so begrenzt ihre sichtbare Laufbahn in der Geschichte auch sein mag] in Wirklichkeit – durch ihre Vorbereitung, ihren Ort und ihre Verlängerungen – der Totalität einer grenzenlosen [1] Raum-Zeit koextensiv sind;

b] die *Atomizität* des kosmischen Stoffes [eine bereits von den Griechen vorausgeahnte Eigenschaft, die aber erst seit einigen Jahren in ihrem eigentlichen Realismus und in ihrem fast «bestürzenden» Ausmaß wissenschaftlich erwiesen ist], kraft deren die Welt in ihrem Anordnen mit Hilfe zahlloser tastender Versuche vorgeht [2].

An sich berühren diese beiden neuen Dimensionen [und noch andere, die sich aus ihnen ergeben] nicht unmittelbar *die Achsen* des christlichen Dogmas. Damit aber die wesent-

---

[1] Was nicht sagen will: ohne Gipfel und ohne Abschluß [Anmerkung des Autors].

[2] Und dies ist nicht akzidentell, sondern essentiell. «Organizität» und «Atomizität» sind, so begriffen, nichts anderes denn die notwendig mit der metaphysischen Natur des teilhabenden Seins verbundenen physischen Attribute. [Anmerkung des Autors.]

GEDANKEN ÜBER DIE ERBSÜNDE

liche Einheit allen inneren Lebens gewahrt bleibe, ist es offensichtlich notwendig, daß das theologische Denken in seinen Konstruktionen und seinen Vorstellungen sich [qualitativ und quantitativ] in Harmonie zu ihnen aussagt. Die *Homogenität* [des Milieus und des Maßstabs] ist [zusammen mit der *Kohärenz*, zu der sie nur ein Aspekt ist] die erste Voraussetzung aller Wahrheit.

Nirgendwo treten vielleicht die Notwendigkeit, die Möglichkeit und die Vorteile einer derartigen Anpassung mit größerer Klarheit zutage als im Falle der Theorie von der Erbsünde.

2. Die Problemstellung

Ohne Übertreibung kann man sagen, daß die Erbsünde in ihrer heute noch geläufigen Formulierung eines der Haupthindernisse ist, an denen sich derzeit die intensiven und extensiven Fortschritte des christlichen Denkens stoßen. Hemmnis oder Ärgernis für die zaudernden Köpfe guten Willens, und zugleich Zuflucht für die Engstirnigen, lähmt die *Geschichte* des Sündenfalls vor unseren Augen den so notwendigen Aufbau einer voll humanen und humanisierenden christlichen Weltanschauung. Fast jedesmal wenn ich Gelegenheit hatte, in der Öffentlichkeit die Berechtigung und die Überlegenheit eines christlichen Optimismus zu verteidigen, wurde mir unschuldig oder ängstlich von den aufgeschlossensten Zuhörern die Frage gestellt: «Und was machen Sie mit der Erbsünde?»

Eine offensichtlich ungesunde Situation, die um so verdrießlicher ist, als es zu ihrer vollständigen Umkehrung genügen würde, in unseren gewohnten Darstellungen des Sündenfalles einen einfachen perspektivischen Fehler zu berichten, der sich wie folgt aussagen läßt. In ihrer sogenannten traditionellen Gestalt wird die Erbsünde im allgemeinen als ein «Reihen»-Ereignis dargestellt, das *innerhalb* der Geschichte eine Kette [mit einem Vorher und einem Hinterher] bildet! Muß man sie aber nicht aus entscheidenden physischen und theologischen Gründen im Gegenteil als eine Wirklichkeit transhistorischer Ordnung behandeln, die [wie eine Färbung oder eine Dimension] die Totalität unserer erfahrungsmäßigen Weltschau berührt? Ich möchte auf diesen Seiten zeigen, daß es sich durchaus so verhält; und daß, ist diese Korrektur vorgenommen, alle Disharmonie zwischen Erbsünde und modernem Denken so sehr verschwindet, daß ein derzeit so schwer mitzuschleppendes Dogma sich plötzlich als fähig erweist, uns innerlich zu «beflügeln».

3. Die Erbsünde, allgemeine Vorfindlichkeit der Geschichte

Nach der einstimmigen Auffassung der Theologen ist [so glaube ich] das [notwendige und zulängliche] Reagens für die Gegenwart der Erbsünde in der Welt der Tod [3]. Deshalb versuchen die traurigen Autoren *der regressiven Evolution* ganz logisch, den Sündenfall vor jedem bekannten Fossil zu lokalisieren, das heißt im Präkambrium. Doch muß man nicht, um in den Bereich unterhalb, wenn auch nicht des Todes im strengen Sinne, so doch seiner *Wurzeln* zu gelangen, viel weiter zurück-, sogar unendlich viel weiter zurück- [das heißt, bis zum ersten Ursprung der Dinge zurück-] gehen? Überlegen wir einen Augenblick. Wes-

---

[3] Der Tod des Menschen in überragender Weise, gewiß; aber im weiteren *jeder* Tod: denn aus dem unnachgiebigen Grund der physischen Homogenität hätte der Mensch nicht als *einziger* dem organischen Zerfall inmitten eines Systems von ihrem Wesen nach sterblichen Tieren entrinnen können. [Anmerkung des Autors.]

GEDANKEN ÜBER DIE ERBSÜNDE

halb sterben die Lebewesen, wenn nicht kraft der zum Wesen jeder Korpuskularstruktur gehörenden «Desintegrierbarkeit». Im allgemeinsten und radikalsten Sinne des Wortes verstanden, beginnt der Tod [das heißt der Zerfall] sich wirklich bereits beim Atom zu bekunden. Da er in die physikalisch-chemische Wirklichkeit der Materie selbst eingeschrieben ist, ist er auf seine Weise nichts anderes als ein Ausdruck der strukturellen Atomizität des Universums. Damit ist es unmöglich, aus dem «Sterblichen» [und folglich aus dem Einfluß oder dem Bereich der Erbsünde] herauszutreten, ohne aus der Welt selbst herauszutreten. Die mit Hilfe ihres spezifischen Effekts, des Todes, innerhalb der Natur aufgespürte und in ihrer Spur verfolgte Erbsünde ist also weder an einem bestimmten Ort noch zu einem gegebenen Zeitpunkt lokalisierbar. Vielmehr affiziert und infiziert sie [wie ich ankündigte] die Totalität von Zeit und Raum. Wenn es also in der Welt eine Erbsünde gibt, kann sie darin nur überall und seit immer schon sein, von den zuerst gebildeten bis hin zu den fernsten Sternennebeln. – Darauf also weist uns die Wissenschaft hin. Und dasselbe werden uns in einer beruhigenden Koinzidenz gerade eben die orthodoxesten Erfordernisse der Christologie, wenn wir sie bis ins letzte vorantreiben, bestätigen.

Ohne zu übertreiben, darf man sagen, das wesentlichste Ziel und das essentiellste Kriterium der christlichen Orthodoxie können auf diesen einzigen Punkt zurückgeführt werden: Christus *der Schöpfung angemessen und an ihrer Spitze* zu erhalten. So unermeßlich sich die Welt auch entdeckt, die Gestalt des auferstandenen Jesus muß *die Welt übergreifen*. Das ist seit Johannes und Paulus die Grundregel der Theologie.[4] – Doch, beachtet man genug die unmittelbare

---

[4] Paulus selbst bezeichnet im Brief an die Römer [9, 5] Adam als seinem Wesen nach relativ in bezug auf Christus. Dieser Gesichts-

GEDANKEN ÜBER DIE ERBSÜNDE

Schlußfolgerung aus diesem ersten Prinzip, insofern die Natur des «ersten Adam» in Frage steht? Der Radius des Herrschaftsbereiches Christi ist «per definitionem» der Radius der Erlösung. Niemand stellt diesen Obersatz in Zweifel. Was aber würde geschehen [unter christologischem Gesichtspunkt], wenn man in unseren modernen Anschauungen über die historische Kosmogenese die Erbsünde in ihrer alten Größenordnung beibehielte – das heißt als ein gegen Ende des Tertiärs in einem Winkel des Planeten Erde geschehener Unfall? – Ganz offensichtlich dies, daß *unmittelbar, organisch, formell* das christische Vermögen nicht über ein kurzes und schmales Segment des Universums um uns herum hinausreichte, hinausgriffe. Denominativ, juridisch könnte Christus zwar noch [kraft seiner göttlichen Würde] zum Herrn der anderen kosmischen Bereiche ausgerufen werden. Doch hörte er auf, in dem vollständigen und physischen Sinne des heiligen Paulus derjenige zu sein, «in quo omnia constant»[5]. Daraus folgt, daß wir auch aus diesem Grunde die Pflicht haben [dieses Mal nicht mehr infolge der offenbarten Universalität des christischen Einflusses], das Phänomen des Sündenfalles zu bedenken, um zuzusehen, wie er wohl nicht mehr als ein isoliertes Faktum begriffen und vorgestellt werden könnte, sondern als eine allgemeine Vorfindlichkeit, die die Totalität der Geschichte affiziert.

Dies ist ein um so legitimeres Bemühen, das wollen wir anmerken, als gerade eben von einer dritten Richtung des menschlichen Denkens [nicht mehr vom Wissenschaftlichen, noch vom Theologischen, sondern von der Schrift her] herkommend dieselbe Verpflichtung, das Dogma von

---

punkt muß jede theologische Überlegung über die Natur der Erbsünde leiten [Anmerkung der Herausgeber].

[5] «In dem alles Bestand hat», Kol 1, 18 [Anmerkung der Herausgeber].

GEDANKEN ÜBER DIE ERBSÜNDE

der Erbsünde neu zu denken, von der Exegese an uns herangetragen wird, deren jüngste Fortschritte uns darauf aufmerksam machen, daß wir in den ersten Kapiteln der Genesis angemessenerweise einzig Auskünfte über *die Natur des Menschen*, und keine Bildberichte über *seine Geschichte* zu suchen haben.
Der Weg nach vorn ist frei.

4. Erste Weise, wie sich eine transhistorische Erbsünde vorstellen läßt: der pekkaminöse Ursprung des Vielen
[Fig. 1]

Eine erste Gedankenrichtung, sich eine Erbsünde pankosmischer Natur vorzustellen, ist jene bereits vor langer Zeit von der alexandrinischen Schule[6] versuchte, die sich folgenden Prozeß für den Sündenfall und seine Auswirkungen vorstellt:
a] Erschaffung [in einem Augenblick] eines vollkommenen [erster Adam] humanen Geschöpfes [Menschheit], das beschreiben oder zählen zu wollen im übrigen, wir werden noch sehen weshalb, absolut vergeblich wäre. *Eden-Phase*.
b] Ungehorsam in irgendeiner Form.
c] Sturz in das Viele [das heißt, der das Viele hervorbringt]. *Präkosmische Involutionsphase*.
d] Erlösender Wiederaufstieg auf dem Weg fortschreitender Wieder-Organisation und Wieder-Einswerdung in

---

[6] Wenn die Arbeit nicht bereits geleistet ist, wäre es interessant, die Spuren bei den griechischen Vätern zu suchen – so zum Beispiel in jener Homilie, in der Gregor von Nazianz [oder von Nyssa?] die Vertreibung aus Eden als den Fall in eine dichtere Form von Leben erklärt. – Ich glaube zu wissen, daß dieselben Anschauungen vor einigen Jahren in Löwen wieder aufgegriffen und gelehrt wurden. [Anmerkung des Autors.]

GEDANKEN ÜBER DIE ERBSÜNDE

Richtung des und im zweiten Adam. *Historische, kosmische Evolutionsphase.*

In diesem Schema sind die allgemeinen Voraussetzungen, die, wie wir gesehen haben, für die Lösung des Problems des Sündenfalls sowohl von der Natur der Welt als auch von der Christologie verlangt werden, durchaus erfüllt: da wir in den Kegel des kosmischen «Wiederaufstiegs» eingetaucht sind [und folglich unfähig sind, unseren Abstiegsweg wahrzunehmen], sehen wir das Universum lediglich in Gestalt einer Evolution im Ausgang vom Vielen – ohne einen Platz für Eden oder seine Bewohner – mit dem immer schon und überall gegebenen Tod; und in diesem System ist das christische Wirken durchaus wahrhaft der ganzen Welt koextensiv.

Die Lösung kann man also gelten lassen. Aus mehreren Gründen jedoch befriedigt sie mich nicht vollständig.

a] Zunächst «klingt» der ganze extra-kosmische Teil des Dramas willkürlich und phantastisch. Wir befinden uns auf dem Boden der reinen Imagination.

b] Dann, und das ist noch schlimmer, scheint mir die *augenblickshafte* Erschaffung des ersten Adam ein Typus uneinsichtigen Wirkens zu sein – es sei denn, das Wort verdecke einen Verzicht auf alle Erklärungsversuche.

c] Schließlich ist innerhalb der Hypothese eines *einzigen* und *vollkommenen, ein einziges Mal* einer Prüfung unterworfenen Wesens die Wahrscheinlichkeit des Sündenfalles so gering, daß in dieser Angelegenheit der Schöpfer wirklich als ein Pechvogel erscheint.

Deshalb hat mich eine, wenn auch auf den ersten Blick weniger klassische Lösung, die ich noch vorzustellen habe, immer schon angezogen als die elegantere, rationalere, kohärentere – und vor allem als die zugleich der Welt und Gottes würdigere Lösung.

GEDANKEN ÜBER DIE ERBSÜNDE

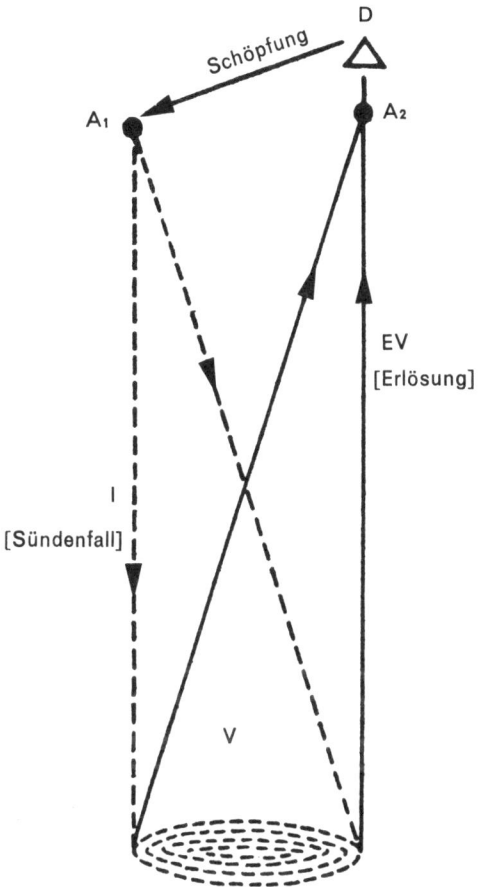

Fig. 1 – Kosmogenese «alexandrinischen» Typs. D: Deus, Gott. A_1: erster Adam, präkosmisch, geschaffen durch augenblickshaftes Wirken und vollkommen. V: das Viele [hervorgebracht durch den Sündenfall, das heißt sekundär und sündig, pekkaminös]. A_2: zweiter Adam [Christus]. I: Kegel der Involution in das Viele. EV: Kegel der Evolution und Erlösung, der den Kosmos unserer Erfahrung bildet.

GEDANKEN ÜBER DIE ERBSÜNDE

5. Zweite Gedankenrichtung. Evolutive Schöpfung und statistischer Ursprung des Bösen [Fig. 2]

In der oben dargestellten «alexandrinischen» Erklärung ist das Viele, aus dem die Evolution emergiert, zugleich *sekundär* und *pekkaminös von seinem Ursprung an;* es stellt nämlich [und diese Idee streift den Manichäismus und die Hindu-Metaphysiken...] eine zerbrochene und pulverisierte Einheit dar. – Von einem viel moderneren und gänzlich anderen Standpunkt aus wollen wir als Ausgangspostulat setzen, daß, da das Viele [das heißt das *Nicht-Sein,* wenn es in reinem Zustand begriffen wird] die einzige rationale Form eines *erschaffbaren Nichts* [«creabile»] ist, der Schöpferakt nur als ein schrittweiser Prozeß der Anordnung und Einswerdung einsichtig ist[7]. Kraft dieses Postulates läßt sich die Geschichte der Welt [und sogar jeder möglichen Welt] symbolisch mittels des Schemas der Fig. 2 darstellen, – in der man unmittelbar die rechte Hälfte der Fig. 1 erkennt, allerdings mit diesem Unterschied, daß das Viele an der Basis diesmal nicht mehr die Trümmer eines pulverisierten Seins, sondern die ursprüngliche, wesentliche Form des teilhabenden Seins darstellt.

[7] Was darauf hinausläuft, daß *schaffen heißt: vereinen.* Und tatsächlich hindert uns nichts daran zu sagen, daß die *Vereinigung schafft.* Jene, die einwenden, die Vereinigung setze bereits existierende Elemente voraus, erinnere ich daran, daß die Physik uns gerade eben gezeigt hat [im Falle der Masse], daß in der Erfahrung [und wenn auch der gesunde Menschenverstand protestiert] das Bewegte nur als durch seine Bewegung Hervorgebrachtes existiert. [Anmerkung des Autors.]

▶

Fig. 2 – Kosmogenese «modernen» Typs. D: Deus, Gott. A_2: Christus [zweiter Adam]. V: das Viele [uranfänglich, nicht pekkaminös, «erschaffbare» [«creabilis»[8], non «creanda»] Form des Nichts, funktionales Äquivalent des «ersten Adam», Ursprung des statistischen Übels]. H: Homo, Ebene des Auftretens der menschlichen Freiheit [und der

GEDANKEN ÜBER DIE ERBSÜNDE

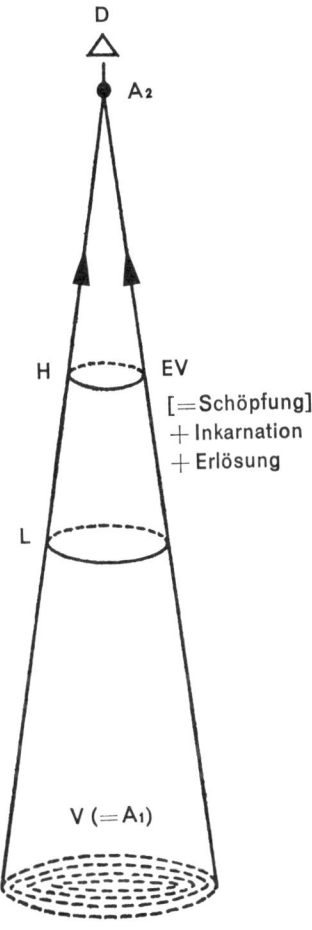

Sünde]. L: Ebene des Auftretens des Lebens und des Schmerzes. EV: Evolutiver Kegel [der Schöpfung, Inkarnation und Erlösung].

[8] «Erschaffbar», nicht notwendig ins geschaffene Sein gerufen [Anmerkung der Herausgeber].

GEDANKEN ÜBER DIE ERBSÜNDE

Doch das ist noch nicht alles. Bedenkt man die Struktur und die Eigenschaften des so definierten kosmischen Kegels, bemerkt man rasch, daß, wenn in diesem Falle auch das uranfängliche Viele nichts direkt Pekkaminöses aufweist, es umgekehrt aber, weil eben seine schrittweise Einswerdung in der Unermeßlichkeit der Raum-Zeit eine Vielheit von tastenden Versuchen mit sich bringt, nicht umhin kann, sich [von dem Augenblick an, da es aufhört, «nichts» zu sein] mit Schmerzen und Sünden zu durchtränken. *Statistisch* ist es nämlich im Falle eines großen Systems auf dem Wege der Organisation absolut «fatal»: 1] daß unterwegs örtliche Unordnungen auftreten [«necessarium est ut adveniant scandala»[9]], und 2] daß aus diesen elementaren Formen der Unordnung von Ebene zu Ebene [infolge des organischen Zusammenhangs des kosmischen Stoffes] *ungeordnete kollektive Zustände* resultieren. – Oberhalb des Lebens zieht die Unordnung den Schmerz nach sich. Vom Menschen an wird sie Sünde[10].

Wird nun aber nicht, ist dieser Punkt einmal begriffen und anerkannt, [wenn ich mich nicht täusche...] klar, daß ebenso gut und noch besser als die Welt der Figur 1 das ausgeglichtete Universum der Figur 2 unter dem Gesichtspunkt des Sündenfalles alle aktuellsten Erfordernisse der Kosmologie und der Theologie befriedigt?

In einem derartigen Universum gilt nämlich:

1. Die wissenschaftlichen Tatsachen werden immer notwendig respektiert, da der Erfahrungsrahmen des Dogmas sich mit dem der Evolution deckt.

---

[9] «Es müssen Ärgernisse kommen.» Der genaue Text, Mt 18, 7, lautet: «Necesse est enim ut veniant scandala.» [Anmerkung der Herausgeber.]
[10] Eine derartig klare Formulierung ermöglicht es, die Zweideutigkeit von gewissen Aussagen zu beseitigen, nach deren Wortlaut das Übel im Menschen als das rein statistische Resultat eines Evolutionsprozesses erscheinen mochte. [Anmerkung der Herausgeber.]

GEDANKEN ÜBER DIE ERBSÜNDE

2. Das [intellektuelle] Problem des Übels verschwindet. Da nämlich in dieser Sicht physisches Leiden und sittliche Fehler *unausweichlich* in die Welt kommen, und zwar nicht kraft einer Defizienz des Schöpferaktes, sondern aufgrund der Struktur selbst des teilhabenden Seins [das heißt, als *statistisch unvermeidliches Nebenprodukt* der Einswerdung des Vielen], widersprechen sie weder der Macht noch der Güte Gottes. – Lohnt das Spiel den Einsatz? Alles hängt von dem *endgültigen* Wert und der *endgültigen* Seligkeit des Universums ab – ein Punkt, in dem wir uns wohl ganz der Weisheit Gottes anvertrauen müssen[11].

3. Schließlich und vor allem scheint die Theologie des Heils vollkommen respektiert und gerechtfertigt zu werden. In dieser Erklärung hört die Erbsünde zwar auf, ein isolierter *Akt* zu sein, um ein *Zustand* zu werden [der die menschliche Masse in ihrer Gesamtheit infolge eines im Laufe der Zeit in der Menschheit verstreuten Staubs von Sünden affiziert]. Dies aber trägt sogar dazu bei, die dogmatischen Besonderheiten des Sündenfalles [weit davon entfernt, sie abzuschwächen] zu intensivieren. Einerseits nämlich ist die Erlösung wirklich universell, weil sie einem Sachverhalt [universelle Gegenwart der Unordnung] abhilft, der an die tiefste Struktur des in Schöpfung befindlichen Universums gebunden ist. Andererseits bewahrt oder vermehrt sogar die individuelle Taufe voll und ganz ihren Daseinsgrund. In dieser Sicht nämlich findet sich jede zum Leben erwachende Seele in solidarischer Weise von dem totalisierten Einfluß aller vergangenen, gegenwärtigen [und

---

[11] Ganz allgemein läuft das darauf hinaus zu sagen, daß das im Falle eines statischen Universums [d.h. eines «Kosmos»] unlösbare Problem des Übels sich im Falle eines evolutiven [multiplen] Universums [d.h. einer Kosmogenese] nicht mehr stellt. Es ist seltsam, daß eine derart einfache Wahrheit noch so wenig gesehen und verkündet wird!... [Anmerkung des Autors.]

kommenden] Sünden mitbefleckt vor, die unausweichlich, mit statistischer Notwendigkeit, in der sich auf dem Wege der Heiligung befindenden Gesamtmenschheit verbreitet sind [12]. Etwas in ihr hat es also nötig, gereinigt zu werden. Auf den ersten Blick, so sagte ich, hätte man befürchten können, die hier bevorzugte Vorstellung vom Urfall sei nur ein künstliches Gebilde, das erlaubte, ein lästiges Dogma verbal zu respektieren, obwohl es seines traditionellen Inhaltes entleert würde. Je mehr man sie bedenkt, um so deutlicher sieht man im Gegenteil, daß die Transposition, während sie die Vorstellung von der Erbsünde mit einer modernen Sicht des Universums in vollkommener Weise harmonisiert [13], restlos das christliche Denken und die christlichen Gewohnheiten respektiert – letzten Endes bestand die einzige angebrachte Korrektur darin, den Schoß unserer Mutter Eva durch eine kollektive «Gebärmutter» und Vererbung zu ersetzen: was uns, nebenbei bemerkt, endgültig von der [jeden Tag drückender werdenden] Verpflichtung befreit, das ganze Menschengeschlecht paradoxerweise von einem einzigen Paar herzuleiten [14].

[12] Als besonders schadenbringend können unter diesen Sünden angesehen werden: a] die *ersten* auf Erden begangenen Sünden [die mit einem Minimalbewußtsein, aber mit einer maximalen Auswirkung auf eine entstehende Psyche begangen wurden]; b] vielleicht [wenn es in Sachen der Freiheit eine Rückwirkung der Zukunft auf die Vergangenheit gibt] gewisse *letzte* Revolten der zur Reife gelangten Menschheit [maximale Bewußtheit und Verantwortlichkeit]; und schließlich c] für jedes Individuum die in seiner sozialen Gruppe und in seiner besonderen Stammlinie begangenen Sünden. [Anmerkung des Autors.]

[13] Da die Erbsünde dann ein kombinierter Effekt von Atomizität [statistische Unordnung] und Organizität [allgemeine Befleckung (contaminatio) der menschlichen Masse] wird. [Anmerkung des Autors.]

[14] Die hier vorgetragene Erklärung ist in ihrem theologischen Teil in Lyon von P. Rondet vertreten worden. [Anmerkung des Autors.]

GEDANKEN ÜBER DIE ERBSÜNDE

N. B. Während in einem Universum «alexandrinischen» Typs [Fig. 1] Schöpfung und Erlösung zwei voneinander unabhängigen und verschiedenen Operationen und Zeiten entsprechen, ist es bemerkenswert, daß in der zweiten Art von Welt [Fig. 2] Schöpfung, Inkarnation und Erlösung nur mehr als die drei komplementären Seiten eines einzigen und selben Prozesses erscheinen: Die Schöpfung bringt [*da* sie einigend ist] ein gewisses Eintauchen des Schöpfers in sein Werk mit sich, und zugleich [*weil* notwendig, durch sekundären statistischen Effekt, Übel erzeugend] eine gewisse erlösende Kompensation. – Worauf man mir entgegnet hat, daß dann alles zu einfach und zu klar würde, als daß die Erklärung richtig sein könnte. – Worauf ich antworte, daß in der vorgetragenen Erklärung das Mysterium keineswegs eliminiert, sondern nur an seinen wahren Ort gestellt wird [das heißt nach ganz oben und in das Ganze], der gerade eben weder die Schöpfung, noch die Inkarnation, noch die Erlösung in ihrem Mechanismus ist, sondern «die Pleromisation»: Ich meine die geheimnisvolle «repletive» [wenn nicht kompletive] [15] Beziehung, die das erste Sein mit dem teilhabenden Sein verbindet.

---

[15] Zu dieser «kompletiven» Beziehung, die das erste Sein mit dem teilhabenden Sein verbindet, vgl. Pierre de Bérulle, den unten S. 268 zitierten Text [Anmerkung der Herausgeber].

Paris, 15. November 1947.

DAS
CHRISTLICHE PHÄNOMEN

Auf den ersten Blick und in erster Annäherung [d. h. außerhalb jeglicher theologischer Überlegung] stellt sich das Christentum in der Erfahrung uns derzeit dar als eine der religiösen Hauptströmungen und tatsächlich sogar [wenn man vom Islam absieht, der lediglich eine archaisierende Neuauflage des Judaismus ist – und den marxistischen Neohumanismus ausnimmt, der offensichtlich in Bälde christianisiert werden dürfte...] als die letztgeborene unter den religiösen Strömungen, die historisch in den denkenden Schichten der Noosphäre aufgetreten sind. Niemand denkt daran, dieser bereits zweitausend Jahre alten kollektiven Seh- und Glaubensbewegung die Ehre zu verweigern, daß sie unserer westlichen Zivilisation – d. h., höchstwahrscheinlich der ganzen menschlichen Zivilisation von morgen – als Gebärmutter gedient hat. Wer z. B. vermöchte wohl zu sagen, was an nicht nur potentiellem, sondern ererbtem evangelischem Geist im stalinistischsten Materialismus zirkuliert... Vor der *vergangenen* Bedeutung des Christentums verneigt sich alle Welt willig. Was aber gilt vom Heute? Und noch mehr von der Zukunft? – Zeigt nicht, so sage ich, die christliche Bewegung [wie so viele andere vor ihr!] nach 2000 Jahren der Existenz gewisse Alterungs- und Verschleißzeichen? – Steigt der christliche Gott immer noch auf – oder sollte er nicht eher dabei sein, an unserem Horizont unterzugehen?

Eine schmerzlich tragische Frage – *und zwar für alle Welt:* Denn niemand vermöchte zu sagen, in welchem Maße uns mitten im 20. Jahrhundert die christische Sonne weiterhin lenkt und erwärmt – ohne daß wir es ahnten. Was würde in der Tiefe unserer selbst – was würde zwischen uns gesche-

DAS CHRISTLICHE PHÄNOMEN

hen – in der durch ihr Verschwinden geschaffenen Nacht?[1]

Auf den folgenden Seiten möchte ich sichtbar zu machen versuchen, wie es mit Hilfe zweier Einblicke, die aus genügend großer Entfernung gewonnen werden, um jede durch allzu große Nähe verursachte Fehlerquelle auszuschließen, möglich zu sein scheint, die gesuchte Bahn zu bestimmen und anhand von klaren objektiven Gegebenheiten zu erkennen, daß über unseren Köpfen das himmlische Gestirn weit davon entfernt unterzugehen, seinen aufsteigenden Gang immer noch fortsetzt [und dazu bestimmt zu sein scheint, ihn bis zu einem Zenit fortzusetzen, der mit dem des irdischen Denkens selbst zusammenfällt] – durch eine dauernde Erneuerung der Deutlichkeit und des Glanzes hindurch.

Erster Einblick oder erste Überlegung: im Christentum gelangt in Gestalt eines immer besser explizitierten Glaubens an die Existenz eines göttlichen Zentrums universeller Konvergenz die monotheistische Strömung insgesamt mystisch zur Reife.

Zweite Überlegung: In dem Prozeß der allgemeinen «Noogenese» [und, noch genauer, der planetaren Anthropogenese], in den wir uns jeden Tag tiefer eingeschlossen entdecken, scheint allein der Monotheismus [wird er in seiner fortschrittlichsten Gestalt begriffen] psychologisch fähig zu sein, in letzter Instanz die Fortschritte der Evolution zu nähren.

Zwei Feststellungen, die offensichtlich sich miteinander verbinden und einander verstärken, um dem christlichen

---

[1] Ist die große [für unser Nervengleichgewicht so bedrohliche] Angst, die derzeit auf der Welt lastet, nicht eher kosmisch als politisch; d.h., weit eher auf die Verfinsterung eines entgöttlichten Himmels als auf den Aufstieg irgendeines Atompilzes zurückzuführen?... [Anmerkung des Autors.]

DAS CHRISTLICHE PHÄNOMEN

Phänomen eine Bedeutung und einen Wert zu gewährleisten, die der Intensität wie auch der Dauer nach genau den voraussehbaren Entwicklungen der Menschheit koextensiv sind.

1. Christentum und Monotheismus

Sowohl *a priori* als auch *a posteriori* hat der Monotheismus alle möglichen Rechte, als eine der wichtigen elementaren Formen [wenn nicht sogar als die einzige ursprüngliche Form] des religiösen Gefühls angesehen zu werden. Und wirklich[2], gibt es für den frisch zur Reflexion gereiften Menschen ein instinktiveres Tun [wenn wir nach uns selbst urteilen] als dasjenige, in einem großen Jemand *das ganze Andere* zu beseelen und zu anthropomorphisieren, dessen Existenz, Einfluß und Drohungen er in seiner Umgebung entdeckt? – Und finden wir nach der Aussage bestimmter Beobachter nicht gerade die sozial am wenigsten evoluierten Populationen der Erde noch in diesem besonderen Stadium der Anbetung fixiert?

All dies ist sehr wahrscheinlich wahr. All dies verhindert aber nicht [weit davon entfernt!], daß – hierin jeder anderen Intuition oder allem tiefen psychischen Streben gleich – die Vorstellung von einem einzigen großen und höchsten Herrn der Welt im Laufe einer langen Reifung von einer gewissen anfänglichen Einfachheit aus Verworrenheit und Unbestimmtheit [«Vor-Monotheismus»] zu einer immer höheren Einfachheit durch Ausarbeitung und Klarheit

---

[2] Und zwar [was auch immer dazu die Schule von Pater W. Schmidt sagt] außerhalb jeden Rückgriffs auf eine göttliche «Offenbarung» [Anmerkung des Autors].

DAS CHRISTLICHE PHÄNOMEN

[«Eu-Monotheismus» oder evolvierter Monotheismus] hat übergehen können [oder sogar müssen], dessen höchste Zielpunkte noch in weiter Ferne vor uns liegen.

Wie üblich in Fragen der «Speziation» oder Phylogenese entziehen sich die ersten Stadien dieser religiösen Entwicklung unserem forschenden Blick, sowohl was ihre mystischen Modalitäten als auch was ihre ethnische und geographische Verteilung angeht. Demgegenüber ist ein Punkt gewiß, daß nämlich [vor drei- oder viertausend Jahren] in den erstaunlich progressiven Regionen vom Nil bis zum Euphrat deutlich das emergierte, was zum machtvollen Stamm des modernen Monotheismus werden sollte; in der von Ägypten, Persien und Griechenland ausgestrahlten Wärme: *der jüdisch-christliche Sproß.*

Entlang dieser privilegierten Achse [ist einmal ihre Individualisation abgeschlossen] sind zwei mehr oder weniger gleichzeitig sich vollziehende Haupttransformationen durch die biblischen Berichte hindurch leicht ablesbar: die eine eine Universalisation, die andere eine «Amorisation».

In seinen ersten registrierbaren Ursprüngen ist der hebräische Jahwe erst der wichtigste und der mächtigste der «Götter»; und seine Macht konzentriert sich mit einer in gewisser Hinsicht immer beunruhigenden Vorliebe auf ein einziges auserwähltes Volk. Tatsächlich braucht es nichts weniger als eine mehrere Jahrhunderte währende Arbeit [d. h. man muß auf die christliche Revolution warten], damit die kosmischen Potentialitäten des Demiurgen der Genesis sich endlich in der Anbetung eines Gottes explizitieren und humanisieren, der nicht nur schrecklicher Herr, sondern liebender und liebenswerter Vater aller Menschen ohne Ausnahme ist.

Und selbst dann fehlt im Gegensatz zu einer allzu verbreiteten Meinung noch viel daran, daß der Prozeß vollendet sei!

DAS CHRISTLICHE PHÄNOMEN

Denn schließlich, ist es bei aller tiefen Verehrung für die menschlichen Worte Jesu möglich, zu übersehen, daß der jüdisch-christliche Glaube sich [und mit Notwendigkeit!] in den evangelischen Texten weiterhin in Funktion eines typisch neolithischen Symbolismus ausdrückt? Das Neolithikum, d. h. das Zeitalter einer Menschheit [und allgemeiner einer Welt], die vom Himmel oben bis hinunter zum Dorf nach dem Modell [und gewissermaßen nach dem Maßstab] der Familie und des bebauten Ackers errichtet ist. Wie soll man sich vorstellen, der Monotheismus habe in einem derartigen Universum ohne psychologischen Widerspruch in anderer Weise denn in den Begriffen eines Gottes als dem Oberhaupt der Familie und dem höchsten Eigentümer der bewohnten Welt ausgesagt werden können?...

Das aber ist genau der Rahmen oder das geistige Milieu, aus dem unser modernes Bewußtsein derzeit immer mehr emergieren will. Unwiderstehlich verknüpft sich um uns herum über alle Zugangswege der Erfahrung und des Denkens das Universum organisch und genetisch immer mehr in sich selbst. Wie sollte sich unter diesen Bedingungen der Gottvater von vor zweitausend Jahren [noch ein Gott des Kosmos] unter dem Bemühen eben unserer Anbetung nicht unmerklich in einen *Gott der Kosmogenese* verwandeln [transfigurieren] – d.h. in ein Zentrum oder beseelendes Prinzip einer *evolutiven* Schöpfung, in der unsere individuelle Situation weit weniger die eines Dieners zu sein scheint, der arbeitet, als die eines Elementes, das sich vereint?

Und dies stellt durchaus, wenn ich mich nicht täusche, in eben unseren Tagen eines der Hauptmerkmale des menschlichen Phänomens dar. Um uns herum, in uns selbst mochten wir den Strom religiöser Erfindung endgültig und seit langem schon in seiner höchst möglichen Formulierung festgelegt und fixiert glauben. Nun, dem ist nicht so. Angesichts der mystischen Strömungen östlichen Typs, die sich noch hartnäckig darauf versteifen, die Einheit in einer Geste der Identifikation durch Zerstreuung in die entspannte Totalität der kosmischen Sphäre anzustreben, sehen wir hier in Gestalt einer zu den neuen Dimensionen der Zeit und des Raumes ausgeweiteten Christologie eine extreme Gestalt des Monotheismus vor unseren Augen aus den phyletischen Tiefen des Christentums, d. h. auf der römisch-katholischen Achse, emporschießen: ein Monotheismus nicht mehr nur der Beherrschung, sondern *der Konvergenz,* auf dessen Gipfel ein universelles Zentrum der Dinge durch das siegreiche Wirken der Liebe auf die kosmischen Kräfte der Vielheit und der Zerstreuung aufstrahlt und sich «pleromisiert» [nach dem biblischen Ausdruck].

Und jetzt wollen wir für einen Moment unseren Blick von der subtilen, aber tiefen Veränderung abwenden, die im Innersten der modernen Mystik die Tönung Gottes selbst berührt, und ein wenig zusehen, was genau zur selben Zeit sich in dem allgemeinen Strom des menschlichen Bewußtseins abspielt.

II. Monotheismus und Neo-Humanismus

In dem konstruktiven und fruchtbaren Konflikt, der heute noch im biologischen Bereich Neo-Darwinisten und Neo-Lamarckisten einander entgegenstellt, läßt sich interessanterweise feststellen, wie die beiden einander sich bekämpfenden Schulen mit gleicher Unverfrorenheit am Ausgangspunkt eine gewisse Triebkraft oder Dynamik postulieren und sich diskussionslos zugestehen, ohne die die von ihnen ausgedachten evolutiven Mechanismen notwendig ebenso bewegungslos blieben wie ein Motor, bei dem man vergessen hätte, den Benzintank zu füllen. – Und wirklich, ob die Transformation der Arten von außen her [durch die Wirkung der natürlichen Auslese] oder aber im Gegenteil von innen her [durch die Wirkung der Erfindung] bewirkt wird, ist es nicht klar, daß man sich in dem einen wie in dem anderen Falle notwendig im Herzen des beseelten Seins eine gewisse Polarisation oder Präferenz zugunsten des «Überlebens», wenn nicht sogar des «Super-Lebens» vorzustellen hat? Auf einer vollständig indifferenten oder entspannten Substanz vermöchte kein Reiz der Umwelt, keine Wirkung der großen Zahlen irgendeinen Ansatzpunkt zu finden. Ebenso wie die [so anerkannte?...] Expansion des Universums zwischen materiellen Korpuskeln eine gewisse abstoßende Wirkung voraussetzt, die aus der Explosion des «Uratoms» hervorgegangen wäre – muß man auch, damit die [ihrerseits durchaus unbestreitbare] Entfaltung der Biosphäre getragen wird, notwendig auf die ursprüngliche Existenz oder auf die im Laufe der Zeitalter immer mehr bekräftigte Emergenz eines gewissen *Evolutionsdruckes* zurückgreifen.

Es wäre naiv, diesem «Evolutionsdruck», der letzten Triebkraft der ganzen Vitalbewegung, einen fest umschriebenen, auf allen Ebenen der Biogenese gültigen Ausdruck geben zu wollen. Dagegen «psychisiert» sich seine innere Natur vom kritischen Punkt der Reflexion an, d.h. im menschlichen Bereich, ganz entschieden in einer durchaus klaren und vertrauten Form: Und wir nennen ihn ganz einfach *Lebenslust*.

Die Lebenslust...

Seit zwölf Jahren gibt es praktisch keinen einzigen Vortrag oder Artikel über den Menschen, in denen ich nicht mit wachsender Dringlichkeit dahin gelangt wäre, mit Nachdruck die vitale [wenn auch bisher so gut wie noch nicht wahrgenommene] Rolle dieser grundlegenden Energie zu betonen, ohne die unter dem gewalttätigen Druck des planetaren Milieus und trotz der wunderbaren Stütze durch alle wünschenswerten materiellen Hilfsmittel der großartige menschliche Elan elendiglich zum Stillstand kommen würde: wenn er unglücklicherweise dazu käme, *keine Lust mehr zu haben, weiterzumachen!* – Statistisch in der alternierenden oder kombinierten Wirkung von Auslese und Erfindung gesehen, scheint mir das so sehr befürchtete Eingreifen von Böswilligen und unglücklicher Zufälle [wenn man nach der Vergangenheit urteilt] nicht ernstlich die Zukunft der denkenden Welt zu bedrohen. Ist einmal die evolutive Bewegung ausgelöst und in Bahnen geleitet, vermag, so scheint es, nichts in Zukunft das Leben daran zu hindern, auf unserer Erde das mögliche Maximum seiner Entwicklungen zu erreichen: nichts – außer eben die allgemeine und augenblickliche Entspannung, die vielleicht durch den fatalen Nadelstich hervorgerufen wird, der eine große Illusion platzen läßt.

Denken wir immer und immer mehr daran. Damit der noch embryonale Mensch den Erwachsenenzustand erreicht, muß er absolut und vor allem bis zum Schluß [und trotz des Erwachens immer schärferer kritischer Fähigkeiten in ihm] das Verlangen bewahren, bis ans Ende seiner selbst zu gelangen. Mit anderen Worten, das Universum muß gewissen strukturellen Grundbedingungen genügen, um nicht das Denken, das es hervorgebracht hat, zu enttäuschen [und folglich zu *ersticken*].

Aber welchen?

Ich sehe deren zwei – nicht so sehr, wie man vielleicht erwarten möchte, in Dingen, die sich auf die mehr oder weniger großen Reize des gegenwärtigen Augenblicks beziehen, sondern solche, die die eine wie die andere an die

Dimensionen und die Tonalitäten der fernsten Zukunft gebunden sind. - Stellen wir uns [ich bitte um Entschuldigung, daß ich einmal mehr diesen Vergleich aufgreife] - stellen wir uns eine durch einen Unfall in der Tiefe der Erde eingeschlossene Gruppe von Bergleuten vor. Ist nicht evident, daß diese Davongekommenen sich nur dann entschließen werden, sich das Streb, in dem sie sich befinden, hinaufzuarbeiten, wenn sie über sich das Vorhandensein 1. eines Auswegs und 2. eines sich auf atembare Luft und Licht öffnenden Ausweges voraussetzen können? - Nun, wenn eine Generation [die unsrige] plötzlich mit der Wirklichkeit einer langen und mühsamen Anstrengung konfrontiert wird, die zu leisten wäre, um die höhere, immer weiter zurückgedrängte Grenze des Menschlichen zu erreichen, so wäre es in gleicher Weise, behaupte ich, nutzlos, sie zum Marschieren aufzufordern, wenn wir zu ahnen vermöchten, daß die Welt vor uns hermetisch geschlossen ist oder nur in «Unmenschliches» [oder Untermenschliches] einmündet. Ein *totaler* Tod, in dem für immer und für alle die evolutive Frucht unseres planetaren Bemühens untergehen würde; oder aber, was auf dasselbe hinauslaufen würde, eine abgeschwächte und entstellte Form des Überlebens, in die nicht das Beste unserer einmütigenden Schau einginge, an der mitzuwirken die Existenz uns einlädt: jede dieser beiden traurigen Perspektiven würde für sich allein [das scheint mir psychologisch *sicher*] ausreichen, daß sich unheilbar in das Mark unseres Tuns das rasch tötende Virus der Langeweile, der Angst und der Entmutigung einschliche.

Je mehr das Leben sich individualisiert, um so mehr entdeckt es in sich selbst ein *irreversibles* Absolutheitsbedürfnis. In positive Aussage übertragen heißt das ganz einfach, daß die einzige mit der Gegenwart und dem Fortbestand eines Denkens auf Erden mit-mögliche Form des Universums ein psychisch auf ein kosmisches Zentrum der Erhaltung und der Ultra-Personalisation hin konvergierendes System ist.

Ein unumstößliches biologisches Erfordernis, in dem unerwartet, in seiner zugleich evoliertesten und modernsten Gestalt, das große monotheistische Streben aller Zeiten wieder zutage tritt.

III. Christentum und Zukunft

So will sich also, ohne daß wir viel davon ahnten, ein gewaltiges psychologisches Ereignis in eben diesem Augenblick in der Noosphäre vollziehen: nichts mehr und nichts weniger als die Begegnung des Empor mit dem Voran; – d. h. Zusammenströmen in der christlichen Achse des von den alten Mystiken kanalisierten Stromes und des neuen, aber rasch wachsenden Reißbaches des Sinnes für die Evolution. Zusammenfassende Antizipationen eines transzendenten Übermenschlichen und eines immanenten Ultramenschlichen: diese beiden Glaubensformen erhellen und verstärken einander unendlich... Wirklich, wäre es übereilt, in einem derartig wunderbar ausgeglichenen Zusammenspiel das Regime zu sehen, unter dem der geheimnisvolle planetare Prozeß der Hominisation sich in Zukunft bis zu seiner Vollendung [3] vollziehen soll.

Je mehr man sich dieser Situation zuwendet, um so mehr

---

[3] Was offensichtlich nicht das mögliche Auftreten einer *dritten* noch ungeahnten Achse außer dem Empor und dem Voran im menschlichen Bewußtsein ausschließt; und wäre es auch nur infolge einer Kontaktnahme mit anderen denkenden Planeten. [Anmerkung des Autors.]

DAS CHRISTLICHE PHÄNOMEN

drängt sich dem Geist eine eigenartige Analogie auf zwischen dem, was man den *religiösen Zustand* der heutigen Welt, und den *zoologischen Zustand* der Erde gegen Ende des Tertiärs nennen könnte. In jener Zeit [d.h. vor ungefähr einer Million Jahre] hätte ein geübter Beobachter, der die Menge der großen afrikanischen Primaten in Augenschein nahm, an zahlreichen anatomischen und psychischen Anzeichen erkennen können, daß eine gewisse hominoide Stammlinie [oder ein gewisses hominoides Bündel] in sich die Zukunftsverheißung trug. Ähnlich, so möchte ich sagen, scheint es, wenn wir zu sehen vermögen, nicht bestreitbar zu sein, daß sich leicht ein Unterschied und ein radikaler Vorsprung erkennen lassen, die für alle Zeiten «das christliche Phänomen» von allen anderen «religiösen Phänomenen» trennen, unter denen es aufgetreten ist, von denen es sich aber auch seit seinen Anfängen unaufhörlich zu lösen bemüht hat.

Dort nämlich, wo jede andere Religion heute erbärmlich anstößt [d.h. an den Hindernissen eines so organisch und so anspruchsvoll gewordenen Universums, daß es die meisten großen vergangenen Intuitionen der Mystik verdunkelt oder entmutigt] – erhebt sich nicht selbst dort das Christentum mühelos, getragen von eben den so tief veränderten Bedingungen zu denken und zu handeln, an die sich seine angesehensten Konkurrenten nicht zu akklimatisieren vermögen?

Ohne Übertreibung erweist sich die Religion Jesu aufgrund ihres ganz eigentümlichen Ultra-Monotheismus nicht nur in der Erfahrung als fähig, den neuen, im menschlichen Geist durch das Auftreten der Evolutionsidee geschaffenen Temperaturen und Spannungen standzuhalten – vielmehr findet sie in diesem transformierten Bereich ein optimales Entwicklungs- und Austauschmilieu. Und deswegen bestätigt sie sich bereits hier und heute *als*

DAS CHRISTLICHE PHÄNOMEN

die endgültige Religion einer plötzlich ihrer Dimensionen und ihrer Trift im Raum wie in der Zeit bewußt gewordenen Welt.

Daraus folgt, fragen wir uns, indem wir uns in unserer Vorstellung nicht mehr eine Million Jahre nach rückwärts, sondern durch die kosmische Zeit hindurch eine Million Jahre nach vorn versetzen, abschließend [vielleicht mit einer gewissen Unruhe...], was vom Christentum in dieser fernen Zukunft bleiben mag, so können wir mit aller Sicherheit zumindest dieses sagen:

«Bei einer derartigen Tiefe der Zukunft und angesichts des gegenwärtigen Ganges der Anthropogenese wäre es vergeblich zu versuchen, uns vorzustellen, welche Form die Liturgie oder das Kanonische Recht, die theologischen Konzeptionen vom Übernatürlichen und der Offenbarung oder die moralische Einstellung gegenüber den großen Problemen der Eugenik und der Forschung angenommen haben werden – ganz davon abgesehen, daß im Abstand von einer Million Jahren viele der historischen Probleme, die uns heute noch so sehr beschäftigen, seit langem gelöst oder hinfällig geworden sind oder sich auch verflüchtigt haben... In allen diesen Punkten vermöchten wir nichts zu sagen. Eines dagegen ist gewiß. Wenn zu jenem Zeitpunkt die Menschheit [wie wir annehmen] weiter wächst, d. h. sich weiter in sich selbst reflektiert, dann ist das der Beweis, daß die Lebenslust noch nicht aufgehört haben wird, in ihr aufzusteigen: Dies setzt voraus, daß ein immer stärkerer ‹christifizierter› Monotheismus, der den konvergierenden Anstrengungen der Noogenese einen immer anziehenderen Pol enthüllt, *immer noch da sein wird* [selbst wenn alles andere sich ändern muß], um das Universum zu durchlüften und die Evolution zu amorisieren.»

Ineditum, Paris, 10. Mai 1950.

MONOGENISMUS
UND MONOPHYLETISMUS
EINE WESENTLICHE UNTERSCHEIDUNG

Mit der Enzyklika *Humani generis* wurde von neuem mit großer Leidenschaft... und Verworrenheit das Problem der historischen Darstellung der menschlichen Ursprünge diskutiert. Deshalb ist es angemessen, einmal mehr den wesentlichen Unterschied zu betonen, der die [noch allzu häufig als Synonyme angesehenen!] Begriffe trennt:
Mono- und Poly-*genismus:* ein oder mehrere ursprüngliche *Paare,*
Mono- und Poly-*phyletismus:* ein oder mehrere *Äste* [oder Phyla] an der Basis der Menschheit.

Prinzip 1

Weil es der Wissenschaft faktisch unmöglich ist [und wahrscheinlich immer sein wird], die paläontologische Vergangenheit genügend stark zu vergrößern, um *Individuen* zu unterscheiden – das heißt, sehr weit in der Vergangenheit zurück etwas anderes als *Populationen* zu erkennen, sind der Mono- und Poly-genismus in Wirklichkeit *rein theologische Begriffe,* die aus dogmatischen Gründen eingeführt wurden, die aber ihrer Natur nach außerwissenschaftlich sind [insofern sie in der Erfahrung nicht verifizierbar sind].

Prinzip 2

Das läuft darauf hinaus zu sagen, wenn ein Gelehrter [als Gelehrter] die Einheit der menschlichen Art anerkennt, so will er in keiner Weise die Existenz eines einzigen ursprünglichen Paares bejahen, sondern einfach die Tat-

MONOGENISMUS UND MONOPHYLETISMUS

sache, daß der Mensch zoologisch einen einzigen *Trieb* darstellt: welcher Art im übrigen auch die [numerische] Dicke und die [morphologische] Komplexität dieses Triebes in seinen Anfängen sei.

In der Wissenschaft kann man nicht von Mono- oder Polygenismus sprechen, sondern *nur* von Mono- und Poly-phyletismus.

Nach dem Gesagten bewahrt der Theologe also eine gewisse Freiheit anzunehmen, was ihm innerhalb der durch die Unvollkommenheit unserer wissenschaftlichen Schau der Vergangenheit geschaffenen Zone der Indetermination dogmatisch notwendig erscheint. *Direkt kann* der Gelehrte *nicht* beweisen, daß die Hypothese eines individuellen Adam zu verwerfen sei. *Indirekt* jedoch kann er zum Schluß kommen, daß diese Hypothese aufgrund all dessen, was wir derzeit von den biologischen Gesetzen der «Speziation» [oder «Artbildung»] zu wissen glauben, wissenschaftlich unhaltbar gemacht wird.

a] Einerseits erscheint nämlich einem Genetiker nicht nur das gleichzeitige Auftreten einer Mutation bei einem einzigen Paar unendlich unwahrscheinlich – sondern es stellt sich ihm auch noch die Frage, ob eine so beschränkte Mutation, und wäre sie im Falle des Menschen verwirklicht, die geringste Chance hätte, sich auszubreiten.

b] Andererseits [und dies ist noch viel schwerwiegender] erfordert der Monogenismus der Theologen nicht nur die Einzigheit eines ursprünglichen Paares – sondern das plötzliche Auftreten zweier vom ersten Augenblick an *in ihrer spezifischen Entwicklung restlos vollendeter* Individuen. Der Adam der Theologen mußte zumindest auf den ersten Anhieb ein *Homo sapiens* sein. Anders gesagt, mußte er[1]

---

[1] Um fähig zu sein, die Verantwortung für die Erbsünde zu tragen [Anmerkung des Autors].

erwachsen geboren werden. Diese beiden Worte haben, miteinander verbunden, für die Wissenschaft von heute keinen Sinn.

Contra leges naturae [2] ...

Von zwei Dingen also eines:

Entweder werden sich die wissenschaftlichen Gesetze der Artbildung morgen in ihrer Essenz verändern [was wenig wahrscheinlich ist].

Oder [was in vollem Einklang mit den jüngsten Fortschritten der Exegese zu stehen scheint] die Theologen werden auf die eine oder andere Weise wahrnehmen, daß in einem so organisch strukturierten Universum wie dem, in dem wir heute gerade erwachen, eine noch weit engere menschliche Solidarität als die von ihnen «im Schoße der Mutter Eva» gesuchte ihnen ganz leicht durch den außerordentlichen inneren Zusammenhang einer um uns herum im Zustande der Kosmo- und Anthropogenese befindlichen Welt geliefert wird.

[2] Wider die Naturgesetze [Anmerkung der Herausgeber].

Ineditum, Paris, 1950.

WAS ERWARTET DIE WELT IN DIESEM
AUGENBLICK VON DER KIRCHE GOTTES:

EINE VERALLGEMEINERUNG UND
EINE VERTIEFUNG
DES SINNES DES KREUZES

1. Einführung:
Weshalb diese Seiten geschrieben wurden

Vor vier Jahren habe ich unter dem Titel «*Der Kern des Problems*» einen kurzen Bericht nach Rom geschickt, in dem ich versuchte, den Oberen verständlich zu machen, was mir nach langen Jahren, [infolge außergewöhnlicher Umstände] im Innersten *zugleich* der Welt der Wissenschaft und der Welt des Glaubens verbracht, die wahre Quelle der modernen religiösen Unruhe zu sein schien. Ich meine den unwiderstehlichen Aufstieg, über alle Wege des Denkens und des Tuns, eines evolutiven Gottes des Voran am menschlichen Himmel – auf den ersten Blick Widersacher des transzendenten Gottes des Empor, den das Christentum unserer Anbetung darbietet.
«Solange die Kirche nicht durch eine erneuerte Christologie [zu der wir alle Elemente in Händen halten] den offensichtlichen, nunmehr zwischen dem traditionellen Gott der Offenbarung und dem «neuen» Gott der Evolution ausgebrochenen Konflikt löst – so lange, so sagte ich in diesem Bericht, wird sich das Gefühl des Unbehagens nicht nur am Rande, sondern im lebendigsten Kern der gläubigen Welt verstärken; und *pari passu* wird das christliche Bezauberungs- und Bekehrungsvermögen abnehmen.»
Die Seiten, auf die ich hier anspiele, hatten keineswegs die Absicht, sich in die Geschäfte der bestehenden Autorität

einzumischen. Sie stellten jedoch das Zeugnis eines Beobachters dar, der zufällig bis in tiefe menschliche Bereiche vorgestoßen war, bis zu denen vorzudringen die «Offiziellen» gewöhnlich keine Gelegenheit haben und bei denen sie noch weniger die Möglichkeit haben zu begreifen, was vorgeht.

Einfach in dieser Hinsicht mochten sie Aufmerksamkeit verdienen.

Aus Rom hat man mir geantwortet, meine Diagnose stimme nicht mit den derzeit in der Ewigen Stadt in Gunst stehenden Ideen überein.

Und seither hat sich, wohlgemerkt, die religiöse «Schizophrenie», an der wir leiden, nur noch verstärkt...

Noch einmal also will ich – denn die Zeit drängt – versuchen, mir Gehör zu verschaffen. Dieses Mal aber will ich, um mich klarer auszudrücken, jede symbolische oder abstrakte Aussage vermeiden und das Problem [und seine Lösung?] neu stellen, so wie sie sich in einer besonders sensiblen und konkreten Weise *für mich* im Hinblick auf den und im Ausgang vom *Sinn* des Kreuzes *zu formulieren scheinen*.

Dies verlangt im übrigen, daß ich zuvor ein Ereignis in Erinnerung rufe, für dessen Evidenz gewisse Geister noch in seltsamer Weise verschlossen bleiben: nämlich die schrittweise und irreversible Durchsetzung einer zutiefst erneuerten Konzeption vom Menschen und der Menschheit in unserer modernen Zivilisation.

II. Vorbemerkung: Auftreten und Natur eines zeitgenössischen Neo-Humanismus

Es gab eine Zeit [die gute alte Zeit der Scholastik], in der die großen Geister sich ergebnislos darüber stritten, ob man «Realist» oder aber «Nominalist» sein müsse.
Unfehlbares Zeichen einer schlecht gestellten Frage...
Heute hat [zumindest was die Lebewesen betrifft] der wissenschaftliche Evolutionismus das Problem der Universalien mühelos erneuert und geklärt: durch die einfache Einführung des Begriffs der «phyletischen Art». Die «Philosophen» mögen weiterhin fruchtlos über die allgemeine Idee des Hundes oder der Katze diskutieren. Faktisch ist die einzige allgemeine «feline» oder «canine» Entität, die *in natura rerum*[1] existiert und zählt, das wissen wir heute, eine bestimmte Population, die sich von ein und demselben Stamm ableitet und innerhalb einer gewissen statistischen Variabilitätsbreite ändert. Das *genetische Universelle* neben dem [oder genauer *anstelle* des] abstrakten Universellen und dem konkreten Universellen...
Unter diesem neuen Gesichtspunkt müssen wir wohl zugeben, daß «die Idee des Menschen» [wie alle übrigen tierischen Kategorien] für uns in einem ersten Schritt ihr ganzes Geheimnis – und sehr viel von ihrer platonischen Gloriole verloren hat.
Umgekehrt aber und als Kompensation dazu muß sogleich hinzugefügt werden, daß in einem zweiten Schritt demselben Begriff des Menschen, und zwar *doppelt,* aufgrund von Erfahrungstiteln seine Adelsbriefe neu bestätigt wurden [oder zumindest derzeit werden].

---

[1] In der Natur der Dinge [Anmerkung der Herausgeber].

WAS ERWARTET DIE WELT VON DER KIRCHE

Einerseits wird es nämlich immer notwendiger, in aller Wissenschaftlichkeit zu erkennen, daß mit dem Auftreten des reflektierten Bewußtseins [Denken] im Quartär auf der Erde in der Geschichte der Biosphäre eine neue Phase eröffnet wurde. Der zoologisch als Säugetier-Primate klassifizierbare Mensch stellt faktisch vor allem das Auftreten einer *zweiten Art von Leben* [oder, wenn man es vorzieht, «ein Leben zweiten Grades»] auf Erden dar.

Und andererseits zeigt [eine noch weniger allgemein anerkannte Situation, welche aber die Wissenschaft in nicht allzu langer Zeit notwendig *auch* annehmen muß] dieses Leben zweiter Art [oder reflektierte Leben] von Natur aus ein *konvergentes Verhalten*. Aus tiefen biologischen Gründen kann der Mensch nicht existieren, ohne die Erde zu bedecken; und er kann die Erde nicht bedecken, ohne sich zu totalisieren und sich immer mehr in sich selbst zu zentrieren. – So daß bei ihm [ein in der Natur einzig dastehendes Faktum] die Art, anstatt zu divergieren und sich zu zerstreuen, sich mit der Zeit immer enger in sich selbst zusammenzieht. Im Falle des Menschen und des Menschen *allein* [weil er *reflektiert* ist] tendiert das genetische Universelle dahin, sich am Ende in einer super-personalen Einheit zu konsolidieren.

Diese neuen Anschauungen über die einzigartige Natur des Menschen, ich wiederhole das, werden bisher weder allgemein noch überall in gleicher Weise von der Wissenschaft ausgesagt. Doch ergeben sie sich so direkt, so innerlich aus der ganzen modernen wissenschaftlichen «Weltanschauung», daß sie tatsächlich beginnen, das ganze Bewußtsein [oder zumindest das Unterbewußtsein] unserer Zeit zu erobern und zu durchtränken.

Denn darin darf man sich nicht täuschen.

Trotz des Schaumbergs des Existentialismus und des Barthianismus, der unaufhörlich wuchert und uns im Laufe dieser letzten Jahre «das Leben vergällt», stellt derzeit nicht der verdrossene [atheistische oder religiöse] Pessimismus, sondern ein [durch den raschen marxistischen Aufstieg signalisierter] zupackender Optimismus in der Welt die Grundströmung dar. Nicht nur das egoistische und anspruchsvolle Streben in Richtung des «Wohlseins» – sondern der kollektive Aufbruch in Richtung des «Mehrseins», das auf seiten der Vollendung der zoologischen Gruppe erwartet und gesucht wird, zu der wir gehören.

Nach einer Zeit des ungewissen Treibens [16.–19.Jh.], in der es scheinen mochte, das Humanum zerfalle immer mehr in autonome Individuen, sind wir heute unbestreitbar [unter dem Druck gewaltiger äußerer und innerer Determinismen] dabei, auf einer höheren Ebene den Sinn für die Art wiederzufinden. Diesmal nicht mehr die Verknechtung unter der Stammlinie, sondern das einmütige und zusammengestimmte Drängen, um mit allen gemeinsam auf eine höhere Stufe des Lebens zu gelangen.

Der alte Geist der Renaissance und des 18.Jahrhunderts, sagen wir uns das ganz klar: der des wohlgeordneten Kosmos und des harmonischen Menschen, ist tot oder überholt. Und an seiner Stelle wächst beinahe überall ein neuer Humanismus – durch das unwiderstehliche Wirken der Ko-reflexion: ein Humanismus nicht mehr des Gleichgewichts, sondern der Bewegung, in dem kein Wert Bestand zu haben vermag – *nicht einmal und vor allem nicht in Fragen der Religion* –, es sei denn, man räumt der Existenz einer ultrahumanen kosmischen Zukunft einen Platz ein und beugt sich ihren Erfordernissen.

Von hierher ergibt sich für die Kirche die dringende Notwendigkeit [und damit bin ich auf diesem Wege zum Kern meines Themas gelangt], unverzüglich der Welt einen «neuen» Sinn [einen ultra-humanisierten Sinn] des Kreuzes zu zeigen.

WAS ERWARTET DIE WELT VON DER KIRCHE

III. Kreuz der Sühne und Kreuz der Evolution

Von Geburt her und auf alle Zeiten ist das Christentum dem Kreuz geweiht, vom Zeichen des Kreuzes beherrscht. Es kann nur es selbst bleiben, indem es sich immer stärker mit dem Wesen des Kreuzes identifiziert.

Was aber macht gerade eben das Wesen aus - was ist der *wahre* Sinn des Kreuzes?...

In seiner traditionellen *elementaren* Gestalt [wie sie heute noch in den Erbauungsbüchern, den Predigten und selbst in der Unterweisung der Seminarien dargeboten wird] ist das Kreuz *in erster Linie* ein Symbol der Wiedergutmachung und Sühne.

Und deswegen ist es Ausdruck und Vehikel eines ganzen psychologischen Komplexes, in dem sich zumindest als Tendenzen die folgenden Elemente deutlich erkennen lassen:

a] Eine katastrophenhafte Vorstellung vom Übel und vom Tod und deren Vorherrschen in der Welt, wobei sie als natürliche und chronologische Folge einer Erbsünde angesehen werden.

b] Mißtrauen gegenüber dem Menschen, der, ohne wirklich verstümmelt oder verderbt zu sein [die Theologen ziehen sich durch den Kniff der «übernatürlichen» Gaben aus der Affäre], doch nicht mehr die Frische und Kraft hätte, die ihm in seinen irdischen Unternehmungen Erfolg verbürgen würden.

c] Und, noch symptomatischer, ein allgemeines [fast manichäisches] Mißtrauen gegen alles, was Materie ist, wobei diese praktisch universell weit weniger als eine Reserve des Geistes denn als ein Prinzip des Falls und der Verderblichkeit angesehen wird.

All dies ist, glücklicherweise und sicherlich, in das Feuer einer mächtigen Liebe zum gekreuzigten Gott eingefaßt. Jedoch in das Feuer einer Liebe von fast ausschließlich «aszensionalem» Typ, deren wirksamstes und kennzeichnendstes Tun immer mit dem Merkmal einer schmerzlichen Reinigung und einer leidvollen Loslösung dargestellt wird.

Genau das aber vermögen die Neohumanisten, zu denen wir heute geworden sind, sehr bald nicht mehr zu atmen, und das *muß geändert werden*.

Um über eine Erde zu herrschen, die plötzlich zum Bewußtsein einer sie nach vorn mitreißenden biologischen Bewegung erwacht ist, muß das Kreuz [wenn es nicht unmitmöglich mit der menschlichen Natur sein soll, die es retten will] um jeden Preis und schnellstens sich als ein Zeichen nicht nur der Flucht[2] [«escape»], sondern des Fortschreitens bekunden.

Es muß vor unseren Augen nicht mehr nur als reinigendes Kreuz – sondern als *bewegendes* Kreuz aufleuchten.

Ist aber eine solche Transformation – *ohne Deformation* möglich?

Ja, werde ich «mit Emphase» antworten – sie ist möglich und sogar, wenn man bis auf den Grund der Dinge geht, durch das gefordert, was das Traditionellste im christlichen Geist ausmacht.

---

[2] Die Flucht, auf die Teilhard hier mit dem Finger weist, ist jene, die im Namen des «erlösenden» Wertes des Schmerzes davon entband, bis ans Ende seiner Kräfte wider das Übel zu kämpfen. Die Gottesbegegnung hat im Gegenteil zur Voraussetzung, daß man immer mit seinem schöpferischen Willen mitwirkt. «Das Optimum meiner Kommunion der Ergebenheit», schreibt Teilhard im *Göttlichen Milieu*, S. 95], «fällt... mit dem Maximum meiner Treue zur menschlichen Pflicht zusammen.» [Anmerkung der Herausgeber.]

WAS ERWARTET DIE WELT VON DER KIRCHE

Und zwar wie folgt:

Vergessen wir einen Augenblick alles, was ich über den «klassischen» und subpessimistischen Sinn des Kreuzes in Erinnerung rief. Und während wir vorübergehend das Kreuz selbst beiseite lassen, wollen wir uns dem zweiten Punkt des modernen religiösen Konfliktes zuwenden, nämlich der vielgenannten «Evolution».

Wird sie in ihren wesentlichsten Merkmalen begriffen, drängt sich diese machtvolle Wirklichkeit unserer Erfahrung mit folgenden Eigenschaften auf:

a] Aufgrund ihrer «anordnenden» Natur verlangt sie Arbeit, ist sie «Bemühen».

b] Aufgrund der statistischen Wirkung des Zufalls kann sie in ihren tastenden Konstruktionen nur voranschreiten, indem sie hinter sich, und zwar auf allen Ebenen [im Anorganischen, Organischen und Psychischen], ein langes Kielwasser von Unordnungen, Leiden und Sünden [«evolutives» Übel] zurückläßt.

c] Aufgrund eben der Struktur des biologischen Evolutionsprozesses [organisches Altern, genetische Weitergabe, Metamorphose...] impliziert sie den Tod.

d] Aufgrund eines zugleich psychologischen und energetischen Erfordernisses verlangt sie schließlich auf ihrem Gipfel [ist sie einmal zur «reflektierten» Stufe gelangt] ein das ganze Funktionieren des Universums «amorisierendes» Anziehungsprinzip.

Lassen wir uns von der Empfindung dieser vier Grundbedingungen recht durchdringen, die eben die Atmosphäre der Neuen Welt definieren, zu der wir erwachen, indem wir uns der sich bewegenden Organizität der uns umgebenden Dinge bewußt werden.

Und dann wollen wir mit diesen neuen Gegebenheiten im Kopf zum Kreuz zurückkehren; – betrachten wir ein Kruzifix...

WAS ERWARTET DIE WELT VON DER KIRCHE

Zeigt sich unseren Augen auf dem Holz – leidend, sterbend, befreiend – noch der Gott der Erbsünde? Oder ist das nicht im Gegenteil der Gott der Evolution?

Oder, genauer, ist der Gott der Evolution – der Gott, den unser Neuhumanismus erwartet – nicht gerade eben und ganz einfach der im Vollsinne und ganz allgemein begriffene selbe Gott der Sühne?...

Überlegt man es sich nämlich genau, so bedeutet «die Sünde der schuldigen Welt tragen» [wird diese Aussage *in Begriffe der Kosmogenese übersetzt und transponiert*], nichts anderes als «die Last einer Welt im Zustand der Evolution»[3] tragen!

Wirklich [und ich möchte, daß diejenigen, die zuständig sind, den «Schrei» oder das Zeugnis aus diesen Seiten vernehmen] – wirklich, sosehr es mir physisch unmöglich geworden ist, innerlich vor einem *rein* erlösenden Kreuz niederzuknien – so sehr fühle ich mich leidenschaftlich bezaubert und befriedigt von einem Kreuz, in dem die beiden Komponenten der Zukunft sich synthetisch verbinden: das Transzendente und das Ultra-Humane; oder, wie ich zu Beginn sagte, das Empor und das Voran.

Persönlich vermag ich mich nicht der Evidenz zu entziehen, daß ich im zweiten Falle [wenn auch in einer anderen Dimension] genau dasselbe Kreuz anbete: dasselbe Kreuz, *aber sehr viel wahrer.*

---

[3] Angesichts der derzeitigen Verwirrung ist es wichtig, ausdrücklich zu sagen, daß «das Gewicht einer in Evolution befindlichen Welt tragen» nicht heißt, den Teil des Opfers zu mildern, sondern in vollem Bewußtsein der menschlichen Bestimmung zur Mühsal der Sühne die beständigere und zwingendere der Teilnahme an der für ihr Gelingen unentbehrlichen universellen Arbeit hinzuzufügen.

In dieser Sicht gewinnt der Aufruf Christi eine neue Dringlichkeit: «Wenn jemand mir nachfolgen will, so verleugne er sich selbst, nehme jeden Tag sein Kreuz auf sich und folge mir nach», Lk 9, 23 [Anmerkung der Herausgeber].

WAS ERWARTET DIE WELT VON DER KIRCHE

Und mit dieser [kategorischen und endgültigen] inneren Einstellung stehe ich, das fühle ich und das weiß ich, nicht allein, vielmehr strömt eine Legion anderer mit mir zu ihr hin und in ihr zusammen.

Zusammenfassung

Letzten Endes, so will ich schließen, steht trotz der tiefen im Gange befindlichen Umgestaltung in unserer phänomenalen Sicht der Welt das Kreuz immer noch aufrecht; und es richtet sich sogar immer aufrechter am Kreuzpunkt aller Werte und aller Probleme mitten in der Menschheit auf. An ihm kann und muß sich weiterhin mehr denn je die Scheidung vollziehen zwischen dem, was aufsteigt, und dem, was absteigt.
Dies jedoch unter einer Bedingung, und nur einer Bedingung.
Daß es nämlich, indem es sich zu den Dimensionen eines neuen Zeitalters ausweitet, sich uns nicht mehr vor allem [und sogar ausschließlich...] als das Zeichen eines Sieges über die Sünde darstellt, sondern endlich seine Fülle erreicht, nämlich das dynamische und vollständige Symbol eines Universums im Zustand personalisierender Evolution wird.

Ineditum, New York [Purchase], 14. Sept. 1952.

DIE KONTINGENZ DES UNIVERSUMS UND DIE MENSCHLICHE LUST ZU ÜBERLEBEN

oder Wie soll man in Übereinstimmung mit den Gesetzen der Energetik den christlichen Begriff der Schöpfung neu denken?

1. Vorbemerkung: Religiöser Glaube und Energie der Evolution

Unter den Fachwissenschaftlern will sich ganz deutlich eine übereinstimmende Meinung über die wirkliche Natur des menschlichen Phänomens herausbilden. Der Mensch, der früher als eine Anomalie im Universum betrachtet wurde, will sich nunmehr als die äußerste Spitze darstellen, die im Bereich unserer Erfahrung derzeit von dem Doppelprozeß korpuskularer Anordnung und psychischer Verinnerlichung erreicht wird, der bisweilen «negative Entropie» oder «Anti-Entropie»[1] – oder einfach Evolution genannt wird.

«Im reflektierten Menschen [in dem Maße, wie er reflektiert ist] bricht die Evolution, weit davon entfernt, wie man zunächst glauben konnte, zum Stillstand gekommen zu sein, in Richtung immer höherer Zustände der Ko-reflexion [durch Konvergenzeffekt] in Gestalt der *Self-Evolution* mit Schwung neu auf.»

Mehr oder weniger explizit wird eine derartige Formel, das möchte ich betonen, heute bereits von der Mehrheit der «Gelehrten» angenommen. Doch scheinen viele von dieser

---

[1] Heute – *Neg-Entropie* [Anmerkung der Herausgeber].

DIE KONTINGENZ DES UNIVERSUMS

Mehrheit noch nicht den tiefen Wandel *energetischer* Ordnung zu begreifen, den die Einverleibung des Humanen, d.h. des Reflektierten, in den Gang der Evolution impliziert.

Im Laufe ihrer vormenschlichen Phase mochte die Vitalisation der Materie [zumindest in erster Annäherung] als, im Zusammenspiel der Zufälle und der natürlichen Auslese, restlos aus den thermo-dynamischen Reserven unterhalten erscheinen, die auf der Oberfläche der Erde eingelagert sind. Sobald er hingegen einmal hominisiert ist, verlangt der Prozeß [wir stellen das in jedem Augenblick an uns selbst fest] *darüber hinaus,* um zu gelingen, den unwägbaren, aber entscheidenden Einfluß eines gewissen «Feldes» psychischer Natur, das als eine Lust oder ein Begehren definierbar ist. Ohne Gipfeldrang im Herzen eines Hans Herzog keine Besteigung des Anapurna.

In der Self-Evolution ist die eingesetzte Energie nicht mehr *nur* physisch; vielmehr erscheint sie als eine komplexe Größe, in der zwei heterogene Elemente sich untrennbar verbinden:

a] das erste [in thermo-dynamischen Einheiten kalkulierbar] läßt sich letzten Endes auf die molekularen und atomaren *Anziehungskräfte* zurückführen;

b] das zweite [in Graden der Anordnung «meßbar»] wird von unserem Bewußtsein als *Anziehung* erfahren.

Mit anderen Worten, damit die Evolution im hominisierten Milieu weitergeht, muß der Mensch [mit physischer Notwendigkeit] so energisch wie möglich an einen absoluten Wert der Bewegung *glauben,* die weiterzutragen er beauftragt ist.

Und damit haben wir für unsere Erfahrung zwischen zwei einander scheinbar so fremden Bereichen wie der Physik/Chemie und der Religion unerwartet eine Brücke geschlagen. Der Glaube nicht mehr nur Fluchtweg aus der Welt –

DIE KONTINGENZ DES UNIVERSUMS

sondern Wirkstoff und Ko-prinzip der Vollendung der Welt selbst! Eine große Überraschung für unseren Geist, ohne Zweifel. Aber noch mehr eine unerwartete Möglichkeit, die sich unserem Bedürfnis der Vorausschau anbietet, *im Namen der Energetik* zwei allgemeine Bedingungen für die zukünftige Evolution des «Religiösen» im Laufe der Myriaden oder sogar der Millionen von Jahren festzulegen, die der Hominisationsprozeß auf Erden noch dauern muß.[2]

Erste Bedingung. Damit der Mensch zu dem natürlichen Ziel seiner Entwicklung gelangt, *muß* [mit energetischer Notwendigkeit] in der auf dem Wege der Totalisation befindlichen Menschheit die religiöse Spannung oder Temperatur immer höher steigen.

Zweite Bedingung. Unter allen von den aufsteigenden Kräften der Religion im Laufe der Zeiten schließlich versuchten Formen des Glaubens ist die, und nur die, [immer mit energetischer Notwendigkeit] dazu bestimmt zu überleben, die sich als fähig erweist, die Kräfte der Self-Evolution maximal zu wecken [oder zu «aktivieren»].

In dem Maße, wie sie zur Energetik gehören, ich betone das noch einmal, sind diese beiden Sätze von jeglicher philosophischen oder historischen Überlegung unabhängig. Sie haben für das ganze Universum und für alle Zeiten einen absoluten Wert.

Versuchen wir zu sehen, was sie hergeben [d.h. was geschieht], wenn man sie auf den besonderen Fall des christlichen Glaubens anwendet.

---

[2] Der Autor spricht hier als Paläontologe. Er sagte gerne, daß unter religiösem Gesichtspunkt das Ende der Menschheit durch eine verstärkte Anziehung Christi, der geistigen Sonne, beschleunigt werden könnte. Deshalb sein Ruf nach der Parusie im *Göttlichen Milieu*, S. 189 [Anmerkung der Herausgeber].

DIE KONTINGENZ DES UNIVERSUMS

II. Der außergewöhnliche evolutorische Wert des Christentums... außer im Bereich des Schöpfungsgedankens

Unter dem hier eingenommenen, streng energetischen [man könnte sagen «kosmomotorischen»] Gesichtspunkt ist die Beobachtung beachtlich, daß der *recht begriffene* christliche Glaube allen anderen Glaubensformen weit voraus an der Spitze liegt. Und zwar aus dem guten Grunde, weil er als einziger unter allen anderen derzeit einander gegenüberstehenden Religionstypen sich nicht nur als fähig erweist, in einem für unser Denken plötzlich vom Zustand des Kosmos in den Zustand der Kosmogenese übergegangenen Universums ohne Entstellung zu überleben [oder sogar zu super-leben] – sondern darüber hinaus sich auch fähig zeigt, eben diese Kosmogenese derart zu erwärmen und zu erleuchten, daß er ihr buchstäblich ein Antlitz und eine Seele gibt. Dem Blick des modernen Christen, der sich gleichzeitig *sowohl* der schrittweisen Zentration der Welt in sich selbst *als auch* der einzigartigen Position bewußt geworden ist, die der auferstandene Christus am Pol dieser Konvergenzbewegung einnimmt, erweist sich der ganze Prozeß der Evolution im letzten und streng als *liebend und* liebenswert. Auf diese Weise wird ein solcher Christ [und er allein], um an den weiteren Fortschritten der Hominisation mitzuarbeiten, letzten Endes durch die höchstmöglich aktivierende aller geistigen Anziehungskräfte beseelt: ich meine durch die Kräfte der Liebe.

Soweit die evolutive Aktivanz in Frage steht, ist das Christentum in dem Maße, wie es die Kosmogenese «personalisiert», unbestreitbar unersetzlich und unübertrefflich.

Doch, so wird man einwenden, beraubt nicht der christliche Glaube dieselbe Welt, die er dank seinen Geheimnis-

DIE KONTINGENZ DES UNIVERSUMS

sen der Inkarnation und auch der Erlösung mit so vielen Reizen schmückt, andererseits jeglicher Bedeutung [bis hin zu der Gefahr, sie in unseren Augen als häßlich und gemein herabzusetzen], indem er auf der vollständigen Self-Suffizienz Gottes und folglich auf der vollständigen Kontingenz der Schöpfung besteht?...

Und tatsächlich bricht an dieser Stelle, ohne daß wir darauf achteten, plötzlich in einen vital konkreten Bereich [den Bereich der menschlichen Lust am Tun] das scheinbar rein spekulative und unschuldige Problem des *teilhabenden Seins* ein.

Nach gut scholastischer Philosophie steht, wie jeder weiß, das Sein in Gestalt des *ens a se*[3] erschöpfend und erfüllend und mit einem Schlage am ontologischen Ursprung aller Dinge. Danach tritt in einem zweiten Schritt alles übrige [nämlich «die Welt»] seinerseits nur als restlos überflüssige Ergänzung oder Hinzufügung in Erscheinung: die zum göttlichen Mahl Geladenen.

Diese streng aus einer gewissen Metaphysik der Potenz und des Aktes abgeleitete These von einer vollständigen Willkürlichkeit der Schöpfung blieb im thomistischen Rahmen eines statischen Universums ungefährlich, wo das Geschöpf nichts anderes zu tun hatte, als sich selbst anzunehmen und zu retten. Dagegen erweist sie sich von dem Augenblick an als gefährlich und virulent [weil entmutigend], da im dynamischen System der Kosmogenese das «teilhabende Sein», das jeder von uns ist, sich zu fragen beginnt, ob die radikal kontingente Gegebenheit, auf die die Theologen es reduzieren, wirklich die Mühe rechtfertigt, die es auf sich nehmen muß, um zu evolvieren. – Denn wie sollte der Mensch, es sei denn, er suche am Zielpunkt der Existenz lediglich eine individuelle Glückseligkeit [und das ist eine

---

[3] Aus sich selbst existierendes Sein [Anmerkung der Herausgeber].

DIE KONTINGENZ DES UNIVERSUMS

Form, die wir endgültig verabschiedet haben], nicht von der Offenbarung, die ihm angeblich seine radikale Nutzlosigkeit nahelegt [4], den *Ekel vor dem Tun* bekommen?

In einem früheren Aufsatz [5] habe ich vor einiger Zeit nachdrücklich die für das Christentum absolute Notwendigkeit betont, dass es – sofern es auf unsere Generation einwirken will – die konstruktive «evolutorische» [und nicht nur sühnende oder wiedergutmachende] Seite des Geheimnisses des Kreuzes verdeutlichen müsse [6]. – Man gestatte mir, hier – aus gleicher Kenntnis der Sache heraus und in einem weniger beachteten, aber noch tieferen dogmatischen Punkt – folgendes Zeugnis zu geben:

«In einer Zeit, da der Mensch, offensichtlich für alle Zeiten, zum Bewußtsein seiner planetaren Verantwortung und Zukunft erwacht, würde das Christentum [wie groß

---

[4] P. Teilhard hätte sich gefreut, seine Intuition durch einen der wichtigsten Texte des [ihm immer unbekannt gebliebenen] Kardinals Bérulle bestätigt zu sehen: «Der Vater, der die fontale Quelle der Gottheit ist [...], bringt in sich selbst zwei göttliche Personen hervor. Und der Sohn [...] bringt seine Fruchtbarkeit in der Hervorbringung einer einzigen göttlichen Person zum Ziel. Und diese dritte Person, die nichts Ewiges und Ungeschaffenes hervorbringt, bringt das inkarnierte Wort hervor. Und dieses inkarnierte Wort [...] bringt die Ordnung der Gnade und der Herrlichkeit hervor, die darin zum Ziel kommt [...], daß sie uns durch Teilhabe zu Göttern macht.» [*Les Grandeurs de Jésus*, p. 272, Éd. Siffre, 1895.] Das Pleroma, d. h. der Gottmensch und eine Schöpfung, die nicht nur durch ihn assimiliert wird, sondern an seiner Gottheit und am trinitaren Leben in der Menschheit teilhat, die sie krönt: Das ist die Fruchtbarkeit des Heiligen Geistes und der wesentliche Seinsgrund des Universums, der seine souveräne Würde begründet [Anmerkung der Herausgeber].

[5] Über den «Sinn des Kreuzes» [September 1952], [Anmerkung des Autors].

[6] Dieser Gesichtspunkt ist traditionell: die Erlösung leistet nicht nur Wiedergutmachung für die Sünde: sie schenkt überreichliche Gnade; sie begründet und schafft ein Übermaß an Liebe [Anmerkung der Herausgeber].

auch die Schönheit seines Evangeliums sein mag] in unseren Augen jeglichen religiösen Wert verlieren, wenn es in den Verdacht geraten könnte, es lasse uns durch die Preisung des Schöpfers das Universum schal werden. Denn aus diesem Grund schon würde es aus der Zahl der energetisch möglichen Glaubensformen ausscheiden.»
Es würde der Kirche nichts nützen, begreifen wir das doch endlich, die Welt unseren Herzen liebenswert zu machen, wenn wir an einer anderen Stelle wahrnehmen würden, sie lasse die Welt unserem Bemühen weniger begehrenswert oder sogar verachtenswert erscheinen.
Weshalb aber sollte man dann nicht versuchen, das Dogma einer totalen *Freiheit* des Schöpfers im Schöpfertum von Grund auf in den neuen Dimensionen, die das Wirkliche in unseren Augen gewonnen hat, neu zu denken?

III. Ein Korrektiv der Kontingenz: der Begriff des Pleroma

Wenn ich mir erlaube, hier mit solcher Schärfe den scholastischen Begriff der «Teilhabe» zu kritisieren, so nicht nur [das wird man begriffen haben] deshalb, weil dieser Begriff in mir den Menschen demütigt, sondern auch und ebensosehr, weil er in mir den Christen empört.
Vergessen wir einmal das «ens a se» und das «ens ab alio»[7] und kehren wir zu den authentischsten und konkretesten Aussagen der Offenbarung und der christlichen Mystik zurück. Was finden wir im Kern dieser Lehren oder dieser

---

[7] Das «aus sich selbst existierende Sein» und das «durch ein anderes existierende Sein» [Anmerkung der Herausgeber].

DIE KONTINGENZ DES UNIVERSUMS

Ergüsse, wenn nicht die Bejahung und den Ausdruck einer eng wechselseitigen und komplementären Beziehung zwischen der Welt und Gott? «Gott schafft durch Liebe», sagen zwar die Scholastiker. Was aber ist diese zugleich in ihrem Subjekt unerklärliche und für ihr Objekt entehrende Liebe, *die keinerlei Bedürfnis begründet* [es sei denn das Vergnügen des Schenkens um des Schenkens willen]? Lesen wir Johannes und Paulus noch einmal. Von ihnen wird die Existenz der Welt von vornherein [für unseren Geschmack vielleicht allzu summarisch] als ein unausweichliches Faktum oder auf jeden Fall als eine vollendete Tatsache angenommen. Doch umgekehrt bei dem einen wie dem anderen: welcher Sinn für den absoluten Wert eines kosmischen Dramas, in dem sich alles so vollzieht, als ob Gott, selbst vor seiner Inkarnation, ontologisch engagiert wäre! Und folglich, welche Betonung des Pleroma und der Pleromisation! Wirklich, nicht der Sinn für die Kontingenz des Geschaffenen, sondern der Sinn für die wechselseitige Ergänzung von Welt und Gott läßt das Christentum leben. Und wenn also gerade diese Seele der «Komplementarität» von der aristotelischen Ontologie nicht mehr einzufangen ist, machen wir es doch den Physikern nach, wenn ihnen die Mathematik fehlt: wechseln wir die Geometrie!

Da wir z.B. unter einem dynamischen Gesichtspunkt [8] beobachten, daß das erste auf der Welt für unser Denken nicht «das Sein» ist, sondern «die Vereinigung, die dieses Sein erzeugt», wollen wir versuchen, an die Stelle einer Metaphysik des *Esse* eine Metaphysik des *Unire* [oder des *Uniri*] [9] zu setzen. Gelangt das Problem der Koexistenz und

---

[8] Und zwar in Analogie zu dem, was in der Physik geschieht, wo, wie wir heute wissen, die Beschleunigung die Masse schafft: d.h. das Bewegte kommt erst nach der Bewegung [Anmerkung des Autors].

[9] *Esse* = Sein. *Unire* = vereinigen. *Uniri* = vereinigt werden [Anmerkung der Herausgeber].

DIE KONTINGENZ DES UNIVERSUMS

der Komplementarität des Geschaffenen und des Ungeschaffenen, wird es in dieser genetischen Form behandelt, nicht in dem Maße zu einer teilweisen Lösung, wie die beiden gegeneinander ausgespielten Seinsweisen, und zwar jede auf ihre Weise, in gleicher Weise verlangen, in sich zu existieren und sich miteinander [10] zu verbinden, damit *in natura rerum* das absolute Höchstmaß möglicher Vereinigung verwirklicht werde?

Und wenn es dieser zweiten Denkweise noch nicht in genügender Weise gelingt, bei dem Gläubigen das legitime Bedürfnis, aus dem er lebt, zu rechtfertigen, nämlich durch seine Lebensglut Gott etwas Unersetzliches zu bringen, so wollen wir den Mut nicht sinken lassen und noch etwas Besseres suchen.

Doch versuchen wir unterwegs nicht auszuweichen.

Denn in einer derartigen Sache, daran erinnerte ich zu Beginn, sind die unbeugsamen und allgültigen Gesetze der Energetik formell.

Früher oder später werden sich die Seelen schließlich der Religion schenken, die sie menschlich am stärksten aktiviert [11].

Mit anderen Worten, der christliche Glaube darf nur dann hoffen, morgen die Erde zu beherrschen, wenn er, der bereits allein in der Lage ist, das Universum zu *amorisieren,* sich darüber hinaus unserer Vernunft als allein fähig erweist, dem Stoff der Welt und seiner Evolution voll und ganz *Wert zu verleihen* [ihn zu *valorisieren*].

---

[10] So wäre das teilhabende Sein weniger durch seine Gegenüberstellung zum Nichts als durch seine positive Beziehung zu Gott, durch sein Vermögen, in Gemeinschaft einzutreten, definiert. [Anmerkung des Autors.]

[11] Angesichts dieser auch energetisch begründeten Forderung ist es um so bedauerlicher, daß die Bérullesche Theologie immer noch niedergehalten wird [Anmerkung der Herausgeber].

Ineditum, New York, 1. Mai 1953.

EINE WEITERFÜHRUNG DES PROBLEMS
DER MENSCHLICHEN URSPRÜNGE:

DIE VIELHEIT
DER BEWOHNTEN WELTEN

Nach zahlreichen Diskussionen darf heute die Frage der menschlichen Ursprünge, so wie sie in bezug auf das irdische [d.h. eingeschränkt] Menschsein im 19.Jh. gestellt wurde, als geklärt angesehen werden. Abgesehen von einigen Scharmützeln, die man sich noch um einen strengen Monogenismus liefert[1], an den sich noch gewisse Theologen klammern [weil er für ihre Erbsündendarstellung notwendig ist], für den sich die Wissenschaft aber immer weniger interessiert, weil er sich jeder Verifizierung durch die Erfahrung entzieht und weil er allen von der Phyletik und der Genetik gelieferten Hinweisen widerspricht, zweifelt heute unter den zuständigen Leuten niemand mehr daran, daß der Mensch auf unserem Planeten gegen Ende des Tertiärs nach den allgemeinen Gesetzen der Artbildung aufgetreten ist.

Ich stelle also fest, wird das Problem des Menschen in diesen streng historischen und irdischen Kontext gestellt, möchte es gelöst zu sein scheinen. Wird es aber damit in Wirklichkeit nicht eher auf eine höhere Stufe der Allgemeinheit [man könnte sogar sagen der «Universalität»] verwiesen, wo es sich mit erneuerter Dringlichkeit und Bedeutung neu stellt?

Genau das glaube ich zu sehen. Und deshalb möchte ich «die Zuständigen» darauf aufmerksam machen, indem ich

[1] Ich sage durchaus «Mono*genismus*» [ein einziges ursprüngliches *Paar*] und nicht «Mono*phyletismus*» [ein einziges Phylum mit einem ursprünglichen Querschnitt unbestimmter Fläche]. [Anmerkung des Autors.]

ihnen zeige, was sich aus drei miteinander verbundenen wissenschaftlichen Sätzen ergibt, von denen jeder für sich genommen eindeutig gesichert ist, deren explosive Kraft wir aber nicht zu sehen scheinen, sobald man sich anschickt, alle drei aneinanderzureihen.

Satz 1. Sich selbst überlassen, tendiert die Materie unter der Wirkung der Zufälle natürlich dahin, sich in größtmöglichen Molekülen zu gruppieren. Und das Leben findet in der Erfahrung seinen Ort in der natürlichen und normalen Verlängerung dieses Molekulisationsprozesses.

Satz 2. Unter denselben Voraussetzungen fährt das einmal aus dem Anorganischen emergierte Leben natürlich, und zwar in einer in sich zusammenhängenden doppelten Bewegung, fort, sich äußerlich zu komplexifizieren und sich innerlich zu «conscientisieren» [Bewußtsein zu entwickeln]; und letzteres bis zur psychologischen Emergenz der Reflexion. Mit anderen Worten, das nunmehr eindeutig erwiesene Auftreten des Menschen auf Erden im Pliozän ist nichts anderes als die normale und *lokale* Manifestation [unter besonders günstigen Bedingungen] einer allgemeinen Eigenschaft aller «bis zu Ende evolvierten» Materie.

Satz 3. Es gibt im Universum Millionen von Milchstraßen; in jeder von ihnen hat die Materie dieselbe allgemeine Zusammensetzung und erfährt sie grundsätzlich dieselbe Evolution wie innerhalb unserer Milchstraße.

Über jeden dieser drei Sätze für sich genommen, so betone ich, sind sich die Fachleute heute im wesentlichen einig. Weil aber, gewissermaßen durch Zufall, jeder dieser drei Sätze auch in die Kompetenz einer Disziplin gehört, die recht weit von denen entfernt ist, in deren Kompetenz die beiden anderen fallen [2], so daß niemand von seinem Beruf

---

[2] Nämlich die Wissenschaften der Astronomie, der Biochemie und der Anthropologie [Anmerkung des Autors].

DIE VIELHEIT DER BEWOHNTEN WELTEN

her das Bedürfnis spürte, sie miteinander zu verbinden, ist in diesem Falle «zwei und zwei und zwei» für unser Denken «noch nicht sechs».

Und doch!...

Wenn wirklich im Universum die Proteine [hierin jedwedem einfachen Körper der Chemie gleich] auftreten, sobald sie können und wo immer sie können...

Und *wenn* das Leben, hat es sich einmal auf einem Gestirn festgekrallt, sich nicht nur ausbreitet, sondern auch noch so weit und so hoch wie möglich fortsetzt [d. h. bis zur «Hominisation», wenn es kann]...

Und *wenn* es darüber hinaus Tausende von Millionen Sonnensysteme in der Welt gibt, in denen das Leben gleiche Chancen hat, zu entstehen und sich zu hominisieren...

Wie soll man dann nicht in unserem Denken die unausweichliche Schlußfolgerung auftauchen sehen, daß sich, wenn wir zufällig für die spezifische Strahlung der im Raume verstreuten «Noosphären» empfindliche Platten besäßen, ein Staub von denkenden Gestirnen *beinahe gewiß* vor unseren Augen materialisierte.

Zur Zeit Fontenelles konnte man mit der noch rein willkürlichen Idee der Pluralität der bewohnten Welten spielen [3].

Doch nunmehr haben sich die Gewichte verschoben.

Durch gleichzeitige Fortschritte unserer physischen und biologischen Erkenntnisse stellt sich, was zur Zeit Ludwigs XIV. noch einfache Vorstellung war, uns heute im 20. Jh. als die *wahrscheinlichste und bei weitem wahrscheinlichste* Alternative dar.

Mit anderen Worten, angesichts dessen, was wir heute über die Zahl der «Welten» und ihre innere Evolution wissen,

---

[3] Wie man zu Zeiten des Kopernikus mit der [noch als ein reines Gedankenspiel angesehenen] Hypothese spielte, es sei nicht die Sonne, sondern die Erde, die sich am Firmament bewege [Anmerkung des Autors].

DIE VIELHEIT DER BEWOHNTEN WELTEN

ist die Idee *eines einzigen* hominisierten[4] *Planeten* innerhalb des Universums faktisch [wenn wir auch im allgemeinen nicht darauf achten] bereits fast ebenso *undenkbar* geworden wie die eines ohne genetische Beziehungen zu den übrigen Lebewesen der Erde aufgetretenen Menschen.

Im Mittel [und zwar mindestens] eine Menschheit je Milchstraße; d. h. insgesamt Millionen durch die Himmel verstreute Menschheiten...

Wie wird angesichts dieser wunderbaren Vielheit sideraler Brennpunkte «unsterblichen Lebens» die Theologie reagieren, um auf die Erwartung und die angstvollen Hoffnungen all derer zu antworten, die weiterhin Gott «im Geist und in der *Wahrheit*» anbeten wollen?... Sie können offensichtlich nicht länger eine für unsere Erfahrung nunmehr *unwahrscheinlich* gewordene These [die der Einzigheit der irdischen Menschheit im Universum] als einzige *dogmatisch sichere* hinstellen.

Was aber dann?...

Versuchen wir an diesem gefährlichen Wendepunkt nicht nur zu bestimmen, was von den «Apologeten» absolut vermieden werden muß, sondern auch, was wir, die Gläubigen, schon jetzt zu tun beginnen müssen, um mit der Situation fertig zu werden.

---

[4] «Menschheit», «hominisiert»: diese Worte werden hier selbstverständlich als Synonyme von «psychisch *reflektiertem* Leben» begriffen. Wir haben wohlverstanden keinerlei Vorstellung, weder von der Chemie noch von der besonderen Morphologie, der verschiedenen außerirdischen Lebensformen. Nur läßt alles darauf schließen, wenn es zwei «hominisierte» Planeten fertigbrächten, materiell zumindest mit Hilfe ihrer beiden Noosphären miteinander Kontakt aufzunehmen, so würde es ihnen gelingen, sich zu verständigen, sich zu verbinden und sich zu «synthetisieren». [Anmerkung des Autors.]

DIE VIELHEIT DER BEWOHNTEN WELTEN

1. Was vermieden werden muß

Für den Theologen, der mit der wissenschaftlich wachsenden Wahrscheinlichkeit zahlreicher, über die Welt verteilter «Denkzentren» konfrontiert wird, bieten sich unmittelbar zwei leichte [wenn auch illusorische!] Fluchtwege an, Wege, die für ihn eine um so größere Versuchung sind, als er sie bereits in der Vergangenheit beschritten hat.

Entweder entscheidet man, daß als einziger unter allen bewohnten Planeten die Erde die Erbsünde erfahren hat und es nötig hatte, «losgekauft» zu werden.

Oder aber man stellt sich innerhalb der Hypothese einer universellen Erbsünde vor, die Inkarnation habe sich allein auf der Erde vollzogen, während im übrigen die anderen «Menschheiten» durch irgendein Mittel in angemessener Weise darüber «informiert» wurden [!?].

Oder aber schließlich, indem man auf die sehr ernst zu nehmende Möglichkeit setzt, daß zwischen der Erde und anderen denkenden Gestirnen niemals in unmittelbar erfahrbarer Weise eine Verbindung angeknüpft wird[5], man behauptet wider alle Wahrscheinlichkeit[6], daß im Universum allein die Erde bewohnt ist; d.h. man klammert sich an der Behauptung fest, daß «es das Problem nicht gibt».

Man braucht kein großer Gelehrter zu sein, um zu sehen und zu spüren, daß bei dem *gegenwärtigen Stand* unserer Kenntnisse über die Dimensionen des Universums und die Natur des Lebens:

a] die erste dieser drei Lösungen wissenschaftlich «absurd» ist – in dem Maße, wie sie einschließt, daß der Tod [theolo-

---

[5] Wegen der zu großen Entfernung im Raum oder der nicht gegebenen Gleichzeitigkeit [Anmerkung des Autors].
[6] Genau wie im Falle des Monogenismus [Anmerkung des Autors].

gisches Anzeichen für das Vorhandensein der Erbsünde] an gewissen Punkten des Universums nicht existieren könnte – obwohl diese Punkte [das wissen wir eindeutig] denselben physikalisch-chemischen Gesetzen unterworfen sind wie die Erde[7];

b] daß die zweite «lächerlich» ist, vor allen Dingen, wenn man die gewaltige Zahl der [durch Wunder?] zu «informierenden» Sterne und ihren gegenseitigen Abstand im Raum und in der Zeit bedenkt;

c] und schließlich die dritte «demütigend» ist – in dem Maße, wie die Kirche einmal mehr den Eindruck erweckt, sie wolle das Dogma retten, indem sie sich in das nicht Verifizierbare flüchtet.

Um mit Anstand und in fruchtbarer Weise aus der Schwierigkeit herauszukommen, vor die wir uns derzeit in unserem Glauben aufgrund einer plötzlichen Ausweitung der «geistigen» Dimensionen des Universums für unsere Erfahrung gestellt sehen, müssen wir absolut etwas anderes als Ausreden finden.

Aber was?...

II. Was wir tun können

Man muß sich selbstverständlich hüten, angesichts einer Wahrscheinlichkeit [und wäre sie sehr groß] so wie ange-

---

[7] Man könnte rot werden [es sei denn, es handle sich bei dieser Sache um einen Zeitungsulk], wenn man [*Time*, 15. Sept. 1952] die Meinung liest, die ein Professor der Theologie [P. Francis J. Connell, Dekan der Theologie] äußert, daß man sich nämlich vor den Piloten der «Fliegenden Untertassen» zu hüten habe, die sich als *nicht tötbar* erweisen könnten, sollten sie von einem Planeten kommen, der nicht von der Erbsünde befallen ist [Anmerkung des Autors].

sichts einer Gewißheit zu reagieren. Die Vielheit der außerirdischen «Menschheiten» ist noch nicht [und wird vielleicht niemals] durch unmittelbare Kommunikationen bewiesen. Es geht also selbstverständlich nicht darum, damit anzufangen, eine Theologie zum Gebrauch dieser unbekannten Welten zu konstruieren. Zumindest aber müssen wir unsere klassische Theologie der Möglichkeit [einer positiven Möglichkeit] ihrer Existenz und ihrer Gegenwart öffnen [ich hätte beinahe gesagt «zu ihr entfalten»].

Und das ist, wenn ich mich nicht täusche, durchaus möglich, sofern wir nur, zwei für unsere Zeit sehr charakteristischen Denkströmungen gehorchend, uns [intellektuell und mystisch] mit den beiden folgenden Begriffen vertraut machen:

– nämlich mit dem des [unter der Wirkung des «Komplexifikation-Bewußtsein» genannten evolutiven Prozesses] mit dem Ganzen seiner selbst in sich selbst psychisch konvergierenden Universums[8];

– und dem des in seinem Tun kraft und durch seine Auferstehung *universalisierten Christus*.

Denn wenn schließlich einerseits die ganze im Laufe der Zeiten vom Universum erzeugte reflektierte Substanz wirklich in den Augen des Gelehrten dahin tendiert, sich in sich selbst zu konzentrieren; und wenn andererseits in den Augen des Gläubigen Christus auch seiner Natur nach derjenige ist, der das ganze Universum zentriert und in dem es sich zentriert; dann können wir wirklich «ruhig» sein.

Denn *selbst* wenn es wirklich [wie es nunmehr *wahrscheinlicher* ist] Millionen von «bewohnten Welten» am Firma-

---

[8] Vergleiche hierzu z.B. «La Réflexion de l'Énergie», *Revue des Questions Scientifiques*, 20. Okt. 1952 [Anmerkung des Autors]. – *Die Reflexion der Energie* in *Die lebendige Macht der Evolution*, S. 196 [Olten 1968] [Anmerkung des Übersetzers].

DIE VIELHEIT DER BEWOHNTEN WELTEN

ment gibt, bleibt die Grundsituation für den Christen unverändert [oder genauer, sie gewinnt wunderbar an Bedeutung], sobald diese Millionen Welten in seinen Augen dieselbe Einheit wie früher verstärken und verherrlichen.
Gewiß [und das ist bereits mit dem Ende der Geozentrik eingetreten] ist es unvermeidlich, daß das Ende des «Mono-genismus»[9] uns möglicherweise dazu zwingt, eine ganze Reihe unserer theologischen «Vorstellungen» zu revidieren und anpassungsfähiger zu gestalten.
Doch was bedeuten schon diese Angleichungen, wenn nur in immer struktureller und dynamischerer Kohärenz mit allem, was wir derzeit in Sachen der Kosmogenese entdecken, das Dogma fortbesteht und sich festigt, in dem sich alle Dogmen zusammenfassen lassen: «In eo omnia constant.»[10]

Zusatz [des Autors]

Hypothese J.M.[11] «Eine christifizierte menschliche Noosphäre, die sich nach und nach über die Welt ausbreiten

---

[9] Oder müßte es genauer «Geo-monismus» heißen? [Anmerkung des Autors.]

[10] «In ihm hat alles Bestand», Kol 1, 17 [Anmerkung der Herausgeber].

[11] Die Hypothese J.M. wurde seit 1953 umgestaltet und ergänzt: Im ganzen Universum würde es ebenso wie auf der Erde ein *Vor* und ein *Nach* der Inkarnation geben. Damit das Vergöttlichungswerk Christi sich universell ausbreite, genügt es, daß Gott auf jedem denkenden Planeten bis ans Ende Propheten und Priester geweckt habe und weckt, denen die Kenntnis von der erlösenden Inkarnation offenbart und ihre Gnade mitgeteilt würde. Ebenso wie Melchisedech, der außerhalb des unmittelbar erwählten Stammes aufgestandene Priester, haben sie im Ablauf der Raum-Zeit am Priestertum des inkarnierten Wortes teil oder werden sie daran teilhaben, indem sie die Vollmacht erhalten, sein Opfer zu feiern, die Hostie zu konsekrieren und die Eucharistie und die Sakramente auszuteilen, entweder als Präfigu-

DIE VIELHEIT DER BEWOHNTEN WELTEN

würde.» Verlockend, aber im Widerspruch zu den Fakten: Millionen bereits existierender, bereits erloschener Milchstraßen, in unerreichbaren Entfernungen: selbst elektromagnetisch überschreitet ihre Entfernung das Leben der Menschheit!

– Die einzige Lösung: in den beiden miteinander verbundenen Ideen

a] des konvergenten [= zentrierten] Universums

b] Christi [in seiner dritten Natur] [12], des Zentrums des Universums.

ration, wie auf der Erde vor der Inkarnation, oder als Fortsetzung des Abendmahles.

Denn das Universum ist so vollkommen eins, daß ein einziges Eintauchen des Sohnes Gottes in seinen Schoß es ganz überflutet und durchdringt mit seiner Gnade der Sohnschaft.

Da es eine menschliche Natur annahm, hat das Wort sich «kosmisiert». Es braucht nur einmal aus der Jungfrau Maria geboren zu werden, um sich die ganze Schöpfung zu unterwerfen und sie zu vergöttlichen.

Ebenso wie die Geburt sind das Leiden und der Tod Christi kosmisch. «Der auferstandene Christus stirbt nicht mehr» [Röm 6, 9] aufgrund der Tatsache, daß die Geheimnisse Jesu in ihrer Ausdehnung und Vollkommenheit den ganzen Ablauf der streng *einen* Welt überdecken. [Anmerkung der Herausgeber.]

[12] Eine kosmische Natur erlaubt ihm, alle für ein zu den Galaxien ausgeweitetes Pleroma konstitutiven Leben zu zentrieren [Anmerkung der Herausgeber].

Ineditum. New York, 5. Juni 1953.

DER GOTT DER EVOLUTION

In einer Reihe kurzer Berichte[1] habe ich in den letzten Jahren versucht, den eigentlichen Grund zu umschreiben und zu definieren, weshalb das Christentum trotz einer gewissen Erneuerung seines Einflusses auf die konservativen [oder unentwickelten] Kreise der Welt ganz entschieden dabei ist, vor unseren Augen sein Ansehen und seinen Reiz für den einflußreichsten und fortschrittlichsten Teil der Menschheit zu verlieren. Nicht nur für die Heiden oder die einfachen Gläubigen, sogar im Herzen der Orden *beherbergt* das Christentum zwar noch teilweise «die moderne Seele», doch *übergreift es* sie bereits nicht mehr, noch *befriedigt* es sie, noch *führt* es sie. Irgend etwas spielt nicht mehr – und folglich wird in Dingen des Glaubens und der Religion in Kürze auf unserem Planeten etwas erwartet. – Aber was eigentlich?...

Auf diese überall gestellte Frage will ich einmal mehr zu antworten versuchen, indem ich mit Hilfe einiger weniger zusammenhängender Sätze die Wirklichkeit eines Phänomens nachweise, dessen Evidenz mich seit bald fünfzig Jahren bedrängt: ich meine den unwiderstehlichen [und dennoch immer noch verkannten] Aufstieg dessen über unserem Horizont, was man einen Gott [*den* Gott] der Evolution nennen könnte.

---

[1] Der Kern des Problems [1950], in *Die Zukunft der Menschen*, S. 343. Der Sinn des Kreuzes [1952], s. o. S. 253, Die Kontingenz des Universums [1953] s. o. S. 263 [Anmerkung der Herausgeber].

DER GOTT DER EVOLUTION

1. Das Ereignis «Evolution»

Der tiefe Ursprung der vielfältigen Strömungen und Konflikte, die derzeit die menschliche Masse aufwühlen, ist, davon bin ich immer mehr überzeugt, in dem schrittweisen Erwachen unserer Generation zu dem Bewußtsein einer Bewegung kosmischer Weite und Organizität zu suchen, die uns, ob wir wollen oder nicht, durch den unaufhaltbaren geistigen Aufbau einer gemeinsamen *Weltanschauung* hindurch in Richtung auf ein «Ultra-Humanes» weiter nach vorn in die Zeit mitreißt.

Vor einem Jahrhundert konnte die Evolution noch als eine bloße örtliche Hypothese angesehen werden, die zur Behandlung des Problems des Ursprunges der Arten [und insbesondere der menschlichen Ursprünge] formuliert wurde. Seither aber hat sie, so müssen wir wohl anerkennen, die Totalität unserer Erfahrung überflutet, und sie beherrscht sie nunmehr vollkommen. «Darwinismus», «Transformismus»: diese Begriffe haben bereits nur mehr historische Bedeutung. Von den winzigsten und unbeständigsten Kernteilchen bis hin zu den höchsten Lebewesen existiert nichts, das sehen wir heute, – ist nichts in der Natur wissenschaftlich denkbar – außer in Funktion eines gewaltigen und einzigen doppelten Prozesses der «Korpuskulisation» und der «Komplexifikation», in dessen Verlauf sich die Phasen einer schrittweisen und irreversiblen Verinnerlichung [«Conscientisation»] dessen abzeichnen, was wir [ohne zu wissen, was es ist] die Materie nennen:

a] Ganz unten zunächst, und zwar in unermeßlicher Menge, relativ einfache und [zumindest dem Anschein nach] noch *unbewußte* Korpuskeln [Vor-leben].

b] Dann, infolge der Emergenz des Lebens und in relativ geringer Menge, *einfach bewußte* Wesen.

c] Und jetzt [gerade eben erst!] Wesen, die sich plötzlich *bewußt* geworden sind, *jeden Tag durch die Wirkung der «Ko-reflexion» ein wenig bewußter zu werden*.
An dieser Stelle stehen wir.
Die Evolution hat nicht nur, wie ich oben sagte, im Zeitraum einiger Jahre das ganze Feld unserer Erfahrung überflutet; – darüber hinaus ist sie [diese Evolution], weil wir uns selbst von ihrer konvergenten Strömung erfaßt und angesogen fühlen, dabei, für unser Tun den ganzen Bereich der Existenz neu aufzuwerten: und zwar in genau dem Maße, wie das Auftreten eines Gipfels der Einswerdung am höheren Zielpunkt der kosmischen Gärung dem menschlichen Streben [zum ersten Mal in der Geschichte] *objektiv* eine absolute Richtung und ein absolutes Ziel liefert.
Von daher ergibt sich *ipso facto*[2] die in unserer Umgebung festzustellende allgemeine Unangemessenheit aller alten Rahmen, sowohl in der Moral wie auch in der Religion.

II. Das Göttliche in der Evolution

Man kann weiterhin hören, die Tatsache, daß das Universum sich uns nunmehr nicht mehr als ein Kosmos, sondern als eine Kosmogenese darstellt, ändere nichts an der Vorstellung, die wir uns früher von dem Schöpfer aller Dinge machen konnten. «Wie wenn es für Gott, so sagt man immer wieder, einen Unterschied machen könnte, ob er *augenblickshaft* oder *evolutiv* erschafft.»
Ich werde mich nicht bemühen, hier den Begriff [oder Pseudobegriff?] einer «augenblickshaften Schöpfung» zu

---

[2] Aufgrund eben der Tatsache [Anmerkung des Herausgebers].

DER GOTT DER EVOLUTION

diskutieren, noch werde ich mich über die Gründe auslassen, die mich hinter dieser Wortverbindung einen latenten ontologischen Widerspruch vermuten lassen.

Dagegen muß ich aber nachdrücklichst folgenden entscheidenden Punkt betonen:

Während im Falle einer statischen Welt der Schöpfer [Wirkursache] *strukturell* von seinem Werk gelöst und folglich ohne definierbare Grundlage für seine Immanenz bleibt, ist in dem Falle einer Welt evolutiver Natur Gott im Gegenteil nur mehr [sowohl strukturell wie auch dynamisch] vorstellbar in dem Maße, wie er sich als eine Art «Formal»-ursache mit dem Konvergenzzentrum der Kosmogenese deckt [ohne mit ihm zu verschmelzen]. Ich sagte, sowohl strukturell als auch dynamisch: denn wenn Gott uns heute nicht an diesem höchsten und bestimmten Punkt erschiene, an dem für unsere Augen nunmehr die Natur zusammenströmt, würde nicht mehr auf ihn hin [eine absurde Situation!], sondern in Richtung auf einen anderen «Gott» unser Liebesvermögen grundlegend ausgerichtet [gravitieren].

Seit Aristoteles hat man kaum aufgehört, die Gottes-«Modelle» vom Typ eines äußeren, *a retro*[3] wirkenden Ersten Bewegers zu konstruieren. Seitdem in unserem Bewußtsein der «evolutive Sinn» emergiert ist, ist es uns physisch nicht mehr möglich, etwas anderes als einen Gott, der der organische Erste Beweger *ab ante*[4] ist, uns vorzustellen oder anzubeten.

Nur ein funktionell und total «Omega» seiender Gott kann uns von nun an zufriedenstellen.

Wo aber sollen wir einen solchen Gott finden?

Wer also wird der Evolution endlich *ihren* Gott geben?

---

[3] Von hinten, von den Ursprüngen an [Anmerkung der Herausgeber].
[4] Von vorn, der uns von vorn anzieht [Anmerkung der Herausgeber].

III. Die christische Ankunft und das christische Ereignis

So vermag [weder praktisch noch theoretisch] – das ergibt sich aus dem noch ganz jungen Faktum, daß das Leben im Laufe seiner Entwicklung einen neuen kritischen Punkt durchschritten hat [5] – keine alte religiöse Form oder Formel mehr unser Bedürfnis und unsere Fähigkeit der Anbetung in dem zu stillen, was sie von nun an als in eigentümlichster Weise menschlich kennzeichnet. So daß eine «Religion der Zukunft» [die als eine «Religion der Evolution» definierbar ist] bald in Erscheinung treten muß: eine neue Mystik, deren Keim [wie es im Falle jeder Geburt zutrifft] *bereits jetzt* irgendwo in unserer Umgebung erkennbar sein muß. Je mehr man diese psycho-biologische Situation bedenkt, um so deutlicher treten die *universelle* Bedeutung und das *universelle* Gewicht dessen zutage, was man mit Recht die «christische Ankunft» nennen darf.

Das Evangelium sagt uns, daß Jesus eines Tages seine Jünger fragte: «Quem dicunt esse Filium hominis?»[6], worauf Petrus ungestüm antwortet: «Tu es Christus, Filius Dei vivi.»[7] Das war zugleich eine Antwort und eine Nicht-Antwort: denn die ganze Frage blieb unbeantwortet, was denn nun eigentlich «der lebendige und wahre Gott» sei. Und ist nicht seit den Ursprüngen der Kirche die ganze

[5] Dieser kritische Punkt besteht darin, daß der Mensch sich einer konvergenten Bewegung des menschlichen Bewußtseins in sich selbst bewußt geworden ist [Anmerkung des Autors].

[6] «Was sagen die Leute vom Menschensohn?» [Anmerkung der Herausgeber.]

[7] «Du bist Christus, der Sohn des lebendigen Gottes.» Der genaue Text der Vulgata, Mt 16, 15–16, lautet: «Dicit illis Jesus: Vos autem quem me esse dicitis? Respondens Simon Petrus dixit: Tu es Christus, Filius Dei vivi.» [Anmerkung der Herausgeber.]

Geschichte des christlichen Denkens eine einzige langsame und andauernde Erklärung des Zeugnisses, das Petrus von dem Menschen Jesus gab?

Ein absolut einzigartiges und seltsames Phänomen! Während im Gang der Jahrhunderte die großen Gestalten der Propheten sich im Bewußtsein der Menschen unveränderlich verwischen oder «mythisieren» – wird Jesus, er, und er allein, für einen besonders lebendigen Teil der Menschheit mit der Zeit ein immer wirklicheres Wesen; und nicht nur das, sondern dies geschieht darüber hinaus durch eine doppelte Bewegung, die ihn in paradoxer Weise im Laufe der Jahre immer mehr sowohl personalisiert als auch universalisiert. Für Millionen und aber Millionen Gläubige [die zu den wachsten Menschen gehören] ist Christus, seitdem er zum ersten Mal erschien, nach jeder Krise der Geschichte immer wieder gegenwärtiger, dringlicher, erobernder als je zuvor neu emergiert.

Was fehlt ihm dann also, um sich einmal mehr unserer neuen Welt als der «neue Gott» zu präsentieren, den wir erwarten?

Meines Ermessens zwei Dinge; und nur zwei Dinge.

Das erste wäre, daß er in einem Universum, in dem wir nicht mehr ernstlich in Betracht ziehen können, daß das Denken ein ausschließlich irdisches Phänomen sei, nicht mehr *konstitutionell* in seinem Wirken auf eine bloße «Erlösung» unseres Planeten beschränkt sei.

Und das zweite wäre, daß er in einem Universum, in dem sich jetzt für unsere Augen alles entlang einer einzigen Achse koreflektiert, unserer Anbetung [infolge einer subtilen und verderblichen Verwechslung zwischen «übernatürlich» und «außernatürlich»] nicht länger als ein anderer und rivalisierender Gipfel des Berges angeboten wird, zu dem der biologisch weitergeführte Anstieg der Anthropogenese hinaufführt.

DER GOTT DER EVOLUTION

In den Augen jedes zur Wirklichkeit der uns erzeugenden kosmischen Komplexitäts-Bewußtseins-Bewegung erwachten Menschen ist der Christus, so wie ihn die klassische Theologie weiterhin der Welt vorstellt, zugleich astronomisch zu begrenzt [zu lokalisiert] und evolutiv zu exzentrisch, als daß er das Universum «kephalisieren» könnte, so wie es uns heute sichtbar wird.

Doch ist, davon abgesehen, die Übereinstimmung zwischen den Gestalten [den «Patterns»] der beiden einander gegenüberstehenden Omegas nicht erhellend: zwischen dem von der modernen Wissenschaft postulierten und dem von der christlichen Mystik erfahrenen?... Die Übereinstimmung – oder sogar die Gleichheit! Da Christus doch nicht der vom heiligen Paulus so leidenschaftlich beschriebene Vollender bliebe, wenn er nicht die Attribute gerade eben des erstaunlichen kosmischen Poles annähme, der virtuell [wenn auch noch nicht explizit] bereits von unserer neuen Weltkenntnis gefordert wird, damit in seinem Gipfel der Gang der Evolution zusammenströme und sich festige. Es ist gewiß immer gefährlich vorauszusagen und zu extrapolieren.

Trotzdem, wie soll man unter den derzeitigen Umständen nicht annehmen, daß der schrittweise Aufstieg Christi im menschlichen Bewußtsein nicht mehr lange Zeit weiterzugehen vermag, ohne daß sich an unserem inneren Himmel das revolutionäre Ereignis seiner Konjunktion mit dem nunmehr voraussehbaren Zentrum einer irdischen Ko-reflexion [und, allgemeiner, mit dem vorweg angenommenen Zentrum aller Reflexion im Universum] vollziehe?

Da sie durch die Fortschritte der Hominisation immer näher zueinander gedrängt und noch mehr durch eine Grundidentität zueinander hingezogen werden, schicken die beiden Omegas [das der Erfahrung und das des Glaubens], ich wiederhole, sich gewiß an, im menschlichen

Bewußtsein aufeinander zu reagieren und sich schließlich *zu synthetisieren*: das Kosmische ist so im Begriffe, das Christische phantastisch zu vergrößern; und das Christische ist im Begriffe [etwas Unwahrscheinliches!], alles Kosmische zu amorisieren [d.h. maximal zu energifizieren[8]].

Wirklich, ein unvermeidliches und «implosives» Zusammentreffen, das wahrscheinlich die Wirkung hat, morgen inmitten eines Stromes freigesetzter evolutiver Kraft Wissenschaft und Mystik miteinander zu verschweißen – um einen Christus, der endlich, zweitausend Jahre nach dem Bekenntnis des Petrus, durch die Arbeit der Jahrhunderte als der endgültige Gipfel [d.h. als der einzige mögliche Gott] einer entschieden als eine Bewegung konvergenten Typs erkannten Evolution identifiziert ist.[9]

Das sehe ich voraus.

Und das erwarte ich.

---

[8] Und in gewisser Weise zur «Weißglut zu bringen»... [Anmerkung des Autors.]

[9] Und zwar durch unmittelbare Ausweitung der theandrischen Attribute und ohne daß deswegen seine historische Wirklichkeit gesprengt würde [Anmerkung des Autors].

Unter dem Äquator, 25. Okt. [Christ-König-Fest] 1953.

MEINE LITANEI

Diese handgeschriebene Litanei wurde nach dem Tode P. Teilhards auf der Vorder- und Rückseite eines Bildes gefunden, das einen Christus mit strahlendem Herzen darstellte. Das Bild hatte seinen Platz auf seinem Arbeitstisch. Es scheint, daß diese Litanei zur selben Zeit entstanden ist wie *Der Gott der Evolution*.

Auf der Vorderseite: Der Gott der Evolution
Das Christische, der Trans-Christus

Jesus ⎧ Herz der Welt
⎨ Wesen ⎫
⎩ Motor ⎬ der Evolution

Auf der Rückseite:
Herz Jesu
Introibo ad altare Dei [1]   [Gegenwart durchdringen]
Herz Jesu   Der Motor der Evolution
                               Das Herz der Evolution
Trans [Christus]   Das Herz der Materie
Der «Altar» Gottes   Das Zentrum Jesu
Das Herz des Herzens
 der Welt   The golden glow [2]
Das Herz Gottes [core [3]]   Die Lust an der Welt
Das Aktivierende des
 Christentums   Das Wesen aller Energie
                               Die kosmische Krümmung
                               Das Herz Gottes
                               Das Tor der Kosmogenese

---

[1] Ich will hintreten vor den Altar Gottes. Vers, den der Zelebrant spricht, wenn er zu Beginn der Messe an den Altar tritt [Anmerkung der Herausgeber].
[2] Der goldene Glanz [Anmerkung der Herausgeber].
[3] Englisches Wort: der Kern, das Wesen von [Anmerkung der Herausgeber].

MEINE LITANEI

Der Brennpunkt, Pol	Die Strömung kosmischer Konvergenz
	Der Gott der Evolution
	Der U.[4] Jesus
Der psychische Beweger	Der Brennpunkt aller [der ganzen] Reflexion
	Achse des kosmischen Vortex
	und Ausgang [Akme[5]]
	Herz des Herzens der Welt

Brennpunkt der höchsten und universellen Energie
Zentrum der kosmischen Sphäre der Kosmogenese
Herz Jesu, Herz der Evolution, vereine mich mit Dir [etc.].

[4] Wahrscheinlich: der Universelle Jesus [Anmerkung der Herausgeber].
[5] Griechisch: Gipfel [Anmerkung der Herausgeber].